教育部高职高专文秘类专业教学指导委员会
"十二五"规划教材

文化素质教育系列

形体塑造与艺术修养

主　编　胡晋梅　曹辛胜
副主编　白俊卿　马亦梅　温雅琴

重庆大学出版社

内容提要

本书是一本实用型的形体训练实训教材,全书共分 3 个部分 11 个模块;前三个模块为第一部分(认知篇),主要讲述形体训练、修养、审美与形体塑造的关系;中间 5 个模块为第二部分(实训篇),主要讲述形体素质、形体、坐姿、步态、舞蹈的训练;最后 3 个模块为第三部分(综合艺术篇),主要讲述歌剧、舞剧、戏剧与形体塑造的关系。

本书区别于其他教材和理论性书籍,以形体塑造为主线,从理论和实训两个方面入手,告诉读者达到完美形体塑造应该"如何做","做什么"。

本书省去了许多繁杂的理论解释,以最简单的形体素质训练为基础,加入图片及立体开发,示范性强;歌剧、舞剧、戏剧等姐妹艺术的相关内容则拓宽了视野,为众多使用者提供了便捷实用的有效服务。

因此,本书适合作为高等院校,尤其是高等职业院校学生形体训练与艺术修养课程教学用书。

图书在版编目(CIP)数据

形体塑造与艺术修养/胡晋梅,曹辛胜主编.—重庆:重庆大学出版社,2010.8(2023.1 重印)

教育部高职高专文秘类专业教学指导委员会"十二五"规划教材

ISBN 978-7-5624-5400-7

Ⅰ.①形⋯ Ⅱ.①胡⋯ ②曹⋯ Ⅲ.①形态训练—高等学校:技术学校—教材 Ⅳ.①G831.3

中国版本图书馆 CIP 数据核字(2010)第 081630 号

教育部高职高专文秘类专业教学指导委员会
"十二五"规划教材

形体塑造与艺术修养

主 编 胡晋梅 曹辛胜
副主编 白俊卿 马亦梅 温雅琴
策划编辑:贾 曼 唐启秀

责任编辑:李定群 文力平 版式设计:邱 慧
责任校对:任卓惠 责任印制:张 策

*

重庆大学出版社出版发行
出版人:饶帮华
社址:重庆市沙坪坝区大学城西路 21 号
邮编:401331
电话:(023)88617190 88617185(中小学)
传真:(023)88617186 88617166
网址:http://www.cqup.com.cn
邮箱:fxk@cqup.com.cn(营销中心)
全国新华书店经销
POD:重庆新生代彩印技术有限公司

*

开本:787mm×1092mm 1/16 印张:13.5 字数:287千
2010 年 8 月第 1 版 2023 年 1 月第 4 次印刷
ISBN 978-7-5624-5400-7 定价:38.00 元

总主编　孙汝建

编审委员会成员

孙汝建	严　冰	郭　冬	曹千里	王金星
陈江平	杨群欢	时志明	王箕裘	李　丽
张玲莉	韦茂繁	程　陵		

编写委员会成员（以拼音字母为序）

陈丛耘	陈江平	陈　雅	冯俊伶	顾卫兵
韩玉芬	侯典牧	胡晋梅	金常德	贾　铎
焦名海	李锦昌	李强华	梁志刚	刘秀敏
卢如华	楼淑君	骆光林	丘　进	孙汝建
石高来	时志明	史振洪	施　新	宋桂友
王金星	王　茜	王瑞成	王　勇	吴良勤
肖云林	徐乐军	俞步松	杨　梅	杨群欢
余红平	余允球	向　阳	徐　静	张小慰
赵志强	钟小安	朱利萍	周爱荣	周建平

参编学校 （以拼音字母为序）

长沙民政职业技术学院	深圳信息职业技术学院
长江职业学校	苏州职业大学
福建泉州黎明职业大学	石家庄铁路职业技术学校
广东农工商职业技术学院	山西大学
湖州职业技术学院	四川职业技术学院
湖南商务职业技术学院	四川文化产业职业学院
河北科技师范学院	绍兴文理学院
河北政法职业学院	上海工会管理职业学院
黄河水利职业技术学院	山东文化产业学院
湖南大众传媒职业技术学院	太原大学
华侨大学	唐山师范学院
黑龙江工商职业技术学院	西安航空旅游学院
嘉兴职业技术学院	扬州大学
荆州职业技术学院	扬州职业大学
金陵科技学院	英国密德萨斯大学
金华职业技术学院	浙江经济职业技术学院
丽水职业技术学院	浙江商业职业技术学院
辽宁装备制造职业技术学院	浙江金融职业学院
连云港高等专科学校	浙江东方学院
南通大学	浙江经贸职业技术学院
南通职业大学	钟山职业技术学院
南通农业职业技术学院	中华女子学院
宁波城市职业技术学院	郑州牧业工程高等专科学校

总 序

2006 年 1 月,教育部下发了《教育部关于成立 2006—2010 年教育部高等学校有关科类教学指导委员会的通知》(高教函[2005]25 号),经过调整,教育部高职高专文秘类专业教学指导委员会(以下简称"教指委")由下列人员组成:孙汝建(主任委员)、严冰(副主任委员)、郭冬、时志明、曹千里、王金星、杨群欢、王箕裘、韦茂繁、陈江平、李丽、张玲莉。

"教指委"成立以来,始终把教材建设作为重要工作来抓。设立了专业建设分委员会、师资培训分委员会、实训基地建设分委员会。由主任委员兼任专业建设组组长、专业建设分委员会主任,具体负责包括教材建设在内的文秘专业建设研究和指导工作。委员会先后召开了五次委员会会议;举办了三期全国文秘专业骨干教师培训班;建立了全国高职高专文秘专家库并开展研讨活动;承担教育部课题"文秘专业规范研制"的研究;在全国高职高专遴选和建设了三批教指委精品课程;设立了三批文秘专业研究课题;举办了两届全国高校文秘技能大赛;对全国六百多所高校的文秘专业进行了问卷调查;等等。"教指委"始终把教材的研究与开发作为主线贯穿在这些活动中,并多次组织专题研讨,在认真调查研究、反复论证的基础上,组织编写了教育部高职高专文秘类专业教学指导委员会"十二五"规划教材36 种,由主任委员任总主编。经过网上公开招标、委员投票,该套教材由国家一级出版社重庆大学出版社出版。

2009 年 8 月 24—27 日,由"教指委"主办、重庆大学出版社承办的本系列教材主编会在重庆召开。会议期间,主编们就高职高专文秘专业课程设置、教学目标以及本系列教材编写指导思想、编写原则、体例和编写队伍组成原则等问题进行了认真而热烈的讨论,达成了以下共识:1. 根据我国高职高专文秘专业各方向的培养目标、专业建设、课程建设的发展规律与趋势以及国家秘书职业资格证书的考证要求、用人单位对文秘人才的需求,构建编写大纲、选择编写内容、设置编写栏目。2. 教材编写以文秘专业学生应具备的基本素质、基础知识、基本职业能力、核心职业能力为依据。3. 教材使用对象以高职高专学生为主体,兼顾文秘培训和秘书行业的社会需求。4. 教材内容以"够用为度,适用为则,实用为标"为原则,给课堂教学留有发挥空间,突出主要知识点,实训举一反三,紧扣文秘岗位实际,表达准确流畅。5. 教材由秘书职业基础、职业技术与技能训练和文化素质课程(高职高专各专业通用)两大版块组成。6.教材资料尽量使用2007年以后的新成果,保证教材内容的前沿性。7.教材采用立体开发的方式出版,除了纸质教材外,还包括教学资源网站和教学资源包。

会后,本系列教材主编积极组织力量,遴选副主编和参编者,以每本教材为单位,分别组织研讨和开展教材编写工作。

经过长期运作,本系列教材36本终于面世。其中:

(一)秘书职业基础、职业技术与技能训练课程版块23种

秘书理论与实务	秘书写作实务
涉外商务文书	文案阅读与评析
档案管理实务	社会调查实务
办公室事务处理	秘书信息工作实务
会议策划与组织	中国秘书简史
商务秘书实务	秘书岗位综合实训
秘书职业概论	秘书思维训练
领导科学与领导艺术	毕业设计(论文)写作指导
人力资源管理理论与实务	企业管理基础
秘书语文基础	市场营销理论与实务
办公自动化教程	公共关系实务
秘书心理与行为	

(二)文化素质课程版块13种

规范汉字与书法艺术	普通话训练
口语交际与人际沟通	新闻写作
社交礼仪	商务写作实训
实用美学	形体塑造与艺术修养
文化产业基础	中外文化概论
地域与旅游文化	文学艺术鉴赏
法律文书写作	

本套教材由"教指委"确定教材目录、提出编写意图、组织编写队伍、审定编写大纲、并对编写出版过程进行了全程管理、指导与监控;系列教材全体主编有丰富的教学经验和科研成果;出版社有较高的资质和声誉。全体编写者都怀有一个共同的愿望:在教指委指导下,编写出一套能全面反映文秘专业最新教学科研成果、代表文秘专业建设方向、能在较长时间内指导全国高职高专文秘专业教学的精品教材。

重庆大学出版社从领导到该项目负责人,对教材的组织编写到出版一直给予高度重视和大力支持,特别是邱慧主任、贾曼老师几年来为教材辛苦奔走,精心策划、辛勤付出,其敬业精神令我们感动,我代表"教指委"及教材全体编写人员向他们深表敬意和谢意!

任何成果都是阶段性的,本套教材也不例外。但是,探索是无止境的,在教材的使用过程中,我们会发现修改的空间,在适当的时候,我们还可以对教材做适当的修订,使之日臻完善。

教育部高等学校高职高专文秘类专业教学指导委员会

华侨大学华文学院院长、教授　　孙汝建

2010年6月16日于厦门

前　言

本书是一本针对大学生的形体训练及艺术修养的综合性教材。

根据国家对新型社会人才的需求,大学生的全面素质培养已成为目前各高校教学工作的重中之重,而完美的形体塑造与艺术修养是大学生综合素质的重要部分,也是本书的编写宗旨。本书不仅能使学生从外在的形体上有所改观,而且还可陶冶学生的情操,提升学生的自我修养和审美意识,从而引导学生追求更高的精神生活,更快地适应社会的高标准要求。其于此,本书的内容及特点有:

一、特色性。本教材的特色性主要体现在以下方面:

1. 综合性

本书分为认知篇、实训篇和综合艺术篇,以形体塑造为主线,分别从形体塑造与形体训练、形体塑造与艺术修养以及形体塑造与审美等方面进行了理论性的分析和解说。通过实训篇中的舞蹈基础练习(以芭蕾为基础),结合古典舞、身韵、民族民间舞蹈及交谊舞进行形体的综合训练;综合艺术篇则介绍了歌剧、舞剧及戏剧等姊妹艺术的内容,形成了一个综合性、一体化的形体塑造与艺术修养的实训范本。

2. 直观性

本书以培养高校大学生形体美为主线,以塑造优美的体态,培养高雅的气质,纠正生活中不正确的姿态为宗旨。每一个项目都有学习目标、知识目标和能力目标等学习提示,项目结束后的思考题则能调动学生主动学习、思考的积极性。

3. 创新性

主要体现在三个方面:

1)新颖性

本书从舞蹈的角度,结合音乐的相关知识,阐释了什么是真正意义上的形体美,怎样才能完善自我形象的塑造以及提升个人的气质和修养;在芭蕾形体训练的基础上,引入了交谊舞知识的学习和训练,同时加进了舞蹈以及舞蹈音乐的选择和剪接等能力的训练。

2)示范性

本书的主要内容以形体训练为主,旨在通过图片及立体开发为读者提供一个规范化、程式化、可供参照操作的范本,使读者可以方便、轻松地学习和掌握交谊舞的技能。

3)经济性

本书的经济性是指读者可以省去购买多本理论专著的奔波之苦,一本《形体塑造与艺术修养》在手,即能按图索骥,既得到形体舞蹈的训练,同时还能了解到歌剧、舞剧、戏剧及礼仪的相关知识,为读者节省了大量的人力、物力和时间。

二、本书编写分工情况为:

认知篇第二、三模块由胡晋梅负责编写,认知篇第一模块、实训篇第一模块由周国军编写,实训篇第二、五模块由张哲负责编写,实训篇第三、四模块由马亦梅负责编写,综合艺术篇第一、二、三模块由白俊卿负责编写。

在编写本书的过程中编者参阅了大量专著,借鉴了诸多专家、学者的研究成果,部分编者还参阅了互联网上的共享信息。

本书尽可能结合高职高专的教学实际,本着好用、实用的原则来解析各个模块,但由于编者大多是年轻的高校教师,实践经验不足,有些提法尚待进一步完善,敬请专家、同行和读者给予批评和指正。

胡晋梅

2010 年 4 月

目录 CONTESTS

认知篇

模块一 形体塑造

伴随经济全球化快速发展,科技进步日新月异,对秘书人才综合素质的要求也在不断提高。在党政机关、企事业单位、社会团体中,秘书扮演了不可替代的角色,既代表了一个单位的形象,也对其工作环境中的人与事产生重要的影响。因此,秘书的形象塑造至关重要。当然,人的形象塑造包括人的自然体形象和人的社会体形象。本书将从人的自然体形象的塑造出发进行阐述,也就是人的体型、体态和气质形象的塑造,即形体塑造。

项目一 形体塑造概述

【学习目标】

掌握形体塑造的概念及内涵。

知识目标

掌握形体塑造的意义。

能力目标

熟知形体塑造的内涵、特性及意义。

任务一 形体塑造内涵

形体塑造是指以一定的审美标准,有目的、有计划地对人的体型和体态进行修饰的过程,以达到对普通人形体、仪态、气质、甚至内在心灵的培养和塑造。这种修饰过程可以通过形体训练、体育锻炼、舞蹈、瑜伽、合理的饮食调节、规律的生活习惯等途径来实现。其塑造包含了两个层面的涵义。

第一层含义体现为外在体型、体态的塑造。

外在体型塑造是指通过修饰途径,有目的、有计划地促使人体骨骼的生长和拉伸肌肉线条的过程,进而使人体的体型(包括头部、躯干和四肢)比例协调适当,达到和谐的效果,给人以悦目优美的形式感觉。在体型塑造的过程中,首先要明确的是标准。人的形体美的理想标准是不存在的,只有相对的标准。因为它受遗传、种族、性别、年龄以及时代的社会文化观念影响而出现差异。如:我国殷周时,男女都以胖为美,而魏晋时则以清瘦为美,唐代又以丰满为美。国外也类似,大洋洲、非洲、太平洋岛屿国家原始部落的民族,以肥胖、粗腰、短脖为美,还流传着"催肥待嫁"的习俗,而欧洲女子则以苗条、纤细腰肢为美。

因此,体型美始终是困扰着古今中外艺术家和人类学家的重要课题。然而人作为社会化的动物,必然有自己种属范围内的各部分的适度比例,即生物体的内在尺度,这种尺度是与社会生存、社会生活和社会实践紧密相联的,在经过千万艺术家和人类学家对人的形体进行多次测量的实践基础上,总结出的规律,再按比较科学的方法推算出来。最后得到代表各人种形体美的尺寸比例。比如欧洲人的头是身高的 1/8 最为恰当,中国人的头则以 1/7 最美,女子的胸围、腰围、大腿围、小腿围之间的比例宜是80:62:50:30。我国推算出来的人体的理想体重计算公式是:理想体重 =(身高－150)0.5 千克＋50 千克(上下不超过 2 千克,其中北方人一般比南方人相对重 2 千克),这就是说,如果符合这个标准,则人体比例是适当的,体型就是美的。

外在体态塑造是指通过修饰途径,美化人处在动态空间中的动作,给人以优美大方的形式感觉。同样我们还得明确体态美的标准。体态美主要表现在人体轮廓线条的起伏变化的动态美上,或者说表现在人体动作的节奏与旋律美上。比如跳高运动员,从富有节奏的起跑,经过加速到起跳,并以旋律般的弧线越过横杆,身体从屈体举腿到鱼跃过杆落下,表现狮虎般的勇猛强健和燕子般的灵敏轻巧,完美地显现了人体所具有的速度、力量和技巧,产生和谐统一的美感魅力,展现了人体的阳刚之气和柔韧之韵。而女子的体态美,主要表现在“媚”上。所谓“媚”,就是动态美,或化美为媚且比美的效果更强烈。它摄人魂魄、荡人心神。之所以有这样的效果是因为“媚”表现出生气勃勃,飘来飘去,若隐若现的体态。杨贵妃出浴时的神态,用“侍儿扶起娇无力,回眸一笑百媚生”来形容是很准确的。自然,媚态不能扭捏造作,像“东施效颦”那样就适得其反。事实上,只有将体型和体态的形象塑造有机地结合起来,才能达到更好的效果。①

形体塑造的第二层含义,表现为对自然人气质的培养,内在心灵与自身修养的培养和塑造。任何人外在的形体动作和肢体语言都是其内在心灵的一种表现形式,所以形体塑造不仅仅是对人们体型、体态的塑造,更为重要的是通过各种形体训练,对人们进行内在气质、素养以及心灵进行培养和塑造。如上面提到的“东施效颦”,从表面看这只是一种外在的模仿动作,而实际上是由于东施不健康的心理和对美的曲解所造成的一种表现形式,所以对心灵的塑造是极为重要的,也是形体塑造的基础和根本。

在进行一般的形体训练之前,首先必须要让受训者对审美的标准有一个正确认识,以树立正确的审美价值观,或者通过各类形体训练逐步地去改造不正确的审美价值观,这也是形体塑造的过程,如果仅仅是简单的形体模仿,只会是徒有其表而没有灵魂的。在现实中,有很多 这种例子,我们在工作生活中接触到一些人,有时候感觉到其仪态、动作也不能说不雅,但总是让人感觉不真实,也就是我们常说的“做作”,其实这就是身心不统一的表现,这种塑造是不成功的。我们所追求的形体塑造不仅仅要求形体、仪态得体和端庄,更为重要的是身心的统一性,必须是以内在素养为基础的形体美。形体塑造的内在气质和素养的塑造,主要通过树立正确的形体审美价值观,对被塑造者个人修养的培养;对被塑

① 徐国定. 形象学. 海南:南海出版公司,1998.

造者性格毅力的塑造等多种途径进行培养和塑造,只有做到内在和外在的结合,身体和心灵的统一,才是具有灵魂的形体塑造。

形体塑造的这两层含义是相辅相成不可分割的,通过内在素质素养的塑造,可以保证外在的形体塑造向一个正确的方向发展,避免误入歧途,使形体美更具有真实性和自然的美感;而通过外在的形体训练也能促进和完善内在气质和自身的修为,让被塑造者具备外在形体美感的同时,更具备心灵的美感,使身心达到统一。

任务二　形体塑造的特性

形体塑造作为一门新兴的学科,它是综合了舞蹈学、营养学、心理学等多种学科中的相关知识而发展形成的,它具备如下几个鲜明的特性:

一、造型性

形体塑造的造型性,主要表现为形体的各种训练中,标准的动态或者静态的形体姿态,以及通过系统训练后,被塑造的对象在各种场合所表现出来的具备美感的各类形体动作的肢体语言。形体塑造是对人的体型体态进行有效的塑造过程,这种塑造是符合同一历史阶段的一系列固定审美框架的,它具备一些固定的程式,比如符合大众审美标准的一系列形体动作,这些在下面章节的形体训练中有一套规范的形体动作训练,它是由一系列规范的静态和动态的组合所形成,其造型都是标准且固定的,正是通过这些被大众所认知的造型去表达一种肢体的美感。它既不同于舞蹈造型,更不同于表演造型。它是一种符合当时审美标准的大众化造型,它是人们生活中真实的体现。也是形体塑造的基本特性之一。

二、可塑性

可塑性,即被塑造对象的形体仪态有被培养改造的可能和上升的空间。形体塑造的可塑性是显而易见的,所谓塑造本身就包含可塑的含义,无可塑性则塑造无从谈起。就像雕塑一样,随便拿一块木头,在雕刻家手中可以被雕塑成各种形态优美的艺术品,这就是说这些木头的可塑性是非常强的。形体的塑造其实和雕塑艺术有异曲同工之妙,只是雕塑过程中,被塑造的对象是无生命的物体,而形体塑造的对象是活生生的人。因此可以看出形体塑造中的任何被塑造对象都具有一定的可塑性,也就是说,同一个被塑造对象在不同的形体训练师的训练下被塑造出来的结果是不完全一样的,甚至大相径庭,它受训练师的主观意识的影响较大,这实际上也是由于被塑造对象的可塑性强所造成的。同样的道理,一个好的形体训练师可以根据被塑造对象的一些自身特点,为其量身定做一套符合其特点的训练方法,使对其形体的塑造达到最佳的结果,形成比没有形体塑造前更具有形体和仪态的美感,而这种结果也是由于被塑造者具有一定的上升空间即具备可塑性的原因。所以形体塑造的可塑性是其最根本的特性,它贯穿于形体塑造的整个过程。

三、目的性

目的性,也就是说对任何形体的塑造,都有某一特定的目标,这个目标可以是客观存在的参照物,也可以是根据个体自身特点而虚构的较为完美的形体形象。然后围绕着这一目标进行各种有效的形体训练,让被塑造的对象达到或者尽量接近此目标。形体塑造是具备很强的目的性和结果性的。这也是形体塑造区别于形体训练的根本之处,形体训练仅仅是形体塑造的方法而已,而形体塑造更注重一个结果,即使塑造不成功,它最多也就是一种坏的结果,当然这还毕竟是少数的,既然要塑造就是以美的标准为前提。形体塑造的目的性是非常突出的,也是其最重要的特性。首先对任何一个自然人进行形体的塑造,它是根据自身本来的特点,通过一系列的形体训练和气质培养,使其身形达到优于自身先天条件的最佳的形体和仪态,以达到展现最好自我的目的。其次对整个社会而言,形体塑造的目的在于规范和提高民众整体的审美价值观,特别是关于人体形体方面的审美标准,以促进社会精神文明的发展。

四、普遍性

形体塑造的普遍性,主要体现为适应范围的普遍性,适应场合的普遍性和适合对象的普遍性。形体塑造不同于舞蹈训练,舞蹈训练仅适用于少数人和少数场合,相对来说是比较有局限性,而对个人的形体塑造是随时随地的,应用也极其广泛,从个人到家庭到单位乃至整个社会无处不在,同时形体塑造后的表现形式也通常在大多数人的日常生活中都会得到体现。因此,形体塑造的普遍性决定了它的对象是现实社会中的每个普通人,它必须具备通俗和容易掌握的特点。

五、相对性

相对性,即被塑造的对象不是绝对完美,一成不变的,它是指此时此地相对于与自己过去的形象比较时可能优美完善一些,未来某一时刻其形象又可能会超过现在。相对性还表现为不同的塑造对象形象会相互超越,相互竞争,共同进步,这正是社会文明不断提高,人类社会不断前进的动力。这就像乒乓球比赛,前日中国获得冠军,昨日瑞典经过改进训练获得冠军,随后中国又针对其特点,扬长避短,不断提高球艺,再获冠军。

六、发展性

上面提到形体塑造追求的是一种结果,但是这个结果并非一成不变的,而是不断发展的。这里将阐述它的又一个特性,无止境性,也就是发展性。即形体修饰和塑造不是一蹴而就之事,也不是一朝一夕之事,而是"不断地"修饰塑造的过程,或称"不断地优化美化的过程"。这个"不断地"意思包括连续的过程。许多形体的塑造往往是随着社会的不断进步不知不觉地,或者说潜移默化地进行着的。可以说,不管是自然体形象,还是社会体形象,或者人的形体形态,都在时时刻刻不知不觉地被社会的进步即物质文明和精神文明的进步所改造和修饰着,同时对形体的审美标准也在不断更新和完善。但这种发展是一种阶段性的逐步进步,不一定是连续性的持续发展,在某一特殊的时段有可能停滞或者倒退,它是跟社会文明的发展相同步的,当社会文明发展由于某种特殊原因而受阻时,与审美价值相关联的形体塑造也必将停滞甚至有所倒退,例如,我国的文革时期,由于整个社会的精神文明受到严重的压迫,人们被迫受限于一种意识形态之下,此时的形体塑造和形体美学基本无从发展,人们对美感的认知也处于单一的状态。但是从社会的整个进展过程来看,形体塑造仍然具备延续的发展性。

任务三　形体塑造的意义

形体塑造作为一门新兴的课程引入到应用型大学教程之中，是伴随着社会的逐步发展，人类对美的追求和认知，以及整个社会对单位个体形体和仪态美的衡量和审视而形成的必然产物。在历史发展的某一个特定阶段，关于个人的形体美都必然会形成一个客观标准的评判尺度，并且随着社会的发展，人们审美观的逐渐提升，这种尺度也在持续地发展和完善。随着越来越多的人对自己以及周围人们形体、仪态、气质的感知和注重，形体塑造写入大学教程就是非常及时和必要的。它不仅包括个人外在形体的塑造，更包括其衍含的内在气质的塑造和心灵的塑造，也是个人价值和修养的一种体现。所以形体塑造不仅有其自身和传统的意义，它更具有现实的意义，它和现实社会是不可分割的。

一、形体塑造的传统意义

早在中国几千年的历史长河中，就已经形成了人们对形体美的初步概念和认知。如：窈窕淑女、环肥燕瘦、身形伟岸、形态猥琐等都是古代人对自身和周围人们形体和仪态的描述，也就形成了当时人们对形体的认知和评判的尺度，尤其是"窈窕淑女，君子好逑"尤为贴切，也就是说形体优美、举止优雅的女人，更容易博得别人的倾心和关注，自然她得到的机会也就会更多。这些观念，放到现今的社会同样成立，不管你是职场求职还是与人相处，在同等条件上，形体优美、举止端庄、落落大方的人得到的认可和机会总是要比一般人更多，这也就是咱们常说的第一印象。传统意义上的形体塑造注重于外观形象，其深远的意义甚至可以影响和伴随整个人的一生。

二、形体塑造对个人内在气质的培养和本身素养的提高也有着举足轻重的意义

形体塑造不仅仅是对外在身形的塑造，更是通过对个人形体的塑造来培养其内在气质和各个方面的素养，以达到锤炼心灵的目的，形体的美与丑更多的时候仅仅是心灵的一种表达形式而已。自古就有"站如松，行如风，坐如钟"的各种形态审美标准，其实这更是一种意志品质的表现形式，而一个作风散漫、生性懒散的人是永远不可能会有这种形态的形体表现形式。

在我们的现实社会中不乏这样活生生的例子，人们大都知道中国的军人最常见的训练都是在站军姿，练坐姿，行进步伐练习，跑步姿态练习，等等，这些都是军人的每天必修课，也是形体塑造的一些基本训练方法，他们就是通过这些基本的形体训练，不仅塑造了英姿飒爽的身姿，更练就了钢铁般的意志和不屈的精神。所以形体塑造不仅是外在形体的塑造，更是通过对外部形象的严格，要求达到对心灵和精神的塑造。

三、形体塑造的现实意义

当今社会随着人们物质生活水平的提高和思想的解放，人们对精神文化层面的要求也越来越高，与此同时人们的审美观也得到了大幅提高和转变，从 20 世纪五六十年代的唯脸蛋漂亮论，转化到更注重整体气质、身形匀称、仪态优雅的整体审美价值观；对形体仪态有要求的工作岗位也从以前的空姐、模特、礼仪小姐发展到文秘、导游、各服务行业、甚至公司白领等各行各业。在这些前提下，与此相关的各种形体训练产业也得到了蓬勃的

发展和前所未有的关注,如:各式健身房、瑜伽培训、形体训练工作室等。如此种种,说明人们对形体美的追求和关注已经达到了非常的高度,并且随着社会的发展,这种关注也会越来越高。所以形体塑造不仅可以强身健体,提高人们各方面素养,培养人们的美感,还能创造不少就业机会和工作岗位,对社会经济和文化的发展作出举足轻重的贡献。

四、形体塑造作为大学教程的意义

由于素质教育在中国尚处于起步阶段,在大学推广和普及形体塑造课程对素质教育在中国的推广将有着深远的影响和意义。首先,现阶段以应试教育为主体的教育体系,从大学开始已经有所突破和改进,各个大学都慢慢在向素质教育靠拢,大学的教育已经更加注重培养学生各方面素质和能力,这也为形体塑造课程的设立和推广提供了前提和时机。其次,大学生的身体和心理的发育在这个阶段已经趋于稳定,此时对其进行形体的训练和塑造,更能在个人本身的特点上使自身形体和各类举止仪态具备相对的稳定性且逐渐地完善。再次,大学生是处于学生和社会之间的一类特殊的群体,他们不仅具备着作为学生的很强可塑性,同时比之初高中生更加接近社会,能感知到社会的发展趋势和文化潮流,这样对他们进行形体的塑造既能迅速领悟又能和社会的应用接轨。所以,现阶段在大学中推广形体塑造课程处于极佳的时机,同时对素质教育的发展也起着积极的作用。

五、形体塑造因材施教的意义

对形体的训练和塑造也要因人而异,因材施教,既要有共性也要有特性。每个人生来的气质、身形、高矮、甚至肌肉类型是不尽相同的,同时世界各地的人们对形体美的审美标准也并不一样。因此,对于人们形体的塑造在坚持共性的基本训练的同时,也要根据其自身的特点塑造出适合自己的身形和体态。形体塑造并不等同于减肥,更不是说身形纤瘦就是形体优美,当然太过肥胖就更不能归类于形体美了。诚如,小巧玲珑、短小精悍、体态丰盈、身材苗条、身形健硕等一系列的描述都在阐述着形体的美感,其中包括高、矮、胖、瘦各类型形体的美。人体自然形体特征跟种族的遗传有着很大的关系,不能要求矮的训练成高的,脂肪型的完全训练成肌肉型的,只能根据个体自身的特点,塑造成适应于这个范围内的相对的形体美感。任何事情都不能违背自然的发展规律,形体塑造亦然,所以根据自身的形体特点去塑造身形是至关重要的,千万不能操之过急,揠苗助长。

六、形体塑造对社会价值观发展的意义

形体塑造是属于形态美学的范畴,也归类于人体艺术学,对人类的审美价值起着促进和发展的作用,同时也充实了社会价值体系。形体塑造是把单位个体向美的方向进行塑造。这种美,不仅包括个体美,同时也包括个体存在于整个社会的和谐美,个体美必须与整个社会的审美价值观相协调统一。独立的个体是不存在任何美丑之分的,之所以有美的标准,是随着社会的发展慢慢形成的一种价值观念,形体的美感是社会中其他大多数个体对这种美感的统一认知所形成的。所以形体美学的发展既依赖于社会价值观的发展,也对社会价值观的发展和完善起着积极的影响作用。

综上所述,形体塑造理论的形成和发展,不仅有利于人们的身心健康;正确的审美价值观的形成和发展;自身形体、气质和素养的提高,也推动了社会经济、文化的持续发展和

完善。

思考题

1. 形体塑造的意义？

2. 谈谈怎样塑造形体？它主要有哪些内容？

项目二　形体训练与形体塑造

【学习目标】

掌握形体训练的概念及内涵。

知识目标

掌握形体训练的作用。

能力目标

掌握形体塑造和形体训练的基本内容。

任务一　形体训练的特性

形体训练是以人体科学理论为基础，美学原理为指导，主要通过各种富有针对性的训练方式来改善人体的原始状态与表现质量，以提高人体运动系统的灵活性、协调性、柔韧性和控制力、表现力，是一种综合性的基本素质训练。简单说，就是把健康与美丽结合在一起，将人们无意识的肢体活动演变成有意识的强身健美运动，从而获得更为健美的体格、优雅端庄的体态、匀称和谐的形体、举止潇洒的风度。形体训练具有以下几个鲜明的特性：

一、应用的广泛性和针对性

首先，社会中任何个体不论男女老少，不论何种职业，都可以参加适合于自己的各种形式的形体训练，它不仅可以使自己的体型匀称、优美，举止动作协调、自然；还可以强身健体、延年益寿，使身体的各个机能能够高效运转。同时，选择形体训练的方法必须有相应的针对性，要根据自身特点，选择适合自己的形体训练方式，比方说男人和女人的形体训练方式就应该有所不同，女性更注重柔美，男性更注重刚强。

二、训练方法的多样性

从形体训练的内容上看，基本动作、器械及项目都是十分丰富的，形体训练的动作主要有用于身体局部练习的系列动作，也有用于身体整体练习的单个动作，还有用于形体练习的成套动作以及用于矫治康复的专门动作。每个动作的设计和成套动作的编排，都是严格按照人体解剖的部位，有顺序、有目的地设计和编排的。

从形体训练的项目上看，有用来强身健体的健美体型练习，有用来训练正确的坐、立行走姿势的专门练习；既有适合中老年人的练习，也有适合瘦人发达肌肉，丰肤健美的锻炼；有适合胖人减肥的练习，也有适合疾病的康复练习。形体训练的器械更是繁多，有专门的单项器械,有联合器械,还有自制的娱乐器械。

从训练的形式上看,有单人练习,也有双人练习,还有集体练习;有徒手的,也有持轻器械的,有站姿也有坐姿,还有活动姿态;有柔和的慢节奏练习,也有动感很强的快节奏练习,有局部的练习也有全身性的练习。

形体训练在心理学、舞蹈学、运动学、人体艺术造型学等科学理论指导下进行,根据不同的训练目的和各自的水平,不同的年龄和不同的性别,选择不同的方法。

三、艺术美学性

由于舞蹈学中的芭蕾形体训练是形体训练发展的基础,其具备较强的艺术性是不置可否的,与此同时形体训练是以形体美为最终目的,它就是为了给人们制造美感而衍生的,因此我们在此归类为艺术美学性。舞蹈是形体训练的基础和方法,而音乐是形体训练的灵魂。它可以丰富练习者的想象力和表现力,激励练习者尽力完成形体训练的计划,并帮助其履行那些枯燥的练习程序和把握动作的节奏,准确地完成动作。同时也可激发练习者的欲望和激情,使人在锻炼中更加愉快,更有兴趣,达到忘我的境界。特别是根据不同风格的乐曲,选择和创造出不同风格、形式的形体训练动作,可以提高成套形体练习的感染力,以此提高练习者的音乐素养和培养其良好气质,愉悦身心,这更将形体训练的艺术美学性体现得淋漓尽致。

任务二　形体训练作用

形体训练是以人的身体为基础,为达到一定的要求所设计的动作练习,以塑造形体、修炼气质、提高素养为目的的一种综合性的现代人修身养性方式。其难度较低,主要通过对肢体的协调性与灵活性的训练,音乐旋律与节奏的熏陶,心灵意念与感觉的延伸,使训练者内外兼修,从而在"气质"上得到全面培养。

形体训练是符合当前教育改革的新理念,是一种知识、审美、趣味多方位的综合性探索,具体作用表现为:

一、促进身体素质的提高,为专业工作打好基础

形体训练是向学生进行素质教育、培养综合能力和塑造优美体态的一门基础课。它是以人体科学为基础的形体动作训练;是以改善学生形体动作的状态,提高灵活性、协调性,增强可塑性为目的的形体素质基本训练;是以培养良好站姿、走姿,从而达到提高形体外表现力为目的的身体素质训练。

文秘专业的形体训练既不同于体育专业院校的竞技性体操课,又不同于舞蹈学院的舞蹈课,不是单纯的健美运动,而是一门培养综合能力的身体形态训练课。形体训练的过程是能力培养的过程。

人体的基本姿态包括立姿、坐姿、卧姿、走姿、跑姿。人们在日常工作和生活中的各种姿态正确与否,直接影响人们的工作和生活质量。随着人类社会文明程度的不断提高,对人们姿态的要求已不是简单的正确与否,社会文明呼吁着人们姿态美的不断发展和提高。

姿态美是建立在形体美的基础之上,没有形体美,就没有真正意义上的姿态美。形体

美和服务姿态美对于从事文秘工作的人员来说意义尤为重要。为此应通过形体训练，为今后从事文秘专业工作的学生打好基础。如采用基本站立、基本步伐与舞步、靠墙站立等练习方法来纠正学生的扣肩、鸡胸、O形或"×"形腿。采用抬头低头、头倒屈、转头等练习以伸长和加强颈肌，来加强颈部倾斜幅度。采用体侧屈以伸展凹侧肌肉，加强凸侧肌肉和身体悬垂练习以伸长脊柱来纠正"C"形脊柱弯曲的缺陷，形成良好的体型。当学生有了适应所从事工作的形体，不但能提高工作效率和质量，而且能营造一个动态美的环境，进而有助于提升企业形象。

二、陶冶情操，培养正确的审美观

形体训练不仅仅是身体素质的训练，也是精神文明教育和审美教育。人体美的表现形式是外在美，但人体美脱离不开内在美。"人的外表和纯洁应是他内心的优美和纯洁的表现""外貌美只能取悦一时，内心美方能经久不衰"。

形体训练与其他的体育运动不一样。首先它的训练环境很美。漂亮的木地板，宽敞的落地镜，穿上紧身的训练服，加上优美的音乐，有助于培养和提高学生身体姿态美的表现力和高雅的气质，使学生能充分发挥自我形象的塑造。其次，它的内容选择非常讲究，不仅仅考虑到体质的增强，还必须有形体塑造的内涵。从动作造型设计到音乐伴奏的选择，都必须给学生一种振奋人心、催人奋进的力量。

有些来自农村的学生，由于经常参加田间劳动，皮肤晒得黝黑，服饰不时尚，气质较差，因此总觉得比不上城里的学生漂亮，自卑感不时困扰着他们。经过形体训练后，他们逐渐认识到人体美必须以健康为基础，而不是给人外在的感觉，从而改变了错误的审美观念，重新树立自信心。这对于他们今后的工作很有帮助，特别是用人单位面试时，印象好、气质佳、谈吐举止文雅，会给用人单位留下了好的第一印象。在实际工作中，如企业展会，他们已经能够用较高的审美观点布置会场，美化环境，使客户有一种宾至如归的感觉。这说明，正确审美观的培训，有助于极大提高工作能力。

三、纠正性格缺陷，提高心理健康水平

从事文秘工作，要善于与人交际，主动积极，善解人意，如果性格内向，不善言谈，就难以与对象沟通，满足不了沟通对象的需求。

有些学生刚入学时由于多种原因的影响，性格孤僻，冷漠偏执，行为反应迟钝，小气，不合群，不积极参加集体活动，情绪变化无常，承受挫折能力低，这些都是学生心理障碍的表现。而形体训练能让他们感受这项运动的力度感、美感和韵律感，愿意去接受这种运动所带来的洒脱、奔放的愉悦心情，以及从机体每一个细胞中迸溢而发的勃勃生机和活力，从而陶冶情操、开阔心胸、激发生活的自信心和进取心，形成豁达、乐观、开朗的良好心境。

以压腿练习为例，刚开始练习时，常常出现腰酸腿疼，如果没有顽强的意志力，的确无法坚持下去。通过形体训练，可以帮助学生纠正不良的体型，让他们学会正确的身体姿态，做到"站似一棵松，坐如一座钟"，这本身就增强了学生的自信心。一个人有了坚强的信心和顽强的意志，才能面对重重的困难，去适应变幻莫测的大千世界。

四、培养创造性思维，提高创新能力

形体训练由于它自身的特有魅力，极易使学生产生浓厚的兴趣。而兴趣对主动学习

有着极大的促进作用,能够充分调动学生学习的积极性和主动发展的潜能。形体训练又是一项富有高度想象力的运动,需要练习者根据乐曲的内涵展开充分想象,才能把各种动作表现得淋漓尽致、栩栩如生。如在各种优美旋律的带动下,形象地模仿人们的生活、劳动、运动及动物的各种形象、动作和造型。因此,参与形体训练,既可发展学生的思维,亦可开发学生的想象能力。如广播体操的演变,由动作简单呆板、音乐单调、节奏缓慢到动作优美大方、音乐活泼轻快、节奏感强,不仅满足了青少年的兴趣、调动了他们的积极性,同时复杂的动作也让他们开拓了思维。所以在经过一段形体训练之后,受训者的动作感觉明显好于普通人。

总之,通过平时的形体训练,塑造学生美的外表,养成健康向上的审美情趣和高尚气质,使学生更好地适应自己的工作岗位,是形体训练追求的目标。

任务三　形体塑造与形体训练的关系

形体训练是指以人的身体为基础,为达到一定的动作要求所设计的练习。如:体操运动员由于要完成各种翻、转、跳技巧,在训练中就会加大上肢和双臂的支撑力训练,使双肩宽厚,臂膀粗壮有力。从狭义的范围理解形体训练就是形体美训练,即对体型和体态的美化,包括减肥和矫正不良姿势等。广义的形体训练可以理解为只要是有形体动作的训练就可以称做形体训练,如体操的动作训练和迎宾礼仪姿势的训练等。本书所提形体训练是从狭义的范围来探讨的。

形体训练和形体塑造的联系,应从狭义上的形体训练范围理解。两者是辩证统一的关系,训练是塑造的前提,没有训练就没有塑造,形体训练是实现形体塑造的途径之一,塑造是训练的目的,形体塑造又为形体训练提供了方向性的保障。

形体训练和形体塑造的区别,应从广义上的形体训练范畴理解。两者的区别主要体现在目的上的不同。形体训练以“一定的要求”为目的,具体地说它包括了对审美的要求,也包括对职业任务的要求。前面提到,形体训练从狭义的范围理解为形体美训练,即对体型和体态的美化。广义的形体训练可以理解为只要是有形体动作的训练就可以称做形体训练。对于职业任务要求的动作练习同样也属形体训练的范畴。每种职业都有它本身职业对形体的要求,特别是服务性行业要求的会更高些。比如空乘、导游、秘书等行业,除了对训练上有要求需达到形体美的训练,还需要单独设计与职业相关的坐姿、站姿、行姿、接待礼仪等练习,进而达到职业形体塑造的目的。对美的要求,可以理解为形体塑造训练的途径之一。

形体塑造以“一定的审美标准”为目的,美的要求是它唯一的目的。比如说女子形体美。不同社会都有其不同的审美观和标准。当今的女性不再追求杨贵妃式的肥胖美和林黛玉式的病态美,而是现代女性应具备的健康、匀称、弹性、气质高度和谐统一的形体美。

下面将具体阐述现代社会女子形体美应具备的特征,只有准确把握了美的标准才有利于我们进行形体塑造。

首先是健康美,健康是指身体发育良好、功能正常、精力充沛、体格强壮等。健康是女子形体美的基础;而形体美又是健康美的一个重要标志。健是美的基础,形体美以体健为基石。健康的形体,从机能到形态,展示在人们面前的是一个有血有肉的生命,给人一种朝气蓬勃、健康向上和充满自信与活力的美。是人体经过科学的锻炼所获得的一种静态美。健康作为形体美的第一要素,是我们形体塑造所追求的首要目标。健康本身就展示出一种美,因此说,形体美是建立在健康美的基础上的。只有健康的体魄才能充分展示美;只有健康的形体才能塑造美。

其次是匀称美,匀称是指身体的上、下肢及躯干等各部位结构的比例关系。简单地说,肩宽、腰细、躯干短,上体成"V"字形;下肢修长,整个形体有明显的女性曲线,这是基本匀称美的要素。只有具备了匀称美,才算基本具备了女子形体美的条件。否则,腰长、腿短、身体各部位的结构比例不协调,也就算不上形体美。

任何一种美都包含着和谐之美,女子形体美则更为突出。再次是弹性美,弹性是指肌肉的弹性。女子形体的弹性美要求,不光要有柔美的线条,还要有布局合理、均匀分布的肌肉,具有女性特征并富有弹性。女性的魅力在于阴柔之美,不像男子那样刚劲强健,其体态线条更注意曲线、圆润,这样才显示出秀美、柔和、富于流动感的女性肌肉弹性健美的特征。弹性美是女子形体所特有的美,是女子形体塑造中不可缺少的特殊的美。最后是气质美,气质是一种内外结合之美。它既包括了健康的身体、优美的形体、富有弹性的肌肉、光洁无瑕的肌肤、挺拔秀美的姿态,又包含着一个人的文化修养、知识水平、言谈举止、精神风貌等,是社会因素和自然因素的一种综合的高层次的评价,也是女子形体塑造追求的最终目标。只有达到了这一点,形体美才得到了更加充分的展示。也就是说,只有气质美,才能充分体现出形体美。

尽管塑造可以通过形体训练、体育锻炼、舞蹈、瑜伽、合理的饮食调节、规律的生活习惯等途径来实现形体美。但并不是所有的形体训练都可以起到塑身的作用,如体操运动员的形体训练是为完成各种翻、转、跳等高难度技巧,所设计的加大上肢和双臂的支撑力练习,这种训练会使双肩宽厚,臂根粗壮有力。这种训练就不能称之为塑造形体,因为它不是以形体美为目的的训练,而是以展示高难度且优美的动作技巧为主要目的。因此并非所有的形体训练、体育锻炼、舞蹈、瑜伽等都能起到塑造形体的作用。又比如说舞蹈,芭蕾舞、蒙古舞、维吾尔族舞可以借鉴来作为形体塑造的练习,但藏族舞却不行。藏族舞的基本风格是松胯、弓腰、上身微向前倾。这种体态风格不适合作为塑造形体的途径。因此本书就借鉴一些可以塑造体型的训练来安排其内容,如:芭蕾形体训练、蒙古舞、维吾尔族舞蹈、摩登舞等。此外,如果以形体美为评定标准的话,形成的结果也不同。形体训练所形成的结果是双向的正反结果。科学的以形体美为评定标准的形体训练,可以塑造人的形体,非科学的或不以形体美为评定标准的形体训练就不能达到塑造人形体美的目的。如:杂技的目的是展现其高超的技艺,它的形体训练是围绕技能技巧来设计的练习。在训练过程中身体肌肉发展如与技能要求训练相违背的话,肯定会选择与技能要求一致的训练。再比如说吊环运动员、单双杠运动员的形体训练,为增强臂力会在训练中加大上肢和双臂的支撑力训练,使双肩宽厚,臂根粗壮有力,这样的训练结果只能称为健美,而不能理解为正面地塑造了形体美,因为它没有达到形体美的标准,即健康、匀称、弹性、气质的高度和谐统一。

形体塑造的结果,就是要达到时代对形体美的审美要求,它是一种正面的结果。比如说,现代形体美要求的是健康、匀称、弹性、气质的高度和谐统一,所以现在的形体塑造所采用的训练是芭蕾形体训练。如果我们现在的形体美标准是像唐代那样以丰腴为美的话,显然就要采用其他的形体训练方法了。因此,这种形体塑造永远是和时代的审美要求保持协调一致的,永远是正面的结果。

总之,形体训练和形体塑造是两个属性不同,且关系密切的概念,我们应正确理解。

思考题

1.形体训练的特性是什么?

2.形体塑造和形体训练的关系如何?

模块二　形体塑造与修养

项目一　修养的概述

【学习目标】

掌握修养的概念及内涵。

知识目标

掌握修养的基本含义。

掌握品德修养、品行修养、内在修养的基本内容及区别。

能力目标

熟知修养的内涵、特征及意义。

修养从广义上讲是指人们在政治、道德、学术以至技艺等方面进行的勤奋学习和涵养锻炼的功夫，以及经过长期努力达到的一种能力或思想品质；从狭义上讲，修养通常指思想品德修养。真正的思想品德修养是以人的政治态度、思想意识和道德品质为基本内容的。即所谓"身不修则德不立，君子不可以不修身，自天子以至于庶人，壹是皆以修身为本，正心以为本，修身以为基，君子之修身也，内正其身，外正其容"。由此可以看出，品德修养是整个修养的核心。修养是人类对自己各方面能力的一种整治、一种培养，使各方面能力通过勤奋学习和锻炼的结果，是通过长期努力所达到的一种能力和境界。

我们以往谈到修养，就会联想到古代的诗人、文人。时代发展飞快，对人才的要求也必须随时代的发展而相依相符，现代人对修养的要求已经不仅仅停留于表面涵义，概括来讲，随着社会对人才的要求，人类对修养的构成也已有了更深层次的理解，那就是一个中轴线，两个基本点，六个构成面。思想品德修养始终是整个修养中的核心内容，是贯穿于整个个人修养的中轴线，没有良好的思想道德修养和正确的人生观、价值观，即使风度翩翩、才华横溢，也只是徒有其表，无大作为；两个基本点是指修养的外在构成因素和内在构成因素相结合的两个点，分别是内在修养和外在修养，修养好比是一座高楼大厦，这两个点就是构成大楼的基本点，是构成个人修养的基本内容；六个构成面是对个人修养的具体要求，分别是内在修养的三个方面即文化修养、艺术修养、气质修养；外在修养也就是品行修养的三个方面，即举止、仪态和谈吐。现代社会竞争激烈，社会对人才的要求也更具时代化,当代大学生只有全面地学习个人修养,从而充实自己,才有可能在未来的奋斗之路上赢得更快,走得更远。

任务一　品德修养

思想品德是一种社会意识形态,它是人们在一定的思想体系指导下,按社会规定的道德准则行动时表现在个人身上的某些特点和倾向。所谓思想,指的是某一思想体系,即社会中某一集团或某一阶级的政治、法律、哲学、道德、艺术等观点体系。所谓品德就是道德品质,也就是人们的行为、作风所表现的思想认识、情感、品性等,它是社会道德准则在个人行为上的反映。思想是品德的内在本质,品德是思想的外部表现,思想是通过品德表现出来的。大学生的思想品德修养,属于大学德育的范畴。它不仅仅指道德品质的教育,还有着更广泛的涵义。它包括大学生的政治素质、思想素质、道德素质、法律素质和心理素质等各方面的修养。政治方面,包括政治方向、政治立场、政治信念、政治敏锐性以及政治判断力等;思想方面,包括马克思主义的世界观、人生观、价值观、审美观以及科学的思维方法和现代观念意识等;道德方面,包括社会公德、职业道德、人道主义、艰苦奋斗、自我牺牲以及文明礼貌和行为规范等;法律方面,包括民主意识、法治意识、国家观念、公民权利与义务以及自觉运用法律能力的培养;心理方面,包括性格、气质、意志、兴趣等个性品质及人际关系、自我调节能力和社会适应能力等。

目前,各高校思想品德教育已成为我们每一个大学生的必修课,近几年来,我国对大学生的思想教育工作非常重视,并出台了很多相关政策,在中共中央、国务院《关于进一步加强和改进大学生思想政治教育的意见》中就明确指出,大学生思想政治教育要"坚持以马克思列宁主义、毛泽东思想、邓小平理论和'三个代表'重要思想为指导,深入贯彻党的十六大精神,全面落实党的教育方针,紧密结合全面建设小康社会的实际,以理想信念教育为核心,以爱国主义教育为重点,以思想道德建设为基础,以大学生全面发展为目标,解放思想、实事求是、与时俱进,坚持以人为本,贴近实际、贴近生活、贴近学生,努力提高思想政治教育的针对性、实效性和吸引力、感染力,培养德智体美全面发展的社会主义合格建设者和可靠接班人"。同时,要求学校教育要始终坚持育人为本、德育为先的准则,要以培养人才作为根本任务,把思想政治教育放在整个教育领域的首要位置。

在这个科学技术飞速发展的时代,在这个"知识爆炸"、"信息爆炸"的时代,即使是饱学之士,也是要经过社会严格的考验后才能获得成功,而大学生们要想成为跨世纪的合格人才,就必须具有良好的思想品德修养。那么,作为一名大学生怎样才能成为一名具有道德修养的人呢?读书学习是一方面,其次就是要明确我们每个人的职责,树立正确的人生观、价值观,同时具备良好的个人修养。在这个世界上,每个人都有自己的职责,如医生有医德、教师有师德等,那么作为一名大学,我们要时刻提醒自己要想做一名有高尚道德的社会主义建设者和接班人,就必须要进行道德修养,要像许多革命者一样,时时刻刻以社会主义道德标准来严格要求自己,认真学习,提高认识。在具备正确道德修养的基础上,努力学习各门知识技能,在人生的道路中要坚守社会主义道德准则,全心全意为人民服务,要时刻与腐败、污浊的现象作斗争,自觉抵制各种腐朽道德对自身的影响和侵蚀。学校要积极引导大学生从一点一滴的小事做起,勿以恶小而为之,勿以善小而莫为,要积极促进大学生道德行为的自我养成,培养大学生正确的审美观,提高他们对美的欣赏能力和创造能力,陶冶情操,美化人格。在提高大学生们的综合素质的同时,要把正确的政治观点,正确的思想方法和道德观点、态度及其规范要求,转化为受教育者个体自身的思想道德修养,只有这样使两者结合起来,就会成为一个具有高尚道德的优秀大学生。

要相信,优雅的气质和健美的形体是我们每一个人付出辛苦的劳动后获得的,而思想道德修养则是我们获得成功所必须具备的必要条件,培根说过:"知识就是力量",而现在我们应该说"知识、智慧、修养等于力量"。

任务二　品行修养

品行修养主要是指透过言谈举止表现出的品格和德行,主要通过:个性、性格、气质、情趣、意志、原则、仪表、交往、谈吐等综合特质来表现,并能反映出个体的价值观、生活态度、处事方式、心理素质、精神境界以及道德情操。品行修养主要包含举止、仪态、谈吐三个方面的修养。品行修养是整个修养的外在体现,通过品行修养能反映出个人的综合素质水平,如果一个人的言谈举止很粗俗,那么,就可以断定这是个缺少品行修养的人,一个缺少品行修养的人会直接影响到自己今后的方方面面,比如个人的道德情操、人际交往、心理素质以及今后的事业发展。

大学生是当今社会的主要知识群体之一,他们对知识如饥似渴,在校园里埋头苦读,寒窗四年下来知识在不断的积累,但是,这种简单的知识积累已经不能够满足社会对人才的需求,学生时代应该是人生最修身养性的一段时光,学校的人文环境为大学生的身心成长营造出了一种儒雅的外部条件,具体地讲,在学校的短短几年内,学生除了知识的积累,更应与他人建立良好的人际关系,从而形成和谐融洽的心理氛围;要树立社会公德意识和社会服务意识,时刻以健康的思想、道德、观念来约束自己的行为,不受外界不良因素的干扰,并在日常的学习和生活中始终体现出自己的文化层次、道德水准和审美品位。

加强大学生的品行修养是大学生修养中的重要内容,品行修养提高可以培养大学生的人际交往能力,养成大学生良好的心理素质。孔子曾强调"修己以敬","修以安百姓",他认为只有修养好自己的品行,才能严肃、认真的对待一切事情。作为大学生要以自觉加强自身的品行修养为己任,共同投身于社会主义物质文明与精神文明建设之中。

一、举止

举止是人的行为表现,是一种不说话的"语言",它反映了一个人的素质、受教育的程度以及能够被人信任的程度。有些人尽管相貌一般,甚至有生理缺陷,但举止端庄文雅,落落大方,也能给人以深刻良好的印象,获得他人的好感。哲学家培根有句名言:"相貌的美高于色泽的美,而秀雅合适的动作美又高于相貌美。这是美的精华。"举止是展示自己才华和修养的重要外在形态,恰到好处的举止,能够帮助一个人走向成功。反之,一些不良的举止会使人讨厌,比如:当众嚼口香糖,当众挖鼻孔或掏耳朵,在公共场合抖腿,随手乱扔垃圾,大声清喉咙或吐痰,当众打哈欠,公共场合吃零食,在别人面前脱鞋等举止都是不文雅和不礼貌的。

正确的站姿、坐姿和步态是举止的基本要求之一,它能直接体现出一个人的气质修养,大学生由于功课繁重,大部分时间都会俯首案旁,废寝忘食读书,往往会忽视自己的各种姿态,导致不自觉地形成一些不正确的姿态,比如,有些学生站着时就像一颗歪脖树,坐着的时候东倒西歪、俯身塌腰,走路的时候后弯腰驼背、左摇右摆……长期处于这样的姿态,不仅会影响大学生正常的生长发育,而且在毕业后会直接影响到就业,人体的正确姿态应该是,颈椎、胸椎、腰椎、尾椎在感觉上成一条直线,向上牵引。因此,要在学生时代养成良好的姿态,正确健美的站姿要给人以挺拔笔直、舒展俊美、庄重大方、精力充沛、积极向上的感觉;坐也是举止的主要内容之一,正确的坐姿要求端正、舒展大方;步态属于动态美,要给人以协调稳健、轻松敏捷的感觉。

总而言之,得体的举止是大学生自身综合素质中品行修养的重要内容之一。一个拥有远大理想抱负的大学生,应该时刻注意个人的言行举止。容貌修饰自然大方,风采奕奕,举止健康得体才能体现出当代大学生饱满的精神风貌,才能为未来的事业道路播上自信的种子,为收获成功而做准备。

二、仪态

仪态是几千年社会文明发展的产物,是经过时间的沉淀被后人继承创新下来的文化产物。仪态修养是一种以强调身体的全面发展为基础,与站、坐、行、卧等日常生活姿态紧密结合并注入礼仪色彩的锻炼形式。如果说举止是一种外在的"语言"的话,那仪态便是一种规范化的社会行为,它是一种与礼仪贯穿始终的、以身体作为媒介的外在综合表现体,仪态的出现使人和动物有了明显的区分。中国是礼仪之邦,我国古籍《周礼》《仪礼》《礼记》中就记录了许多的礼仪和仪态的要求,比如,在日常生活中要注意的仪态是:不要侧耳听,不要粗声大气说话,不要眼睛斜视,不要无精打采的样子,迎接客人时要求礼貌谦和,在长者面前的仪态要恭敬严肃,坐着时不要把两腿分开等仪态要求,这在当时的社会环境下是极其重要的礼仪准则,我国古代的礼仪要求,正如孔子所说的一句话:非礼勿视,非礼勿听,非礼勿言,非礼勿动……,可见,仪态在当时那种封建社会环境中的含义,可以理解为是对一种彬彬有礼的君子举止风度的向往、约束和要求。

如今,随着社会上人际交往的增多,仪态并不仅仅只是一种举止,一种姿态,它更是一种文化,在这个世界上,每个人总是以一定的仪态出现在别人面前,一个人的仪态包括他的所有行为举止,一举一动、一颦一笑、站立的姿势、走路的步态、说话的声调、对人的态度、面部的表情等。正因如此,人们越来越重视自己的仪态,在人际交往中,用优美的体态语言,比用口头语言更让对方感到真实、生动和容易接受。仪态要求是要通过个人的心理过程实现的,而我们每一次仪态上的提高,最根本的还是在于人的内在修养的提升。随着时代的飞速发展,大学生们要清醒地意识到,在这个竞争激烈的社会里,仅仅埋头苦干已不再符合当代的职业观,大学生要树立"个人的品牌"意识和"自我的行销"意识,这种意识可以给自己创造更多的就业机会,可以缩短用人单位对自己的了解过程,通过展示这种在有意识的前提下所形成的良好仪态,可以在短时间内给对方留下深刻的印象,让对方有兴趣了解你内在的智慧,从而更快地发掘你的个人价值所在。树立这种意识的前提除了要具备个人实力外,还需要大学生们拥有独特、健康、良好的形象。那么,这种"个人的品牌"意识和"自我的行销"意识的形成,正是将你个人的内在个性、想法,通过外表、肢体语言与言谈,准确地向外部展现,这些外部的展现过程则需要内在品质、知识、能力的提升才能达到仪态美。目前,这种仪态美已被视为人类的"第二语言",当代的大学生要想具备这种"第二语言",就应该对中国的传统礼仪进行全面地了解、学习和继承,并在此基础上结合当代的社会发展状况,进一步强化个人的综合素养,因为思想上的崇高境界和成熟的个性是形成仪态美的重要因素,正所谓"思想变则行为变,行为变则结果变"。一切变化都是从内心开始,一切行为都是从自身做起,大学生们只有遵循这个准则,才会拥有真正的仪表美,自信地面对职场的挑战。

三、谈吐

言谈是人类特有的表意、交流的工具,是人的知识、阅历、才智、教养和应变能力的综合体现,而谈吐则是谈话时的措词和态度,它是品行修养中最重要的修养。在一般的社交礼仪中,谈吐礼仪主要包含日常语言交流和日常文明礼仪(如打招呼、称呼、交谈、致谢)等几个方面的内容。在日常生活中,谈吐对于整个人际交往有着重大的意义,俗话说"好马出在腿上,好汉出在嘴上"。谈吐表述方式的文雅、礼貌和表达内容的准确、妥当都是谈吐礼仪中至关重要的因素。在日常的社交和工作中都需要良好优雅的谈吐,可以增强人的自信心和调整个人的心态,在一些正式的场合,常常会通过一些大学生讲话的声音,而听出来这个人是否紧张,是否自信,又比如,有些大学生在与他人交谈时总是会带一些口头习惯语,如"嗯""这个"等,这些也都是个人在谈吐方面的不自信,在谈吐表述方式上的不文雅、不礼貌,是很不好的谈吐习惯;另外,谈吐表达的主要内容都是通过语言来传递的,语言的内容是决定交流成功与否的关键因素,俗话说:"良言一句三冬暖,冷语伤人六月寒。"众人皆知,语言既能伤人又能安慰人,也就是说,语言是神经系统的特殊刺激物,不同的语言发挥着不同的效果作用,也因此而导致不同的结果。

谈吐可分为两大类:一类是正式场合下的有准备的谈吐,另一类是在日常生活中以闲聊为主的谈吐。在正式的场合下,个人的谈吐往往是众人的焦点,这时的谈吐需要整体参与,全身心地投入,依靠和调动起有声语言和肢体语言来构成信息的传达系统。这里的语音、语调、面部表情以及手势、体态等都会起到很明显的作用,这就需要做一些专门的准备来应对,比如大学生的毕业答辩、职场应聘、演讲等。而日常生活中以闲聊为主的谈吐,则是我们应该日渐养成的谈吐礼仪,让它变成一种好的习惯,尤其是在校的大学生,随着年龄的增长和社会阅历的丰富,人际关系的正确处理,与他人的言谈交流,就成为了个人获得成功的基础和前提,它贯穿于人类一生,是人类情感交流的桥梁,是与人沟通的本能。试想一下,如果一位在校生每门功课都是优,而仅仅在谈吐礼仪方面有缺陷,不善于与人交流,那么他即使功课再好也只是井底之蛙,不会有太大的作为。因此,大学生们平时应多练习演讲、交谈的艺术,控制说话的语速,不要尖声尖气声细无力,在讲话中要保持音调平静,音量适中,回答简练,不带口头习惯语;在言语表述方面语言要委婉、妥当:比如对人要得体的称赞,善意的批评,合理的建议,当别人施舍和赐予自己时,在不可轻易张口接受的时候,要合情合理的拒绝,等等。这种谈吐礼仪的掌握,可以使大学生能够恰到好处地使用文明、艺术性语言,能提高大学生的整体气质,是大学生与人交谈和沟通思想的手段,对未来的人际交往有很大的好处。

任务三　内在修养

内在修养是整个修养的核心内容,是修养的灵魂所在,它主要包含有文化修养、艺术修养、气质修养三方面的内容。

一、文化修养

文化是一个内涵非常丰富的概念,它是一切文明的成果,是人类精神活动的创造物,是人类在社会实践历史过程中形成的知识体系、价值观念、生存方式的总和。文化包括哲学、艺术、文学、历史、宗教、经济等方面的内容。人类创造了文化,同时文化又影响着人类,并且渗透和塑造着人类,文化的建设离不开我们人类的创造,而我们人类的发展也同样需要文化修养的提升,因此我们无论是在精神还是在物质的实践活动中,都必须注重个人的文化修养。

文化修养是指一个人对知识、信仰、艺术、道德、法律、习俗等人类活动的认知多少,把握多少,运用多少,是个体在自我认识、自我要求的基础上,依靠自身努力,自觉针对自己的身心状态与需要,以这些文明成果为目标,以展现完善自己为契机的自我调整、自我充实、自我提高的活动。当今社会的发展离不开有文化的人,文化修养便成了我们生存在这个世界上做人和做事的必然需要。人总是以真、善、美为目标,不断充实、完善自己,以实现时代所赋予的历史使命和人生理想,也就是根据社会的要求塑造自己、丰富自己,把自己锻炼和培养成为时代发展所需要的人。这种被社会时刻需要的人必须具备一定的文化修养,也就是说,这种文化修养直接影响到个人的发展,文化修养越高,人生的目标也就越明确,发展的动力也就越强大。因此,加强文化修养是促进个人发展的内在要求。

高等教育的目的不仅仅是培养专门人才,更重要的是要培养出一批知识群体,这批群体是社会的中坚,是影响社会文化乃至整个社会发展的知识力量,大学生作为社会的重要知识群体,如何更好的生存、更和谐的发展? 如何去应对激烈的职场竞争、复杂的人际关系、现实的生存状况? 这些问题都需要我们大学生去思考,去解决,那么,具备一定的文化修养是思考这些问题和解决这些问题的基础,是个人发展的前提。比如,在选择职业的问题上,文化修养就成了大学生们对待职业的一种信念和态度,深厚的文化修养孕育了他们高尚的职业价值观。这种价值观就是他们在择业生涯中的一种价值取向,它会帮助大学生们理清头绪、准确分析、冷静思考,从而根据这种价值取向从而做出正确的选择。

文化修养是大学生提高个人修养的基础内容,是发展个人的前提条件,大学生不仅要掌握扎实的专业知识,而且要认真汲取哲学、文学、心理、语言、历史、艺术、伦理等人文知识,并在学习这些知识的过程中,培养人文精神,树立正确的人文观和世界观,培养高尚的思想道德情操和社会责任感。大学生文化修养的提高会使整个人的精神气质,思维方式,审美尺度,价值取向等上升到更高的层次,从而变得深邃而深刻,丰富而博大,厚重而成熟,向着既定的人生目标去显示自己的本质力量。总之,就大学生自身来讲,加强自身的文化修养是大学生素质全面发展的需要。

二、艺术修养

艺术是一种社会现象、历史现象,它是艺术家创造性劳动的产物,是一种特殊的意识形态和特殊的生产形态的产物。艺术是人类审美意识物质形态化的表现,它比现实生活中的美更加集中典型,能够更加充分地满足人的审美需要。艺术有八大门类,分别是美术、音乐、舞蹈、戏剧、摄影、电影电视、文学和建筑,任何艺术门类都有自己特殊的物质材料和手段,例如绘画是运用线条色彩,音乐是利用音响,舞蹈是利用人体,文学是利用语言文字等。人们利用这些物质材料和手段,将头脑中的审美意识"物化"为可供其他人欣赏的艺术作品,从而使艺术成为传达和交流人们审美意识的一种手段。文学使我们丰富,历史使我们厚重,哲学使我们睿智,思想使我们深刻,艺术使我们触类旁通而富有灵感与激情。艺术家通过艺术创造所产生的艺术作品,把自己的审美意识传达给读者、观众和听众,而欣赏者也是通过这种艺术欣赏使自己的审美需要得到满足。

艺术修养是衡量一个人审美素质的重要因素,也就是说,审美素质的高低直接决定着一个人的艺术修养。艺术修养的提升不仅需要修养者对各个艺术门类的艺术特征和艺术语言的熟悉和了解,而且还要求修养者对一般艺术理论和艺术史进行初步地学习和了解。艺术修养的高低直接影响着我们每个人的人格素质与生存质量。马克思的艺术本质论认为,艺术是整个社会大厦的组成部分,对社会的发展能够起到一定的积极作用或消极作用,而艺术的这种作用又不是其他任何社会事物可以代替的。由此可见,艺术在整个社会中的重要性,作为社会主体的人提高艺术修养的必要性。

一个人如果拥有较高的艺术修养,他就能够主动地、充分地将其感性、情感和理智协调起来,使其心理结构的各个方面都得到较好的发展和完善,拥有比常人更独特的眼光去处理人生中的每一个问题。假如每个社会成员都有一定的艺术修养,那么,我们人与人之间就会更好地交流内心感受,从而更好地实现人际间的沟通和交流。

学校是一个小社会,在步入大社会之前,大学生应该积累一定的艺术知识,增加艺术细胞,培养个人的鉴赏能力和掌握一些创造艺术形象的本领,使自己的艺术修养有所提高。大学生艺术修养的提高可以培养出他们对社会生活的艺术感受能力。这种能力的形成能够使大学生对生活美、自然美,特别是艺术美有自己独特的审美眼光;可以培养大学生的艺术创造能力,使大学生们可以将主观的艺术构思借助一定的形式和手段表达出来。真正地达到陶冶当代大学生情操、规范行为、拓展视野的目的。培养大学生艺术修养也有利于调动大学生的学习兴趣,便于他们认识和掌握事物的内在规律。例如,在数学中通过公式、方程式所具有的对称、均衡等形式美的特点,来启发学生认识和掌握运算规律。再如,通过阅读文艺作品,美术写生,写观察日记以及参观、游览等,可以培养大学生的观察力、思考力和想象力,引导大学生辨别事物的异同,提高对新生事物的热情和敏感,从而提高他们驾驭客观事物变化的能力。艺术修养的提高还可以使学生的心灵松弛,适当消除大学生在学习中过度的紧张与疲劳,从而为创造性想象力的充分扩展提供了条件。

艺术活动是提高大学生艺术修养的另一个途径。一个全面发展的大学生,只有身心健康,精力充沛,才会在体格、行为乃至心灵各个方面都是健美的。通过艺术活动,可以提高大学生鉴赏美的能力,从而促进他们对健美和形体塑造的认识,通过具体的健美训练和形体动作不断地改善他们的外在形象,提高他们的审美素质。通过艺术活动可以满足大学生生理、心理的内在发展规律对自身的要求,使他们的艺术修养得到一个全面提高,这种良好的艺术修养可以使大学生在未来的人生道路上,情绪饱满,积极向上,对促进大学生身心健康和智力的发展都有很大的益处。

三、气质修养

气质是一种综合素养,它是内部修养、外在行为谈吐、待人接物的方式以及态度等的总和气质,是个体心理活动通过习惯性行为所展现出来的一种综合素养的外在体现。气质不是先天因素,气质的形成主要是个人根据社会的需要,结合自身的思想、文化、艺术、品行修养的综合素质而进行长期培养的结果,它是个体受到外界因素对自身的要求,而有针对性地对自我培养和调节的一种心理活动的过程,是个体后天形成一种修养的外在体现形式。这种修养的外在体现就是气质修养,气质修养是指一个人内在涵养或修养的外在体现,它是个人修养中的重要内容。

从心理学的角度可将气质分为多血质(活泼、敏捷、兴趣广泛等)、胆汁质(热情、精力充沛、易冲动、性急等)、黏液质(安静、稳重、情绪不外露、注意集中等)、抑郁质(善观察、动作滞缓、爱沉默等)四种类型。在大学里不同专业的学生往往有相对集中不同的气质类型分布,比如,由于理工类专业需要认真、细致、耐心等心理品质,因此这类专业的学生黏液质气质类型相对较多;而文科类和艺术类学生的多血质气质类型相对较多,因为这类专业需要活泼好动、灵活机敏等心理品质。学生在校学习的时间段是气质培养的最佳时间段,学生可以根据自己的兴趣爱好去选取自己的专业,并通过长时期对所选专业的学习而产生一种专业思维,这种专业思维也同样会对学生的气质存在一定程度的影响,这是一种双向影响,结果就是互为培养的过程。但是,当前社会需要的是全方位人才,单一的人才培养模式已经不适合竞争激烈的社会。大学生们如果仅仅只对自己的专业感兴趣,几年学下来,个人的气质修养也只会停留在一种简单的层面,这种情形势必会影响学生将来的人生道路。

大学生的气质修养的培养,除了要求学生们拥有一个好的生活环境和始终健康良好的心态之外,应该更加重视各个方面知识的学习和相互的渗透,因为气质是内在不自觉的外露,而不仅仅是表面功夫,如果想要提升自己的气质,做到气质出众,除了穿着得体、说话有分寸之外,就是要不断提高自己的知识、品德修养,不断丰富自己。如果胸无点墨,那任凭用再华丽的衣服装饰,这种人也是毫无气质可言的,反而给别人肤浅的感觉。读书既是培养气质的途径之一,也是检测气质的方法之一。"腹有诗书气自华"就是说腹有诗书的人,自有一种含情脉脉、气质华美的风度,有厚积薄发、信手拈来的从容。大学生们要博览群书,多学习本专业以外的其他学科,有这样一种说法"读书是与思想家对话",而气质达不到的人,根本不可能直接与思想家对话。其次要注重个人艺术修养的提升,目前,芭蕾舞、瑜伽和健美操已成为许多年轻人培养气质的最佳途径,比如电影明星赫本的气质就是源于芭蕾舞。

总之,气质的形成是一个长期的过程,由于个人文化底蕴和性格因素、环境因素等因素的影响,并非每个人都能在短期内完成上述修养,但是大学生气质修养的培养是整个修养的最终体现形式,是检验修养的最终指标,是衡量成功与否的关键因素,虽然它的结果是以素质的聚集性呈现,但的确是分散素质学习和提升的结果,所谓分散素质就是所谓的各方面修养的积累,只有做到了这种积累,才能展现出最优雅的气质,为大学生的明天打下坚实的基础。

思考题

1. 为什么说思想道德修养是大学生修养中核心部分? 什么是修养?

2. 大学生的品行修养主要包括哪些方面? 举止的解释是什么?

3. 谈谈大学生的内在修养? 它主要有哪些内容?

4. 什么是气质修养? 大学生如何形成气质修养?

项目二　修养与形体塑造

【学习目标】

掌握文化与艺术的概念及内涵。

知识目标

掌握文化修养的概念及内涵。

掌握艺术修养的概念及内涵。

能力目标

熟知文化艺术修养与形体塑造的关系。

任务一　文化修养与形体塑造

一、文化的概念

文化是一个内涵非常丰富、外延十分广阔的概念。《大英百科全书》对文化的定义是:"人类社会由野蛮至文明,其努力所得之成绩,表现于各方面,如科学、艺术、宗教、道德、法律、学术、思想、风俗、习惯、器用、制度等综合体,则谓之文化。"《苏联大百科全书》将文化概念分为广义与狭义,广义文化"是社会和人在历史上一定的发展水平,它表现为人们进行生活和活动的种种类型和形式,以及人们所创造的物质和精神财富";狭义文化即"指人们的精神财富"。

在历史上有许多著名人士都对文化进行过一定的解释。最初在中国古代,当时的人们所指的"文化"是指"文治教化",也就是以诗书礼乐、道德伦序来教化天下人的一种礼化。我国著名的教育学家孔子曾用"道"来概括文化的含义,他认为"道"就是"文化","道统"就是"传统文化",而那时的文化也主要是为封建王朝所施行的文治教化的总和。历史上第一次从整体性来界定"文化"的人是19世纪最有影响力的英国人类学家泰勒,在他的《原始文化》(1871)中首次提出了著名的文化定义。泰勒认为:"所谓文化或文明乃是包括知识、信仰、艺术、道德、法律、习俗以及包括作为社会成员的个人而获得的其他任何能力、习惯在内的一种综合体。"直到20世纪,美国的文化学家克鲁伯和克拉克洪在《文化:概念和定义的批判性回顾》一书中,提出了最有影响的文化定义,他们在书中认为,文化既是人类活动的产物,又是限制人类进一步活动的因素。历史上著名专家学者们对文化定义的解释,都有它的道理,文化发展的过程也是人类文明发展的过程。

在《现代汉语词典》中对"文化"的解释是,文化分为广义文化和狭义文化,广义的文化是人类在社会实践历史过程中形成的知识体系、价值观念、生存方式的总和,它涵盖了人类在认识和改造自然、认识和改造社会的过程中形成的一切文明成果。广义的文化着眼于人类与一般动物,人类社会与自然界的本质区别;着眼于人类卓立于自然的独特的生存方式,因此,广义的文化是一个含义非常广阔的概念,比如它包含认识的(语言、哲学、科学、教育),规范的(道德、法律、信仰),艺术的(文学、美术、音乐、舞蹈、戏剧),器用的(生产工具、日用器皿以及制造它们的技术),社会的(制度、组织、风俗习惯)等等。狭义的文化是指人类所有的精神创造的活动及其结果,是人类社会历史生活中排除关于物质创造活动及其结果的另一部分,狭义的文化包括文学、艺术、教育、科学、信仰、道德、法律、习俗等内容,现代人常说的文化就是针对狭义文化而言的。

文化是人类在社会历史发展的过程中所创造的物质财富和精神财富的总和,它是人类所创造的一种精神财富,有时文化也指文明。这种文化是人类在长时间的实践活动中,所创造的人类文明的精华,是高度提炼、概括、升华并加以符号化了的人类文明的遗产,是千百年来人类对这种文明遗产的继承与创新的结果。人类要继续继承和发扬这种文化精髓,使人类的精神遗产能继续传承下去。我们的民族是一个有几千年历史文化的民族,整个民族发展的过程就是在对文化不断继承、弘扬、借鉴、吸纳优秀文明成果的过程,在反思和推动中不断发展变化的更新的过程。人是社会的主体、历史的主宰、传统的继承者,物质是人类生活的外在依赖,而人类最根本的精神依托和发展契机就是文化。当今社会竞争激烈,大学生要想成为一名新时期的合格人才,就必须先成为一名有文化、有理想、有道德的人。如果没有一定的文化素养,既不可能有远大理想,也不可能有很高的道德修养,更不可能成为真正全面发展的人。因此,大学生不仅要有扎实的专业功底,还必须提高自己的文化修养,使他们真正成为一名为社会所需要的综合性高素质人才。

二、对文化修养的认识

(一)文化修养的概念

文化修养是指个体在自我认识、自我要求的基础上,依靠自身努力,自觉针对自己的身心状态与需要,以一些文明成果为目标,以发展、完善自己为契机的自我调整、自我充实、自我提高的活动及其结果，是过程与结果的统一。具体来讲，文化修养主要是人类对文化修养所包含的内容，如文学的、历史的（音乐史、艺术史、文学史和一般历史）、美学的、哲学的等知识的认知程度、把握程度及运用程度的多少。

文化修养的主要内在构成因素是知识修养和文化品位。其中，知识修养并不直接等同于学历、资格，而体现的是学识、阅历、技能等素质条件折射出的文化底蕴、气质、涵养和才智。知识修养的主要组成部分是知识结构，知识结构是指专业知识、边缘学科知识、社会阅历、管理技能、专项技术、生活常识等内容的学习和积累。知识结构的范围是衡量文化修养的标准。

构成文化修养的另一个重要因素是文化品位，它不是我们所常说的概念词，文化品位的形成是基于知识结构的上层文化精髓，它是人类精神活动所追求的最终创造物。文化品位需要知识结构的充实和提炼，具体实在地从文学、哲学、艺术、历史、宗教、经济等各领域入手，探索和学习每一个领域的知识和精髓。这样才能形成稳固的文化品位。每一个领域的知识都是人类文化的精华，都是文化修养构成的基本要素，就像人体的每一个细胞一样，都是构成人体的重要内容。

比如，文学是语言的艺术，文学作品是以语言为材料创造出来的艺术品，它所反映的是一定的社会生活、一定的人物形象以及该作家对社会生活的体验和爱憎感情，因此，文学是以独特的表达手法来展现生活的精彩内容。历史是人类的过去，它的整个过程是数千年来人类社会的发展历程，是世界上各种文明的盛衰兴亡的足迹，历史上无数英雄伟人、仁人志士、革命先烈的英勇悲壮、可歌可泣的斗争业绩，因此，历史是人类回顾过去的重要文化内容。哲学是对世界整体的理论化、系统化的深刻认识，是对具体科学知识的概括、总结和反思，是人们观察、分析和解决问题的基本指南，因此，哲学是人类智慧的文化载体。艺术是对音乐、美术、舞蹈、戏剧和戏曲、影视以及曲艺、杂技等的总称，它是借助一定的物质材料和工具、借助一定的审美能力和技巧，在精神与物质材料，心灵与审美对象相互作用、相互结合的情况下，充满激情与活力的创造性劳动，因此，艺术是人类热爱生活的终身事业。科学是人对客观世界的认识，是反映客观事实和规律的知识体系，它的目的是发现人们未知的事实，科学是创造知识的研究，因此，科学是人类开启未来大门的金钥匙……。这所有的知识领域的学习和探索，慢慢形成了我们特有的文化品位，它的形成绝非是一个偶然的过程，而是包含点滴知识的学习过程。

我们所追求的文化修养的过程，实质上是对知识修养和文化品位不断提升的过程。社会是人的社会，因此社会也是文化的存在，文化是人与社会统一的基础，在这个竞争激烈的社会里，要想形成一个有文化修养的人，只是学习专业知识，而不了解社会形态，缺乏生活常识和求生技能是不够的，这样的学习结果会直接导致知识面的狭窄，文化底蕴的缺乏，从而不能在社会上发挥出相应的作用。毛泽东曾提出"德、智、体全面发展的人"的标准。邓小平进一步继承和发展了这一标准，并提出了"有理想、有道德、有文化、有纪律"的标准，其中做一名有文化的新人，正是为我们当代大学生指明了方向。作为一名优秀的大学生，除了具备系统的专业管理知识外，还应博览群书，关心社会形态，不断丰富人生阅历,并积极掌握基本的生活技能,培养游刃有余的专业技能的同时还要提高个人文化品位。这样才能形成了一定的文化修养,并实现协调人与人、人与社会、人与自然的和谐发展的目标。人类创造了文化,而文化又影响着人,渗透于人,塑造着人,所以我们无论是在精神还是在物质的实践活动中,都必须格外重视提高自身的文化修养。

(二)如何提高大学生的文化修养

当代大学生作为青年一代,肩负祖国建设和社会进步的重任,加强传统文化修养非常必要。大学阶段的学习生活比较集中,大学生精力也较为充沛,对新事物的接受能力非常快,因此,大学阶段正是大学生加强自身文化修养的重要阶段。从大学生自身来讲,加强文化修养是大学生素质培养中必须完善的综合素质需要,同时,加强文化修养,也是提高大学生道德素质和个人发展的核心内容和主要目标。文化修养的提升有利于提高大学生的文化素养,培养大学生爱国精神,有利于使大学生的精神气质、思维方式、审美尺度、价值取向等方面上升到更高的层次,从而有利于大学生人格的完善和博大胸襟的形成。

怎样才算是有良好的文化修养呢?"不可一业不专,不可只专一业",这句话对大学生文化修养提出了明确的要求,学海浩瀚,大学生们必须具有高尚的道德境界和高品位的文化境界,对知识既要专又要博,将自然、社会、人文等各门学科融会贯通以后,才能真正体会到宇宙的广阔和知识的浩瀚。

那么,如何提高大学生的文化修养呢?

首先,大学生要多读书,努力提高自己的文学素质。文学素质是文化修养的重要组成部分。文学是语言的艺术,文学作品是以语言为材料创造出来的艺术品,作品中所反映的内容是一定社会生活、一定的人物形象以及该作家对社会生活的真实体验和爱憎情感的真实写照。例如,鲁迅笔下的《阿Q正传》,反映的就是辛亥革命前后,以中国农村为背景的未庄一带的社会生活,在作品中成功地塑造了阿Q、假洋鬼子、赵太爷等人物形象,借此表达了鲁迅对中国社会问题,尤其是农民问题的思考。又如,柳宗元的诗歌《江雪》:"千山鸟飞绝,万径人踪灭。孤舟蓑笠翁,独钓寒江雪。"描绘的是一幅大雪盖地,不见行人,连鸟兽也不见踪影的肃杀冬景,实际上是暗示他政治革新失败后所面临的极为不利的社会环境,人物形象是一个孤单的老翁,在异常寂静、异常恶劣的环境下"独钓寒江",字里行间反映了诗人在遭受沉重政治打击后的不屈精神与孤傲性格。对文学作品的了解程度和阅读的书目,是可以作为个人文学素养的衡量尺度的,假使一名大学生终身都没能阅读过一部名人著作,那么他的精神世界必定是非常苍白的。

一部优秀的文学作品能唤起大学生对文学的兴趣,同时也可以塑造大学生的灵魂,使他们与文学结缘,并最终通过对文学知识的学习,提高他们的人文素养。书籍是人类的好朋友,在书中有许多经验和知识,让我们足不出户便能知晓天下。好书更是如此,一本好书在于它的文化涵养高,能给人以生活上的启发,因此多读一些好书对提高大学生的文化修养是必要的。大学生们除了认真学习自己的专业知识外,还要多读一些文化素养高的书籍和名著,通过从这些书籍中汲取的文化精华,充实自己的知识宝库,为提高文化修养的形成而做好文学积累。

其次,要多看名人名家的传记,树立正确的人生观、价值观。人生观不是生来就有的,它是可以选择的,不同的选择表现出不同的人生态度,正确的人生观可以指引我们朝着正确方向行走,人类无论做什么事情,思想和观点正确路也就自然会走对。正确人生观追求高尚的品格,树立积极乐观、自强不息的人生态度。同时,还应该学会努力成为一个社会发展需要的人,做一个有利于社会、有利于人民、有利于国家的人。只有在这种正确人生观的指引下,我们才能为着自己的理想与目标而付出行动。

最后,要努力提高自己的艺术修养。文学和艺术是互为前提的,他们好比是两个同胞兄弟,顺利地长大成人需要二者的相互扶持。比如历史上许多大科学家同时又是艺术家、画家和诗人,他们都拥有很高的文化修养和艺术修养。一曲令人神往而陶醉的《梁祝》,有的人听了却无动于衷,其原因是缺乏文化素养。这就是说,只有理解了的东西才能更深刻地感觉它。只有文化素养越高才会进入更高境界,所以艺术家不能忽视文学修养的提升,而文学家的成功也不能脱离艺术修养。文学修养的提高是一个日积月累的过程,不是一朝一夕能达到的,大学生们必须通过脚踏实地的努力才能实现。

(三)大学生提高文化修养的必要性

首先,全面推进大学生的素质教育,是社会对高等教育人才培养模式改革的迫切要求。实施素质教育是实现中华民族的伟大复兴而做出的重要战略决策。大学生的基本素质包括思想道德素质、文化素质、业务素质和身体心理素质,其中文化素质主要是通过对大学生加强文学、历史、哲学、艺术等人文社会科学方面的教育,文化素质教育是以提高全体大学生的文化品位、审美情趣、人文素养和科学素质为主要内容的教育,文化素质教育是所有学科的基础。

大学生作为对未来社会的有用人才,不仅要有扎实的专业知识、熟练的专业技能,而且还要有较高的文化修养。文化修养是做人和做事的需要,是个体在社会生活中求得更好生存与发展的需要,更是和谐的个人发展的需要。中国中央电视台著名主持人白岩松毕业于北京广播学院新闻系,打下了文学、历史、政治、社会学的功底,但他刚出道播音时还念错字,不得不急补语音课,而浑厚的文化底蕴,使他在主持人队伍中很快以儒雅的风格脱颖而出。文化修养的提高能启动大学生的智慧,并且帮助他们开启想象力的翅膀。

再次,大学生的文化修养的提高是形成思想道德品质的保证。大学生是一个不可忽视的重要社会群体,他们的精神状态,特别是思想道德修养对青年一代共同理想、价值观念、行为方式都起着重要的引导或制约作用。大学生的文化修养的高低直接影响着他们的思想道德水平,这两者之间是密不可分的。高尚的品格,远大的理想,明确的社会使命感,坚强的意志等驱动着大学生们如饥似渴去学习文化,充实自己的文化修养,而文化修养的积累,既有助于完善做人的思想品格标准,又能使大学生们进一步深化对人类文明的认识和把握,做一个文明的、自觉的人类文化传播者。反之,如果我们没有一定的文化修养,那么我们就无法完成对社会应该承担的责任和使命。

同时,大学生文化修养的提高是树立崇高职业理想的前提。大学生的职业理想是他们步入社会之前对个人职业生涯的具体规划和理想。具体讲,大学生的职业理想是大学生在一定的世界观、人生观和价值观的正确指导下,对自己未来发展方向和所从事的职业所做出的想象和设计。大学生的文化修养是塑造这种职业理想的前提,大学生未来人生的成功与否,很大程度取决于他们当初对职业理想的设计与规划,大学生的职业道德修养是树立崇高职业理想的必要条件。大学生崇高的职业理想的形成有三条途径:一是形成于大学生对专业知识的学习和对各类文化知识的掌握,二是形成于大学们对实际生活的体验、提炼和总结,三是形成于大学们对历史文化遗产的继承。可见,无论是专业知识、历史文化知识还是各类人文综合知识,都在人们生活的各个方面发挥着潜移默化的作用,具备一定的文化修养在大学生树立崇高职业理想中确实有非常重要的作用。文化修养越高的学生对自己职业规划的起点就会很高,因为他们的视野开阔,对问题的看法有前瞻性,容易做出准确的判断力;而文化修养低的学生,他们只有一技之长,对其他的知识了解很少,就像一只井底之蛙,由于知识面的狭窄,会导致目光的短浅,只是看到眼前的那片天空,很难对自己的职业生涯做出准确的判断和规划,到最后很可能会影响到自己的前途。

当代社会发展的方向,正由工业化社会向信息化社会转化,工业经济向知识经济转换,要求大学生不仅拥有广博的知识结构,具有适应社会的创新能力,进而提高其全面素质。在 20 世纪 90 年代,我国教育界就提出,在高等教育方面,应注重学生的文化素质教育,注重个性发展。

冰冻三尺非一日之寒,当今大学生应学会充分利用已有资源,发挥大学学习所需的主观能动性,以开发潜能,启迪心智,完善知识结构,提高人文修养。树立正确的世界观、人生观、价值观,以加强文化修养为首要任务,通过博览群书,勤奋学习,努力使自己成长为和谐社会所需要的通才、博才。

三、文化修养与形体塑造

(一)文化修养与形体塑造是一种相互影响、相互促进、相互作用的关系

形体塑造的提高是大学生综合素质体现的外在环节,既然是外在环节就必须有内在核心内容作为支撑点,文化修养就是这个内部核心点,它始终贯穿于整个形体塑造的全过程,如果一个人的文化修养很差,那么他拥有再华丽的外表也只是徒有虚表,毫无气质可言。文化修养是通过形体塑造而形成的从内而外的气质流露,而形体塑造则需要文化修养的内在包装,也就是说,文化修养越高,形体塑造的成功率就越高;反之,文化修养越低,越容易陷入对形体美的误区,从而导致错误理解形体塑造的真正内涵和意义。例如,大学生们在形体塑造的过程中对姿态美的正确理解,就需要有一定的文化修养和广博知识结构作为基础,才能真正达到姿态美训练的要求;又如,大学生文化修养的每一次提高,都需要形体塑造这一综合素质的外在形式准确的体现出来,优雅的肢体语言和优美的气质使大学生文化修养得到完美的体现,使内在文化涵养能通过外在的形体充分展现在大家面前。可见,无论是形体塑造还是文化修养,都是个人综合素质的重要组成部分,就像一部车子的零件,缺了哪一部分都是不行的,他们虽然归属于人体的不同位置,但形体塑造的提升离不开文化修养的理解和演绎,而文化修养的提升需要形体塑造作为展现刻画,从而使他们之间形成一种互相影响、互相促进、互相作用的关系,只有这样才能完成彼此的渗

透的过程。

（二）文化修养的提高是形体塑造成功的内在基础

文化是人类精神活动的创造物，人类创造了文化，而文化也在始终的影响着人类的生活，并不断的渗透于人，塑造着人。也就是说，无论在我们的精神世界里，还是在我们的物质实践活动中，都要格外注意自身的文化修养。良好的文化修养，是形体塑造的内在基础，是形体塑造的思想指导；文化修养的提高有利于提高大学生的审美情趣，从而正确的认识形体美、把握形体美并更准确地进行形体塑造；文化修养的提高有利于拓宽大学生的知识面，能够对历史、文学、哲学等多门综合的文化知识有一个基础的学习和了解，能从各个角度去塑造美的形体。大学生作为一个现代社会的有用之才，必须要有良好的文化修养，这不仅是个人形体塑造的要求，也更是社会发展的要求。当前，社会主义市场经济为大学生的发展创造了空间，同时也给综合素质人才的培养成长，提出了更高、更新的要求。大学生们在学校里必须具备较高的文化素质，才能获得完美的形体塑造的标准，做到内有涵养、外有气质是所有大学生毕生追求的目标。文化修养的提高应作为大学生形体塑造的基本前提之一，是大学生们在获得形体美的同时，能够始终正确的树立人生观和价值观。必须明确形体塑造不是我们获得成功的目的，而是我们获得成功的手段。自古以来，文化修养都是衡量成功和获得成功的内在基础，包括形体塑造。因此，大学生们要正确看待文化修养的重要性，并逐渐地提高自身的文化素质，为自己的未来发展打下全面、坚实的基础，才能在社会这个大舞台上得到更宽广的发展空间。

（三）形体塑造可以促进大学生文化修养的提高

形体塑造是大学生综合素质高的外在表现形式，完美的形体展现在人们面前时，应该是文化、姿态、气质的综合体，因此，形体塑造需要大学生文化涵养必须达到一定的水平，不仅要精、专，而且要广、博。良好的形体姿态、丰富的文化涵养以及高雅的气质是完成整个形体塑造的内在驱动力，而形体塑造的成功点也就是大学生文化修养的最终目标之一，在这个目标的驱使下，可以促进文化修养的更快提高，这是一个必然的过程。例如，大学生为了达到形体塑造中某个姿态的标准，会对某一知识产生浓厚的兴趣，从而促进了他们对未知的学习和了解。又如，形体塑造的要求是综合性的要求，对那些文化修养高的学生来说，这种要求就是一种学习的动力，而为之付出努力达到塑造的标准。另外，形体的整个塑造的过程都是培养大学生形象思维的过程，在形体训练中，大学生们始终能在动作、音乐和节奏中不断丰富自己的想象力，使他们的感知、联想、想象得以淋漓尽致的发挥，从而促进大学生们的智力发展水平，为拓宽知识面、优化知识结构发挥了积极作用，使他们能更加全身心地投入到学习中去。

任务二　艺术修养与形体塑造

一、艺术的概念

艺术是通过塑造形象反映社会生活、表现作者思想感情的一种社会意识形态。艺术是借助于一定的物质材料和工具，借助于一定的审美能力和技巧，在精神与物质材料，心灵与审美对象相互作用、相互结合的情况下,所产生的一种创造性劳动。艺术又是人类能动的、创造性的实践力生产出来的精神产品,艺术创造的目的主要是实现它的审美价值,它要满足的是人们心灵的渴求和精神上的需要。艺术是用形象来反映现实,但比现实更具有典型性的社会意识形态。艺术作为这种特殊的社会意识形态,决定了艺术必然具有形象性、主体性、审美性等基本特征。

艺术主要包括音乐、美术、舞蹈、戏剧、文学、建筑、摄影、电影与电视等八大类。各门艺术对人的气质形成具有良好的影响。音乐能陶冶人的情操,净化人的灵魂,丰富人的情感;舞蹈是以人自身有韵律的形体动作去抒发内心的感情,能加深对音乐的理解,继而提高其审美能力;美术通过塑造静态的视觉艺术形象来反映社会生活,用色彩、线条进行描绘、造型,在时空的变化中反映现实,表现人的思想感情,通过人的审美感受,使人受到美的教育的熏陶;而文学艺术是用语言来创造艺术形象,在塑造各种人物形象方面,它具有广泛的表现力,同时它又是想象的艺术,是各门艺术的基础。

艺术具有教育、娱乐、认识功能,它们构成了艺术的主要本质内容。艺术的教育功能在于它可以对人进行思想、情感和道德方面的教育。在实现这一功能时,艺术常常与政治、道德、法学、哲学相互发生作用。艺术的教育功能,主要是作为审美主体的人通过对艺术的鉴赏活动,从中获得某种有益的教育和启迪,从而使思想境界得到升华;艺术的娱乐功能也就是我们常说的"寓教于乐"。艺术的教育功能中不仅包含着娱乐的因素,使身心得到愉快和休息,而且,有时艺术的审美活动就是为了获得精神享受和美的愉悦感;艺术的认识作用由于它的特征可能会优于其他学科。根据物化结构的不同,艺术可分为时间艺术、空间艺术、时空艺术。时间艺术主要在一定的时间段过程中延续地展开。比如音乐,像乐曲演奏,它们为听众提供的艺术形式都是在一定时间里具有节奏性、程序性的展开,在这段时间过程中召唤欣赏者的审美欲望与审美感受。空间艺术主要在一定的空间并列式地展开。比如,绘画、雕塑和建筑艺术,它的主要表现形式都是在一个特定空间,而且是静态地实现。时空艺术是人类最早的艺术活动之一。比如,舞蹈和一些表演形式,舞蹈是人用自己的身体按照一定节奏进行的连续性的运动,既是时间的艺术,又是空间的艺术,在原始时期,人类就创造了难度较大而又很美的舞蹈艺术。艺术作为一种特殊的社会意识形态和精神产品,它根植于生活又反过来影响、作用于生活,提供了具有审美价值的艺术品来满足于人们的审美需求,通过艺术创作—艺术作品—艺术感知这样一个艺术生产的全过程来影响、作用于人的精神面貌和思想感情,从一个侧面来推动人类社会的进步。艺术促进人的全面发展,通过提高人的审美能力,丰富人的精神世界;艺术通过滋润人的心灵,启迪心智来促进人的全面发展。同时,艺术陶冶人的情操,艺术教育是使人道德、人格趋于完美的一种素质教育,艺术对提高人的思维、想象、注意等智力品质的重要意义,综合为一句话,艺术促进人的全面发展是不言而喻的。

二、艺术的主要门类

(一)音乐

音乐是一种表现情感境界的艺术,它能直接、深刻而鲜明地表现和交流人的活动,反映人们的审美情感和社会生活。音乐是一种听觉的艺术,因而它是看不见、摸不着的音响。音乐是一种时间艺术,因为它在特定的有限时间内,是自由的。音乐以它韵律的抑扬顿挫、音调的强弱、节奏的快慢、拍子的长短、音色的明暗、音质的高低来形成悦耳的声音,而不是自然界中杂乱无章的噪音。音乐作为与声波、与人的听觉、与人的创造性智慧和表现性技能密切相关的艺术,具有不同于其他艺术的特征。音乐艺术最重要的表现方法之一是象征,就是以声音来象征所要表现的对象,以非语义性的音流为基础,构成声音的组织,从而来表现事物与人的思想感情。音乐产生于社会发展的低级阶段,它不像绘画那样直接描绘生活现象,也不像文学那样直接叙述生活事件。音乐用有组织的乐音构成艺术形象,通过表达人的思想感情来反映社会生活,巩固和发展了同人类语言相联系的声音交际功能。音乐形象的内容基础首先是人们的情感、情绪、感受,是人的生命运动。

音乐的基本组织形式是:旋律、节奏、和声、复调、曲式、配器等。音乐作品就是由这些基本组织形式按照一定的艺术构成规律和审美法则组成的。各种音乐基本组织形式都有独自的形态、品格和它们的不同结合,这些结合奠定了音乐作品的艺术品格和审美特征。音乐属于表演艺术,需要通过演奏、演唱,才能为人们所感知而产生艺术效果,而表演者则需要通过自己对作品的理解进行二度创作。音乐影响的思想情感力量和群众性使音乐在各民族人民的社会和文化生活中占据着非常重要的地位。音乐使我们热爱自然,热爱生命,热爱人民,热爱祖国;音乐帮助我们陶冶情操,升华情感,涵养德行。

(二)美术

美术是采用造型手段塑造视觉形象的众多艺术类型的总称。美术创作可以使用的材料极其广泛,包括从颜料到金属、石料、铸模、陶土、纤维、织物、皮革、塑料等,几乎一切能够构成直观形象的天然的和人工的材料。美术主要有六个特征,分别是造型性、视觉性、空间性、静止性、瞬间性和永固形。它的主要类型是绘画、雕塑、工艺美术、现代工业设计和书法、篆刻。下面主要针对绘画、雕塑和工艺美术做一些简单的介绍。

绘画是造型艺术中最为自由的一种类型,绘画是以线条、色彩、块面等造型手段,塑造具有一定内涵和意味的平面视觉形象的艺术样式。绘画因为使用的物质材料和技法不同,分为许多品种,其中主要是油画、水墨画、版画、水彩画、水粉画、壁画、素描等。油画是西方传统绘画的代表,具有极高的表现力,产生了辉煌成果,对世界绘画的发展也产生了极大影响。水墨画主要是使用墨和水质颜料,中国画是其代表,因此中国画也经常成为水墨画的同义词。版画是通过制版成为作品的一种绘画样式。壁画是指绘制在建筑物内外墙壁和天棚顶上的作品。

雕塑在美术中是最具有实体感的造型艺术类型,它的艺术形象具有立体性,是在三维空间展示出来的,并且具有一定的重量。雕是在硬质材料上进行加工创作,削去不需要的部分,塑是用软性材料按照构思来堆积捏塑。用雕、琢、刻、塑等手段制作出具有实在体积的各种艺术形象。雕塑与建筑、绘画、工艺美术等并称为造型艺术,它在三度空间的立体形式中再现生活,用物质性的实物形式来塑造形象。

工艺美术是美术所属的一种品类繁多的系统。随着社会发展的进步,工艺美术的种类也越来越多,目前传统的工艺美术主要有陶瓷工艺、金属工艺、铸模工艺、编织工艺、印染工艺、玻璃工艺、漆器工艺、服饰工艺和石雕、玉雕、骨雕工艺等。工艺美术涉及日常用品的许多方面,它追求的目标是实用性和美观性,当前,工艺美术品的社会需求量很大。

(三)舞蹈

舞蹈作为一种综合性的人体动态造型艺术,以经过提炼、组织,美化了的人体动作为主要艺术手段,在一定的空间和时间内,通过连续的人体动作过程,凝练的姿态表情和不断流动变化的队形画面,结合音乐、舞台美术等艺术手段,以表现人们内在深层的精神世界的细腻的情感为出发点,用深刻的思想、鲜明的性格和人与自然、人与社会、人与人之间以及自身内部的矛盾冲突为线索,以表达人们的审美情感、审美理想为目的,反映生活的一种特殊的审美属性。

舞蹈是音乐的回声,它将人们的性格、情感和思想,借助于配有音乐的、有组织的、象征性的、富有表现力的人体动作展现出来。舞蹈动作大部分来源于人体的自然动作,也有一部分是对自然界的模仿。舞蹈带有民族特色,它以概括的形式反映民族的性格。舞蹈艺术是综合性的演出艺术,在这种艺术中,演员起主要作用,他们创造能表达人的精神状态的形象,以优美的姿态和典型性的动作来打开人们的内心世界。节奏、表情、构图、造型,都是舞蹈的基本表现手段。舞蹈的表情和节奏有着密切的联系。舞蹈动作的连续,必须通过节奏的强弱、快慢、大小、轻重等对比作用体现出来,没有节奏就不可能有感人的舞蹈。舞蹈的表情和节奏,又和构图紧密联系,创造出高品位的舞蹈形式。舞蹈在造型上包括人物形象的静态造型和动态造型两种。

芭蕾舞是舞蹈艺术的最高形式。在芭蕾舞中,舞蹈不仅和音乐结合在一起,而且还跟话剧结合在一起。芭蕾舞把戏剧艺术、音乐艺术和舞蹈艺术集于一身,兼而有之,而且起核心作用的是舞蹈艺术。芭蕾舞有独舞、双人舞、三人舞和群舞之分。舞蹈造型上又分为:哑剧、情节舞和余兴舞。舞蹈是一种通过人体动作来表现人类普遍情感的艺术。特别是舞蹈是一种非语言文字的人体动态文化,它可以逾越语言、文字的障碍,超越国家、地区、种族的限制,成为全人类交流情感的手段。在各种社交场合,人们通过舞蹈来表达情意,进行交往。可以说,舞蹈作为一种形象语言,发挥了任何语言文字无法比拟的交流情感的作用。通过舞蹈,不仅可以弘扬各民族的优秀传统文化,体现时代精神,陶冶情操,还可提高大学生的文化品位、审美情趣、人文素养和科学素养,对大学生身心的全面发展产生积极的影响,在加强大学生文化素质的教育中起着不可替代的作用。

(四)戏剧

戏剧是指以语言、动作、舞蹈、音乐以及木偶等形式,达到叙事目的的舞台表演艺术的总称。戏剧是一种由演员按剧本扮演角色,在舞台上向观众表演故事,塑造人物,反映社会生活中各种矛盾冲突的艺术形式。戏剧的中心是演员的表演,因之它又被人们称为“舞台艺术”或“演员艺术”。戏剧的表演形式多种多样,常见的包括话剧、歌剧、舞剧、音乐剧、木偶戏等。

在欧美等国,戏剧主要指话剧;广义的戏剧还包括东方一些国家、民族的传统舞台演出形式,如中国的戏曲、日本的歌舞伎、印度的古典戏剧等。戏剧运用文学、音乐、舞蹈、美术、表演、导演等艺术手段,兼有时间和空间艺术的特长,以演员直接面对观众的表演为主体,因此具有强烈的表现力和感染力。戏剧的基础是剧本,它是戏剧中的文学成分。早期的戏剧没有剧本,如我国唐宋时期的参军戏就是如此。剧本的出现,使戏剧表演的整个活动统一在剧作者的整体构思中。因此,剧本是一剧之本,导演和演员的创造要在剧本规定的基础上进行,剧作艺术决定戏剧艺术、戏剧体裁、戏剧表现手段的发展方向,而在相当大的程度上也决定它们的内容。只有当戏剧为语言所丰富的时候,而不是语言就其比重说处于从属地位的时候,戏剧的潜力才能最充分地表现出来。承认剧作艺术的决定作用是戏剧中现实主义的决定性特征之一。同时,戏剧还包括了绘画、雕刻、建筑(布景)、电影、音乐、舞蹈等。它的这种综合性决定了戏剧制作的集体性:每一部剧作都聚集着编剧、导演、画家、作曲家和演员的集体努力。

(五)文学

文学是指以语言文字为工具,形象化地反映客观现实的艺术,包括戏剧、诗歌、小说、散文等,是文化的重要表现形式,以不同的形式(称作体裁)表现内心情感和再现一定时期和一定地域的社会生活。黑格尔曾指出文学艺术所独有的一种能力:"它既能容纳思想,又能容纳现象的外部形式,因此它既不失却高深的哲理性,又不失却所描写对象的自然特征。"它最能广泛地反映现实发展的根本现象与过程,反映时代的主导趋向,能最积极有效地干预、影响社会生活的进程。文学艺术在社会斗争中一向起积极有效的作用。

文学起源于人类的生产劳动。最早出现的是口头文学,一般是与音乐联结为可以演唱的抒情诗歌。最早形成书面文学的有中国的《诗经》、印度的《罗摩衍那》和古希腊的《伊利昂纪》等。欧洲传统文学理论分类法将文学分为诗、散文、戏剧三大类。中国先秦时期就将以文字写成的作品都统称为文学,魏晋以后才逐渐将文学作品单独列出。现代通常将文学分为诗歌、小说、散文、戏剧四大类别。

诗歌是最古老的文学样式,早在原始艺术的"诗、歌、舞"三位一体的时候就已经存在了,也正是这种三位一体的捆绑形式,使诗歌摆脱不了它那种生来具有的节奏性和韵律性。诗歌根据表达方式的不同,分为抒情诗和叙事诗;根据语言格式的不同,分为格律诗和自由诗;根据内容的不同分为史诗、颂诗、爱情诗、讽刺诗、风景诗等;散文"形散而神不散"是人们对散文的一个特定的评价,它从内部揭示了散文的特点。散文是应用最广的一种文学体裁,它在形式、结构、表达方式等方面拥有极大的自由与灵活性,但是主题与立意仍然是集中的。散文根据其主要的表达方式,可以分为记叙文、论说文和抒情文三种类型;根据形式与内容的差异,可以分为小品文、杂文、札记、随笔、游记、报告文学等。戏剧是指以语言、动作、舞蹈、音乐以及木偶等形式,达到叙事目的的舞台表演艺术的总称。戏剧是一种由演员按剧本扮演角色,在舞台上向观众表演故事,塑造人物,反映社会生活中各种矛盾冲突的艺术形式。戏剧的中心是演员的表演,因之它又被人们称为"舞台艺术"或"演员艺术"。戏剧的表演形式多种多样,常见的包括话剧、歌剧、舞剧、音乐剧、木偶戏等;小说是一种以塑造人物形象、叙述故事为主的文学体裁,它的特点是在大量生活素材的基础上,用虚构的方式来再现生活。因此,人物、情节和环境是小说不可缺少的三个基本要素。小说以篇幅长短和容量大小分为短篇、中篇和长篇三种。

（六）建筑

建筑是指建筑物和构筑物的通称,是人类用物质材料修建或构筑的居住和活动的场所。建筑(Architecture)这个词的拉丁文原意是"巨大的工艺",说明建筑的技术与艺术密不可分。所谓建筑艺术,则是指按照美的规律,运用建筑艺术独特的艺术语言,使建筑形象具有文化价值和审美价值,具有象征性和形式美,体现出民族性和时代感。

作为一种用物质材料建造的人类居住和活动的场所,建筑与人的生活息息相关。建筑是人们用石材,木材等建筑材料搭建的一种供人居住和使用的物体,如住宅、桥梁、体育馆、寺庙等等。广义上来讲,园林也是建筑的一部分。在建筑学和土木工程的范畴里,建筑是指兴建建筑物或发展基建的过程。要成功地完成每个建筑项目,有效的计划是必需的,无论设计以致完成整个建筑项目都需要充分考虑到整个建筑项目可能会带来的环境冲击、建筑工期、财政安排、建筑安全、建筑材料的运输和运用等诸多因素。

建筑是一种实用艺术,是一种独特的创造活动,也是这种活动的结果。这种活动的目的是利用物质的、技术的和艺术的手段组建供人们使用的生活环境。建筑创造一个与自然相隔离、与自然环境相对立、使人能利用人化空间满足其物质和精神需求的封闭的、人造的、既有功利性又有艺术性的世界。建筑形象的艺术性与建筑物的效用密不可分,从本质上说,前者反映着建筑物的用途。建筑艺术的形象由建筑物的体积布局、比例关系、空间安排、结构形式等构成。

（七）摄影

摄影是指使用某种专门设备进行影像记录的过程,一般我们使用机械照相机或者数码照相机进行摄影。有时摄影也会被称为照相,也就是通过物体所反射的光线使感光介质曝光的过程。摄影艺术是一门现代的造型艺术。它是摄影师运用照相机作为基本工具,根据创作构思将人物或景物拍摄下来,再经过成像工艺处理,塑造出可视的艺术形象,用来反映社会生活与自然现象,并表达作者思想情感的一种艺术样式。

有人说过一句精辟的语言:摄影家的能力是把日常生活中稍纵即逝的平凡事物转化为不朽的视觉图像。摄影是现代科技发展的产物。摄影艺术独具的审美特征主要表现在纪实性与艺术性的统一上。摄影艺术的样式和体裁繁多。按感光材料和画面颜色,可以分为黑白摄影和彩色摄影;按摄影器材和技术,可以分为航空摄影、水下摄影、全息摄影、红外线摄影等;按题材来分,可以分为肖像摄影、风光摄影、舞台摄影、体育摄影、建筑摄影等。

（八）电影与电视

影视艺术是以影视技术为手段,以画面和声音为媒介,在银幕或屏幕上,运动的时间和空间里创造形象,再现和反映生活的一门艺术。它是建立在光学、声学、电学、物理学、化学、机械学、计算机科学等多种自然科学与应用科学的现代科学技术基础之上的,综合了戏剧、文学、绘画、雕塑、音乐、摄影、舞蹈等艺术中的各种元素,并使其相互融合而形成的,将编剧、导演、演员、摄影、美术、录音、音响、道具、服装、化妆等多种部门的工作者集合在一起,在导演的总体构思下来共同完成摄影任务的一种集体创作的艺术。

电影是19世纪末20世纪初才诞生的一门年轻的艺术。它的出现是光学、化学、电学、摄影技术、视觉生理等科学技术领域取得重大成就的结果,并转变成认识生活和从思想、审美方面影响大众的最强有力的手段之一。然而电影摄影机的诞生却不能用纯粹的技术成就来解释,电影的产生首先是由生活的需要所致。现代社会的各种特点、群众运动的巨大规模、千百万人加入有意识地创造历史的活动、生活中运动因素的普遍增多、各种过程相互依赖性的扩大和加深,都是刺激电影出现的因素。电影在它发展的过程中,逐渐吸取了戏剧、文学等各种艺术的特长,把它们综合起来,形成了一门新的艺术。电影不仅综合了戏剧、文学、美术、音乐等艺术成分,同时也综合了摄影等许多科学技术手段,是把艺术和科学相结合而形成的一门综合艺术。但它不是戏剧的分支,也不是文学的从属,它是按照自己的规律发展的一门新艺术。它用自己特有的艺术手段来刻画人物、叙述故事和揭示主题。电影的四大片种为:故事片、纪录片、科教片、美术片(包含动画片、剪纸片、木偶片、折纸片)。

电视艺术作为电视节目的重要组成部分,主要是指电视屏幕上播出的各式各类文艺节目,其中包括电视剧、电视综艺节目、电视艺术片、电视专题文艺节目,以及音乐电视(MTV)、电视文艺谈话类节目、电视娱乐节目(如游戏类、益智类,乃至真人秀节目、包括"超级女声"在内的各类选秀节目)等。同时,电视文艺还应当包括直播或播映的电视文学、电视音乐、电视舞蹈、电视曲艺杂技、电视戏曲、电视戏剧、电视电影,乃至于诸多亚艺术电视节目如艺术体操、冰上舞蹈、时装表演,等等。电视片可以分为新闻片、教育片、专题片、文艺片等四大片种。

三、对艺术修养的认识

(一)艺术修养的概念

艺术修养是指人们在艺术创作和艺术欣赏中进行的努力锻炼,以及经过长期实践所达到的一定艺术鉴赏水平。艺术修养主要具体包括:视觉艺术(文学作品、书法、绘画、舞蹈),听觉艺术(语言、音乐、歌曲),综合艺术(戏剧、影视作品),造型艺术(雕塑、建筑)以及自然美、环境美的熏陶,艺术修养最终体现为审美的感情、判断和鉴赏能力。艺术修养是人的审美能力和情感的综合素质的重要体现。艺术修养教育是以艺术理论学习,艺术欣赏和艺术实践等多种艺术形式,以及审美和美感形式的教育对受教育者进行素质培养、感化、熏染,实现精神道德水平和人生素质提高的一种情感感化教育,使受教育者具备艺术审美能力和情感。

(二)大学生提高艺术修养的必要性

具备一定的艺术修养,有助于增强和完善大学生的知识结构。

知识结构指的是知识系统各要素相对稳定的组织方式。当代大学生仅掌握专业知识是不够的,正如爱因斯坦所说:"只用专业知识教育人是很不够的,通过专业教育,他可以成为一种有用的机器,但是不能成为一个和谐发展的人。"随着社会对人才需求量的增大,目前,综合素质高、专业技能强、知识广博的人才是社会需要的人才。艺术知识是构成知识结构的重要组成部分,一名优秀的大学生,需要优化自己的知识结构,除了专业文化知识的学习,还要注重有关艺术方面的学习,努力提高自己的文艺修养,只有这样才能为完善自己的知识结构而打下坚实的基础。

具备一定的艺术修养,能激发起大学生的审美兴趣。

兴趣是人所特有的一种心理机制,是人类认识世界和探索世界的内在驱动力之一。艺术具有审美功能,审美是人类所特有的一种心理功能和文化活动,也是每个有文化的人应当具备的基本素质和基本修养,用艺术的视角去看世界,就会更容易发现美、鉴赏美。大学生在具备了一定的艺术修养后,会对身边的美产生浓厚的兴趣,就会渴望了解艺术的本质和相关知识,因此,艺术修养的提高是能够培养大学生的审美兴趣的。大学生应该通过对艺术知识的学习,确立正确的审美观点,使自己成为一个真正懂美的人,从而能更好地塑造完美的人性,成为一代全面发展的新人。

具备一定的艺术修养,可以促进大学生的全面发展。

艺术是形象思维,不需要太复杂的思维方式,它多半靠的是人们的创造和想象,正如黑格尔所说:"人的躯体不是一种单纯的自然存在,而是在形态和构造上既表示它是精深的感性的自然存在,又表现出一种更高的内在生活,因此就不同于动物的躯体,尽管它和动物的躯体大体上很一致。"而我们的传统教育则是理性思维逻辑性较强的学习过程,往往世界上的许多成功人士采用的都是理性和感性的结合思维模式,比如,相对论的物理学家爱因斯坦就十分热爱音乐,并拉得一手好琴。可见,科学和艺术之间是相互促进、相互影响的,大学生应该努力提高自己的艺术修养,使自己在接受传统教育时,可以开发另一半大脑,打开艺术的大门,为大学生的全面发展作好铺垫。

(三)如何提高大学生的艺术修养

大学生的艺术修养是自身审美能力和情感综合素质的重要体现,这种综合素质的形成需要大学生们在艺术欣赏和艺术各类实践活动中,逐步培养出来的。那么,大学生应该如何提高自己的艺术修养呢?

大学生们要树立正确的世界观,培养高尚的道德情操。世界观同人们的整个精神世界——心理状态、道德观、艺术趣味、审美能力等紧密地联系在一起,如果没有正确的观念作指导,欣赏者就不可能领会艺术作品的艺术美,也不可能接受艺术作品所表达的思想倾向。艺术具有道德的价值,一部优秀艺术作品中的艺术形象,对自己道德观和人生观的形成,有不可忽视的影响力。

思考题

1.什么是文化? 什么是艺术? 谈谈对文化修养及艺术修养的认识。

2.大学生应该如何提高自己的文化艺术修养?

3.如何看待文化艺术修养与形体塑造的关系?

模块三 形体塑造与审美

项目一 形体塑造与审美概述

【学习目标】

掌握审美的概念及内涵。

知识目标

掌握美与美感的概念及内涵。

掌握相对美与绝对美的概念及内涵。

能力目标

熟知审美与形体塑造的关系。

任务一 形体塑造与审美

审美是一种积极主动的价值取向活动或价值实现活动,其内涵是领会事物或艺术品的美。它既不是感性认识,也不是理性认识。它是人类(主体)对世界(客体)的一种特殊体验,是主体与客体的沟通,是一种有意识的一体化。人在整个审美活动中具有双重性,即人既是审美的主体,同时人自身的形体又是审美的客体。

形体美是指人作为自然生命个体的自然形式和自然形象的美,它是人的内在生命力的物质存在方式,亦是人的本质力量在自身形体上的感性显现。人体美作为自然美发展的最高产物,比起任何动物来都是最美的,人类把自身形体的美作为审美对象来加以观察,当然不是现代才开始的,而是与人类的起源、人体的形成同步的。即随着人类的起源,人体的形成,人便开始有了对自身形体的感性直观。人作为自然界超万物的灵长,对自身的美的追求更是无以复加。

人类对自身形体的审美活动源远流长。最早的审美活动可以追溯到亚当夏娃遮羞的树叶。遮羞就是为了更美,亚当和夏娃遮羞用树叶可以说是人类审美活动的起源。当然,亚当和夏娃是宗教故事,但从真实的历史发展过程看,人类从事审美活动的时间几乎与人类的诞生一样悠久。

最初的原始人类在制造工具和狩猎等劳动中,以及模仿劳动的舞蹈动作中,也体现了对自身形体美的欣赏。虽然那还只是一种对自身矫健身体、不凡身手的快感,但却是人类对自身形体审美意识的发端。在后来漫长的劳动实践中，随着人们对形式美因素的意外发现和不断追求，劳动工具的日益审美化，终于在距今三万年左右的旧石器时代晚期，迎来了人类早期艺术的诞生。与之相联系，也促成了人类对自身形体的审美自觉，掀起了人类追求自身形体美的一次浪潮，产生了以"维林多夫的维纳斯"圆雕像、法国洛塞尔岩洞里"持角杯的维纳斯"浮雕像为代表的一批女性人体雕塑。其中最著名的有1979年纽约史前艺术展览会上展出的拉·马尔什尼洞穴的男子和妇女的肖像，以及在地中海马耳他出土的三寸高的用长毛象象牙雕成的妇女胸像。这些雕塑共同的特点是：大都强调和夸张与生殖有关的部分，乳大臀丰，腹部圆凸，脸、手、脚则简约模糊，表现出生殖崇拜的观念和祈望人口繁衍、赞美生命的意蕴。从形式上看，人体比例虽然失之准确，但整体浑圆，左右结构对称，身体曲线起伏有致，已体现出一定的形式美特征。按照一般的社会发展规律，审美欣赏应该先于审美创造。从这个意义上讲，人类的形体审美活动开始的时间，自然早于这些艺术品创作之前。

在随后的人类发展中，由劳动发展起来的人类审美活动及其认识能力，促成了人对自己身体的自觉审美，在对形体的审美活动中，人发现了自己身体的审美价值，这就是人的审美意识在审美标准的指导下进行的审美活动。形体美的发现与自觉创造，是历史的长期发展的产物。

人类进入现代社会以后，风靡全球的健美运动，成为人类追求自身形体美的又一次大浪潮。这一次追求自身形体美的大浪潮更侧重于对人的自然肌体的塑造。人们通过健美运动，如跑步、游泳、登山、打球、做操、跳舞等多种锻炼方法来增强体质，同时也增加肌肉线条及身体曲线的美，并调节生活节奏和愉悦身心。这一全球性的运动浪潮，正在将人体美向着新的审美境界推进。

人体是天生的，但人的形体美不是天生的。形体美是一门艺术，形体塑造就是运用美学理论指导形体训练过程，把人的形体的原始状态，通过形体训练，能使人的机体活动创造出身材匀称、肌肉丰满、精神抖擞的健康美，塑造成符合审美观点，具有良好的体型、体态、气质和风度美的载体。在形体塑造活动中，审美贯穿整个过程。形体塑造的基本要求，就是按照美的规律塑造自身形象。形体塑造过程是人们审美心理的自我锻炼、陶冶、培育、提高的过程。审美观指导形体塑造，而通过合理的形体塑造，又可以提高人的审美能力和审美境界。

人的审美是一种精神的需要，是对美的事物和现象的期望与追求。如果一个人没有追求美的欲望，也就无所谓感受美、欣赏美、理解美和评价美了。只有那些热爱生活、渴望美的人，才能以满腔的热情和浓厚的兴趣去追求美并创造美。因此，一个人的成长过程，绝不能离开审美素质的培养。审美修养对个人和社会都有重要的意义，一个人具备相当的修养，就会以较高的审美能力、健康的审美情趣去选择和接受审美对象，获得丰富的审美感受，并在娱乐享受中进一步培养相应的审美素质；就会以审美的态度去对待生活，摆脱生活中的困惑，趋向超脱。

任务二　审美内涵

一、美的概念

生活中,我们经常要用到"美"这个词,我们在游览名胜古迹时,会禁不住由衷地赞叹一声"真美";见到一位风姿绰约的少女,会油然产生"长得美"的印象;聆听贝多芬的《田园交响曲》,我们的整个身心会陶醉于宁静祥和的境界中。美作为一种社会现象,总是对人而言的,离开了人类的社会生活,确实很难说清楚什么是美,美在哪里。其实,美是一项最难以捉摸的特质。

那么美是什么? 这是美学中一个最古老而至今还未有圆满答案的问题,也是传统美学中最基本的理论问题,即美的本质问题。对美的本质的追问,是对人类审美现象的终极意义的哲学探讨,历代哲人一直试图解决这个问题。

柏拉图提出"美的本质就是美的理式"的命题,亚里士多德则认为:"美产生于人对现实的摹仿本能",德国古典美学大师黑格尔认为"美就是理念的感性显现",泛性论者弗洛伊德认为:"美是情欲本能的产物,是性动能的升华。",法国18世纪资产阶级启蒙思想家、唯物主义哲学家狄德罗提出"美即关系"的著名见解;德国著名的主观唯心主义者、古典美学的奠基者康德说:"美是无一切利害关系的愉快的对象",他对美的认识,对后来产生了很大的影响;而俄国民主主义者车尔尼雪夫斯基则将美定义为"美是生活",他解释说:"任何事物,我们在那里面看得见依照我们的理解应当如此的生活,那就是美的;任何东西,凡是显示出生活或使我们想起生活,那就是美的。",他的这一美学见解被认为体现了马克思主义美学出现以前的最高水平。

与西方美学家多元化观点不同的是,中国古代的许多思想家大都从道德的角度对美提出了自己的观点,如孔子的"里仁为美","君子成人之美,不成人之恶","尊五美,屏四恶",孟子的"充实之谓美"等。

美的本质究竟是什么? 根据马克思主义的历史唯物主义和实践论的观点,美的本质就是:"人的本质力量的对象化"。所谓人的本质力量的对象化,就是指:人的自由的、有意识的创造活动所表现出来的人的创造才能,智慧、思想、品格、感情等本质力量,通过人类的实践活动,在人类所创造的一切产品中体现出来。换句话说,人类所创造的一切产品中都无一例外地包含了人的创造才能,智慧、思想、品格、感情等本质力量,都是人的本质力量的对象化。

2008年,大陆学者在《存在与华夏文明》一书中提出了美的定义:人对自己的需求被满足时所产生的愉悦反应,即对美感的反应。这个定义指出美不是孤立的对象,而是与人的需求被满足时的精神状态相联系的人与刺激的互动过程,这种动态的过程包括三个要素:

信号——引起人愉悦反应的一切刺激;它是产生美的原因。

主体——人,它是美产生的场所。

美感——人的需要被满足时,人对自身状况产生的愉悦反映。它可以是现实需要被直接满足时的感受,也可以是以往需求被满足的经验和记忆。

美的这个定义,抓住了"人的需求被满足"这个美的本质,克服了以前许多美学家把美的属性当作美,把美感当作美而引起的诸多问题。它可以合理解释移情现象;可以解释同一刺激在不同情况下对同一个人,在相同情况下对不同的人,在不同情况下对不同的人可以有千差万别的效果。

二、绝对美与相对美

人类的审美活动纷繁复杂,即有相对美,也有绝对美,而人的审美动机也千差万别,有的是心理上的,而有的是其他方面的。

对于美与不美,我们不能认为:凡是人们认为美的,就必然是美的,实际上只有包含美的绝对性的,才是美的;而那些不包含美的绝对性的,即使有人说它美,其实也是不美的。

绝对美也即美的绝对性,是指美是永恒、稳定的,具有永不枯竭的魅力。正是在这个意义上,不同时代、不同国家、不同民族中美的欣赏者对美都是一视同仁的。如自然界的山水风光、日月星辰、天光云影,几乎为中外各民族、各时代的人们所共同认为是美的事物。世界上优秀的文学艺术品也成为世界各国人民所共有的审美对象,古希腊的雕刻、达·芬奇的绘画、贝多芬的音乐作品、中国的唐诗宋词等都是具有永恒魅力的艺术作品,具有美的绝对性,是一种绝对美。

美之所以具有绝对性特点,原因是多方面的。首先,审美对象本身的客观性、稳定性,是产生美的绝对性的一个重要原因。就自然美来说,如果没有自然物本身的稳定性,自然美也就不可能稳定和永恒,当然它也就失去了绝对性。其次,人类社会实践的同一性,也是产生美的绝对性的一个原因。在社会生活中,不同阶级的人,在特定环境中,由于共同的社会实践,因而他们所寻求的美也就必然有他们所公认的。这种公认的美,这样或那样地体现着生活中的某种真理,包含着绝对性的美。再次,虽然审美主体之间在生理和心理的感觉上存在许多差异性,但他们还是有许多共同点,使得美呈现出某种绝对性。例如,对于和谐感的喜爱与追求可以说是人类的共同性,凡是能给人的生理和心理带来和谐感的事物,人们都认为是美的。又如,田园牧歌式的宁静生活与景象以及大自然的山水风光,是全人类共同的审美对象,因为这些给人的生理和心理带来一种和谐感。因此,审美主体在生理和心理上存在的共同之处,是产生美的绝对性的一个基础。

美不是僵化不变的,它是有条件的,相对的,依一定时间、地点、条件而变化。不同国家、不同民族、不同时代对美有不同的标准和要求。如我国古代曾以缠足为美,今天我们不但不觉其美,反而觉得是一种丑了。这就是说,美,不但有民族性,还有时代性,它不是凝固僵化和一成不变的,而是运动发展、生机勃勃的。它是随着时代的推移而不断改变其内容和形式的,从一定意义上说,美是时代的产儿。关于美的相对性,西方学者有许多精彩的表述。法国18世纪杰出的哲学家伏尔泰生动地写到:"如果你问一个雄癞蛤蟆,美是什么? 它会回答说,美就是他的雌蛤蟆,两只大圆眼睛从小脑袋里突出来,颈项宽大而平滑,黄肚皮,褐色脊背……",古希腊的柏拉图比喻到:"最美的猴子比起人来还是丑",17世纪荷兰哲学家斯宾诺莎说:"最美的手,在显微镜下看,也会显得可怕。"

应该说明的是,我们说美是相对的,具有可变性、流动性,但这并不排斥美的绝对性中的永恒性、稳定性,他们两者是对立统一的。当我们说美是可变的、流动的,是指美的相对性;当我们说美是永恒的、稳定的,则是指美的绝对性。

三、美感

所谓美感,就是通常所说的审美感受,是人脑产生的一种特殊感觉,是人们从个别具体事物中发现美,把美从个别具体事物中分解和抽象出来的前提条件,是审美活动中,对于美的主观反映、感受、欣赏和评价。它是审美主体在接触了客观存在的诸种审美对象以后,在感情上产生的强烈反应,在理智上获得的启示,在精神上得到的满足和怡情悦性的效果。人类的审美活动包括着主体(审美者)和客体(审美对象)两个方面。美感是人们的一种意识现象,是一种复杂的心理活动,是审美主体对客观存在的审美对象的主观感受,它既包括当下的心理感受、情感体验和理性认识等因素,也包括以往积淀在个体心理中的文化背景、社会经历在内的复杂因素。美感是主体在感觉器官日益完善的基础上,通过美的欣赏和美的创造不断发展而来的。

美感与人类其他精神活动比较起来,有它的特殊性,这种特殊性构成了美感的特征。

(一)主观能动性

美感的主观能动性是美感中一个较复杂的问题。马克思主义的反映论是能动的反映论,认为美感和美是一种辩证的关系,一方面,人的美感以客观存在的美为依据而转移,是美的反映;另一方面,美感对客观的美又有反作用,可以影响美、改造美,并推动人类去创造美、发展美。由物质到精神,由表象到本质,实现感性认识到理性认识的飞跃;然后又由精神到物质,由认识到实践,由美感到创造美,这就是美感的能动性的表现。比如,泰山拔地而起的雄姿是客观存在的美,人们在此基础上按照美的规律,在山上建起中天门、碧霞寺,对泰山的美进行改造,使泰山比其原貌更美。而人们对泰山的美感也会越来越深。

(二)直觉性

美感具有直觉性,通常包含如下两层意思:一是指审美感受的直接性、直观性,即整个审美过程自始至终是形象的、具体的,在直接的感受中进行的;二是指在美的欣赏中无需过多地借助抽象思考,便可不假思索地判断对象的美与不美。比如面对夕阳西下的晚霞、水映青山的倒影、含苞欲放的花朵时,一种美德感受会油然而起。

美感的直觉性是美感的最显著的表现特征,普遍存在于审美活动中。

(三)情感性

美感的情感性,是指人们在审美创造和审美欣赏中,总是伴随着爱憎好恶的情感态度与反应。在欣赏自然景物时,触景生情就是一种常见的美感现象。当杜甫登上东岳泰山时,从心底里抒发出"会当陵绝顶,一览众山小"的豪情壮志。当你站在内蒙古大草原上,会油然感到"天苍苍,野茫茫,风吹草地见牛羊"这样一种意境美。无论是《文赋》所说:"遵四时以叹逝,瞻万物而思纷,悲落叶于劲秋,喜柔条以芳春。"还是《文心雕龙》所说:"登山则情漫于山,观海则意蕴于海",都是说人的主观情感与客观自然景物相互交融,化为一体的情景。无论是美的欣赏还是艺术创作,都存在着"个人直觉无功利"相互交织、互相作用的两个方面。

重视情感在艺术欣赏和艺术创作中的作用,是我国美学思想的一大特色。曹雪芹在谈到他的《红楼梦》时说道:"满纸荒唐言,一把辛酸泪,都云作者痴,谁解其中味。"可以想见,他在创作过程中的那种情感体验该是多么强烈。正是这种来自生活的强烈感情,推动着作家、艺术家去反映一定的现实生活,去创造集真实性、典型性、感染性于一体的艺术形象。

(四)社会功利性

所谓社会功利性,就是指美感中包含着对人类社会生活有益有用的内容,满足人类的社会生活有益有用的要求,达到"善"的目的。

美感具有"社会功利性",是与美感的"个人直觉无功利"相对而言的,我国美学家李泽厚为此提出了"美感的矛盾二重性的学说"。他认为美感的个人心理的主观直觉性和社会生活的客观功利性,是既相互对立矛盾,又相互依存、不可分割地成为美感的统一体。事实上在欣赏美的对象时,欣赏者在获得精神上的享受和愉快的时候却不会对对象产生实用欲望,不会与直接物质利益的满足相联系。这就是"个人直觉的无功利性"。由此可以说,美感确实不涉及个人直接的利害和欲念的考虑,正鉴于此,不少美学家提出美感的非功利性,其中包括康德、叔本华等。

但是,美感不涉及个人直接的物质欲望,并不意味它可以脱离社会功利目的,在人类最初的审美活动中,美感意识与实用观点交织在一起,美感的社会功利性质是表现得十分直接和明显的,但是随着社会实践和现实生活的发展,出现了由实用到审美的过渡。客观事物的美感,是通过其外部的形态特征表现出来的。

根据不同的形成方式,客观事物的外部形态,分为客观形态和文化形态。客观事物的客观形态,是客观事物依客观条件,形成或具有的有形形态。如,花的色香、瓜果的皮色、女人的容貌、腰身及嗓音、器具的外观和质地等。客观事物的文化形态,是人们在文化活动中赋予客观事物的以文化为本质内容的无形形态。如,人的门第、名誉、地位和权力,商品的品牌、价格和产地等。比如,对于许多追求时尚的人,一件衣服是否具有美感,通常在很大程度上主要取决于这件衣服是否是名牌,价格是否很高,是否产自法国或意大利,是否在名店里买的等。对于许多注重实际的女人,一个男人是否具有美感,通常在很大程度上主要取决于这个男人是否有很高的社会地位、是否有很大的社会权力、是否有很多的社会财富,是否是社会名人等。对于收藏者,一件艺术品是否具有美感,通常在很大程度上主要取决于这件艺术品是否出自名家之手,是否是真迹,产生于多少年前等。

由此可见,人们在审美欣赏中,直接为客观对象的美的价值所吸引而产生审美愉快。在这种个人的审美愉快中同更为广泛的社会功利内容相联系,并且不自觉地受到他所处的时代、民族和阶级的社会生活的决定和制约,成为这一生活条件的客观必然的产物。

项目二　形体塑造与审美详述

【学习目标】

掌握审美心理的概念及内涵。

知识目标

掌握审美的心理的特征。

掌握提升和塑造审美心理的因素。

能力目标

熟知审美与形体塑造的内外在关系。

任务一　审美心理

人类的审美活动离不开作为审美主体的人,美感的产生离不开人的心理机制,它是审美主体通过对审美对象的感知、想象、情感、理解、共鸣、灵感等过程中形成的,同审美心理密不可分。审美心理是人们的一种特殊心理活动,具体是指人们在审美实践中面对审美对象,在审美体验中获得情感愉悦和精神快适的自由心理。它不只是感受美、享受美,并从中获得愉悦和快感的情感活动,也是发现美、表现美、创造美的认识活动,以及美丑价值判断的意志活动。人们在欣赏美时,一方面是审美客体对审美主体的影响,但同时更需要审美主体能动地感受,才能加深感受和理解;人们在创造美时,既要有审美理想和情趣,更需要对美的不断追寻的心态,能动地感受和执著地追求。因此说,审美心理的活动过程也是审美的一个认识过程、情感过程、意志过程的集合。

需要指出的是,审美心理是人类审美活动的重要方面,美学需要运用心理学的实验方法,但人类审美活动本质上是一种社会现象,不能把审美活动仅仅归结为心理活动,这样不可能正确说明异常复杂的审美现象。

一、审美心理的基本因素

(一)审美想象

想象是人类的心理能力之一,当人的想象力发挥作用时,精神世界中就会产生诸多感知过的表象或并未感知过的表象。想象的基本特征也在这里:它不必受眼前具体对象的限制,却能在心理上再现或创造出丰富的"心象"(中国古代用语)或"影像"(萨特用语)。康德认为想象力和悟性是人的审美过程中两种主要能力,人之所以感受到审美趣味,就是因为这两种能力自由而和谐的活动而引起的快适感所致。例如聆听音乐和观赏绘画以及阅读文学作品,虽然都获得美的享受,但其想象活动却有区别。绘画由于用颜料、线条等描绘出有形之象,此有形之象刺激人的视觉,信息进入大脑,因此,观赏绘画时,人的想象力同眼前的画面总有密切的关系,由此形成生动的联想而进入画中境界。欣赏音乐时,对象已经不是视觉可以捕捉的有形之象,而是音响刺激,由于此时无"形"可把握,因而想象力更为活跃。

（二）审美情感

情感作为学术研究的对象，最具有扑朔迷离的性质。我们每一个人无时不在体验着某种情感状态，这个普遍现象往往让人误认为对情感已获得完全的科学认知，以至于在某些学术著作中不见任何定义却随处皆是"情感"概念。审美心理就整体而言，是很明显的动情活动，无论是快乐、惊奇、痛苦、恐惧、愤怒，还是羞怯、厌恶、兴趣、内疚等类型，都是在审美心理中得到不同程度的体验，最终达到情感上的愉悦满足状态。审美情感是审美心理中最活跃的因素，它广泛地渗入其他审美心理因素之中，使整个审美过程浸染着情感色彩。审美情感是审美主体对审美对象是否符合自己的精神需要所做出的一种心理反应。

（三）审美理解

理解是对事物在多种联系中的涵义的把握，能把握住事物相互联系的涵义和意义，人在心理上就获得某种"规律秩序"的满足。审美理解是指通过审美知觉，直接达到对审美对象本质内容的理性把握的心理活动，是审美主体在各种心理机能的自由协调运动中的感悟的推理论证。审美理解是一种理性的能力。这种理性是由审美主体的知识修养、审美经验、生活阅历等因素综合而成的。它不同于科学认识的理性、抽象逻辑的理性，它是同情感、想象等紧密结合在一起，使得审美理解具有某种朦胧性、不确定性。要实现审美理解，审美主体必须具备一定的知识储备和审美修养，对审美对象本身的形式表现、审美特征及相关的背景知识等有所了解，否则就像有些人一样，听贝多芬的交响乐、看毕加索的画时就有如云里雾里一般不知所云。

二、审美心理的基本特征

（一）无功利的情感愉悦性

审美主体在审美活动中愉快的体验，并不是由于审美对象的存在及通过其实用价值、目的来满足主体的感性欲念，进而符合主体的道德观念而产生的，而是以其形式诉诸审美能力，满足审美需要而产生，因而是无实用功利的。如俊秀的山峰、艳丽的花朵、蔚蓝浩瀚的大海、繁星满天的夜空以及各种动人心弦的艺术作品。康德也曾说："只有对于美的欣赏的愉快是唯一无利害关系的和自由的愉快；因为既没有官能方面的利害感，也没有理性方面的利害感来强迫我们去赞许。"对于审美而言，摈弃功利私欲的确是其基本的要求，也是审美心理的基本特征。

（二）潜意识性

审美是以非理性、无意识的形式表现出来，具有高度理性的意识活动。在审美活动中，审美主体把非确定性的概念融化在想象里，以得到一种不脱离具体表象的本质性的感受和体会，它给人的是一种直觉性的领悟而不是概念性认识。如出现概念性认识，审美活动就会被阻抑下去，而兴味索然。正如英国美学家夏夫兹博里所说："我们一睁开眼睛去看一个形象或张开耳朵去听声音，我们就马上看见美，认出秀雅和谐。"这种现象，这就是审美心理直觉性的表现。对此，英国的哈奇生也说，从中"所得到的快感并不源于对有关对象的原则、原因或效用的知识，而是立刻就在我们心中唤起美的观念。"

（三）创造性

审美心理不是普通的心理,而是一种富于创造性的心理。审美主体在感知审美对象、获得审美情感的同时,会根据一定的审美理想,通过联想、想象、幻想等形式进行创造或再创造活动,创造出具有特色的、传情达意的审美对象。如,在自然美的鉴赏中,这种创造性集中体现为对一些名山胜景的美妙命名,诸如"神女峰""仙人洞""望夫石""洗象池"等。创造性既是审美心理的一个特点,也是它的价值所在。

（四）社会性

审美心理结构是人们在实践活动中所获得的美的情感体验,因此,人的审美活动和审美心理必然会受到社会、历史诸多因素的影响。作为"社会化"的人,家庭、学校、社会影响着他们的心理成长与塑造,包括审美心理的形成。因此说,虽然审美心理是审美主体自己的事情,但是它们已经包含了社会的、民族的心理因素在内。

（五）个体性

虽然人类有着共同的心理结构,人们的审美心理受到社会和群体的制约与影响,但不同的个体由于所受的影响和先天秉赋的差异,他们在审美活动中的心理倾向、心理特征、心理调节都是个体性或个性化的。

审美心理的这种个体性特征,不仅表现在审美主体的创作和鉴赏活动中,而且在群体性的观赏如看电影、听音乐、看戏剧演出中也有所体现,有多少审美主体就会有多少关于审美对象的不同的审美心理现象,如"有一千个观众就有一千个哈姆莱特"。关于审美心理的个体性特征,可以用鲁迅的一句话来概括,他曾说:"看人生是因作者而不同,看作品又因读者而不同。"

任务二　审美心理塑造和提升

一、审美心理过程的三个基本阶段

（一）感受阶段

审美经验的感受阶段,也叫初始阶段,审美的这种初始感受阶段是指由日常心理意识状态转入一种特殊的审美状态,具体说来,就是出现一种审美态度。

那么审美态度又是什么呢? 审美态度就是由审美注意活动及审美注意活动的情感效果即审美期望组成的。比如我们乘船沿江而上,经过三峡,被那壮丽迷人的景色所吸引,使日常心理意识突然中断,而专注于眼前的山光水色。这是一个心理过程:①乘船而上——日常心理意识状态,②看见三峡的壮丽——日常心理意识突然中断进入一种审美期望,③被那壮丽迷人的景色所吸引——注意力集中和停留在景色上面,出现审美注意,④出现审美态度。这整个过程是一个审美的准备阶段。

审美注意类似于日常生活的暂时休息,不顾生活实用目的,而专注于对象的形式本身,以求得精神的振奋或平静,因此它往往激起一种情感,产生一种非功利的渴求精神满足的期望情绪。这种期望情绪,是积极、富有活力的,是对美好境界的一种精神渴望,这就是审美期望。

审美注意和审美期望完成了审美感受阶段,并进入审美的领悟阶段。

(二)领悟阶段

审美经验的领悟阶段,就是发生审美愉快,获得审美满足的阶段。在这个阶段,审美在实际中进行,并进入高潮。

审美的领悟阶段包括有先后有序、程度有别的两个环节。第一个环节是审美知觉以及由此而造成的感性愉快,第二个环节是审美领悟及其所造成的精神愉快。审美知觉是在实际审美过程中由于审美注意而首先出现的。由于审美知觉已摆脱某种实用功利目的,它并不着眼于对象的有用性,而是集中全力去把握审美对象的形式,获得对审美对象形式的整体经验,使审美者与审美对象产生共鸣。审美领悟是对审美知觉形成以后的进一步审视的欣赏活动,是通过某种感性形象(知觉)去领悟本质的东西,这种本质的东西不靠概念而是靠想象的联系来理解。这种活动不是一次完成的,而是要反复多次进行。所以比起审美知觉来,审美领悟是一个较长的过程。比如作为审美对象的阿Q,首先我们从作者描写的外部形象上认识了他,即形成审美知觉,但他身上包含、隐藏着某种本质的东西,却没有明确说出,这种本质的东西就是"精神胜利法",审美领悟就是要在对阿Q形象的感知中,借助于想象去理解阿Q形象的普遍而深刻的含义,于是产生了意味无穷的审美效果。

(三)升华阶段

审美经验的升华阶段,也就是取得审美效果的阶段。审美进入这个阶段,对一个相对完整的审美经验过程来说,就已经完成了。审美升华阶段,包括两种审美升华,一种是直接升华,即造成某种审美欲望和审美能力;一种是间接升华,即形成某种审美效果、审美趣味、审美理想。

审美欲望是与审美愉快相联系的,是审美愉快导致的一个直接的审美效果,它表现为审美对象消失后由它直接引起的愉快的一种保留,这种审美愉快的保留痕迹便以审美欲望的形式而存在,可以说,它是对不在眼前的美的喜爱、追求、渴望。审美欲望的强弱程度,一般来说,总是与先前的审美愉快的程度成正比的。审美欲望的存在,强烈而丰富多彩,并成为追求美、创造美的动力。

审美能力是审美经验实现后所造成的又一个直接审美升华。审美经验的实现过程,究其实质也是审美能力的培养和提高的过程。审美能力也就是鉴赏力,是在审美过程中协调各种心理活动的一种综合能力,是通过审美经验的无数次发生和实现而得到塑造和提高的。艺术家的审美鉴赏力之所以比一般人要高,就是这个原因。就这个意义说,审美感受、审美经验过程就是一个情感生活的塑造过程。

审美经验实现后出现的间接、深远的审美效果,则是随审美观念、审美理想的逐步形成后进一步丰富和发展的。审美观念、审美趣味、审美理想是审美经验的积累、提炼和概括。它发生于个体,并在群体中交流、传递而成为社会的审美意识,同时作为社会的审美意识,又制约、影响着个体的审美心理和审美经验过程。

除此之外,审美观念、审美趣味、审美理想还受着个人的生活经验、生活环境、兴趣爱好、文化素养、个性倾向乃至气质的影响,还受着社会各种因素,特别是社会意识的直接影响和渗透。所以,有的人审美经验不很丰富却有很高的审美趣味、审美理想。

人类社会越发展,人对审美的需要越强烈。审美带来的愉快是精神的愉快,是永无止境的。审美无处不在,但事实上,审美并不是由我们的意愿所决定的。看见美的事物,我们不能不产生美感;看见丑的事物,即使努力也无法产生美感。审美是人的一种本能活动,是人与生俱来的能力。有审美研究,人类审美;没有审美研究,人类也审美。懂得美学的人审美,不懂美学的人照样审美。然而,理论的有无,对自然的存在形态不会产生影响,对人类却大不一样。研究审美就是要了解和掌握审美的规律,使人类的审美从本能变为一种自觉地活动。审美心理反映着人的高级的精神需求,同时也反映着人的高度认识能力。

二、审美心理活动的三个不同境界

（一）初级阶段——知美

通过学习掌握审美的基本知识,懂得美的存在形态以及人类审美活动的过程,有助于树立正确的审美观,提高审美的感受力。

审美观,就是主体人对客观事物的审美意识,是人们在社会实践中逐步形成和积累起来的关于审美的情感、认识和能力的总和。审美观是人们对美丑的基本观点,它是世界观的一个组成部分,属于意识形态。审美观的形成根源于实践中的审美感受,反过来又对审美感受起指导作用,能提高审美的敏感,使人们可以更好地去辨别美丑和创造美。

审美观的培养要依赖于正确的理论指导,马克思的"劳动创造了美"的观点就是我们应培养的正确审美观的基点,要懂得美的事物是要体现出人类的创造、智慧和力量,要能体现出人类生活的本质。因此,我们追求的美不但给人们带来精神愉悦,而且应是积极向上的,给人带来一种蓬勃生气的,体现人类本质力量的,成为生活中一种高尚的追求和爱好。绝不是那种麻醉人们意志,削弱人们的斗志,给人一种消极、悲观、颓废的东西。

审美观还需要在生活实践中去培养,在对自然、社会、艺术美的欣赏活动中,不断地积累审美的认识和能力,提高审美的情趣。对照审美的理论,结合审美的实践,不断地形成自己对美的事物的基本观点,从而进一步去推动自己的审美实践。

（二）中级境界——好美

好美是指在知美之后,对美的事物产生热情。想要激发爱美的兴趣,可以从两方面入手:一是经常使自己置身于美的世界。法国画家安格尔说过:"要拜倒在美的面前去研究美!"只有使自己置身于美的世界,才能激发出学习积极性,对美和艺术产生浓厚兴趣。二是多参与审美活动,主动、积极地投入各种环境下的审美活动。影剧院、展览馆、博物馆、名胜古迹以及各种旅游点,都是我们得到审美感受的场所;各种文艺书刊、画册、诗歌朗诵会、音乐会都是我们得到美感的形式。我们要善于从自然、社会、艺术中大量存在的美的事物中吸收美,领悟美,通过参与获得美的体验,积累审美经验,从而对美产生浓厚的兴趣,提高自己的审美修养,并积极地创造美好的世界。

（三）高级境界——乐美

乐美是建立在人的全部审美心理活动基础之上的。

人们一旦达到乐美境界，就能够感受到生理上和心理上的快乐和满足，就能够调动和调节以情感为核心的一切生理和心理因素，把对世界的认识和创造与对美的追求和体验统一起来，使人进入那种欲罢不能、自强不息的完美境界。达到乐美境界的人，才会自觉地发展对美的事物的感受力、鉴赏力、创造力，使自己对美的追求自觉化、系统化、深刻化。也只有达到这个境界的人，才会把美的知识运用到日常生活和工作之中，并从美的事物中获得灵感，实现审美创造。要想达到乐美的境界，必须走一条自觉自愿、持之以恒的实践之路。

美的创造不仅要有审美理想，还要有丰富的创造性的想象力。除此之外还必须熟悉和掌握一些形式美的规律，懂得创造美的具体手法和技巧，从而熟能生巧地进行美的创造。比如，绘画的具体布局及色彩配置的规律，音乐的旋律变化的技巧，就是人的穿着打扮也得遵循一定的规律，才能得到别人的赞赏。

任务三　人体美与形体美

一、形体美的含义

形体美是人的形体结构、姿态、色泽的美。指人作为自然生命个体的自然形式和自然形象的美，它是人的内在生命力的物质存在方式，亦是人的本质力量在自身形体上的感性显现。形体美作为具体感性的肉体形象美，存在于人身体的每一处细节中，如头发、五官、肌肤、手、腿、肩、臂、胸、臀、腰等，总之，人身体的每一个部分无处不闪耀美的光辉。《诗经·卫风·硕人》赞美卫灵公夫人庄姜："手如柔荑，肤如凝脂，领如蝤蛴，齿如瓠犀。螓首蛾眉，巧笑倩兮，美目盼兮。"中国美女庄姜那如草芽般柔嫩的纤纤十指，雪白柔腻的肌肤，白皙浑圆、秀长丰腴的颈项，整齐饱满的牙齿，宽阔方正的额头，蚕蛾般美丽的眉毛，笑起来柔媚动人的嘴唇，流转有神、顾盼生辉的眼睛，这是古人所赞赏的美。

形体美作为人的自然生命形式和美自然形象的，属于自然美范畴。同时，人又是社会的人，因而即便是人的自然生命形式，也有着丰富的社会性蕴含。它不仅在人类社会的产生和发展中形成和完善，而且受着现实的社会环境、个人的生活方式、文化教养等社会性制约。宋人韩拙曾指出："隐居傲逸之士，当与村居耕叟、渔父辈体貌不同"，说明作为士大夫的隐逸之士与农民、渔夫，由于社会地位、生活方式、文化教养等社会性差异，因而即便都居住在村野荒郊，其体貌也是不同的。因此，我们理解人的形体美，既不可忘记它的自然生命形式、感性的肉体存在，同时又不能不充分看到它的社会性蕴含。

形体美主要包括人体美和人的行为举止美。人的行为举止也就是人体各部分在空间活动所构成的各种姿态，如体态、神情等。

二、形体美的感性构成

（一）人体美

人体美主要是指人身体相貌的美，这是人体的一种形式美。古希腊时代十分重视人体美,如古希腊雕塑"掷铁饼者"中的男子刚劲有力的身体,强壮的肌肉,充满青春的活力,显示了一种人体美。人体美主要指人体外部呈现出的线条、比例、色泽美。

1.人体美的外观要素

(1)肌肤美,即人体皮肤和肌肉的美,是人体比较表层的感性肉体美。人体的肌肤美存在性别、种族、年龄等差异,没有绝对统一的审美标准。就性别而言,一般女性肌肤比男性肌肤柔韧细腻、光洁而有弹性。男性肌肤因生理构成与女性不同,皮肤相对粗糙,肌肉相对发达,因而其肌肤的美偏于粗犷、强健,但不排斥细腻、光洁,健康的男性肌肤也有其美的魅力。就种族而言,不同的种族有不同的肤色,因而也有不同的审美标准。黄种人偏爱自己的黄皮肤,白种人偏爱自己的白皮肤,同样黑种人也偏爱自己的黑皮肤。中国对肌肤美有比较一致的审美追求,它表现为水色、血色和气色三个方面:①水色:滋润、细嫩、柔洁、透明。②血色:红润、红晕、红光。③气色:实际是一种健康与否在面部上的集中表现。具有好的水色、血色、气色的人,一般都精力充沛、光彩照人。

(2)身材体型美,指身高、体重、骨骼结构、身体的曲线等所体现的审美特征。人的身材体型美也存在着性别、种族、年龄等差异。就性别而言,由于男女生理结构不同,男性骨骼粗大,肌肉发达,因而多以身材魁梧,线条粗犷流畅,或身材颀长强健,肌肉线条和谐为美。女性骨骼相对娇小,肌肉更柔韧,因而多以优美的轮廓、柔和匀称的曲线、纤细窈窕的身段为美。就种族而言,不同的种族有不同的体型,但各有其美。

2.人体体型美的结构要素

(1)均衡,是指身体各部分的发育要符合一定的比例。例如,头与整个身高,上、下肢与身高,躯干与身高的比例。上、下身的比例一般为5:8。这些比例关系必须符合人正常发育的规律。均衡还指身体的协调,一个协调的体型会给人竖看直立、横看宽阔的感觉。这种协调不仅包含人体各部分长度、围度和体积的协调,也包含色彩、光泽、姿态动作和神韵的协调。

(2)对称,人体的对称是左右对称,从正面或背面看,身体左右两侧要平衡发展。在正常的站姿和坐姿时,人体的对称轴一定要与地面垂直。控制人体对称轴的重要部位是脊柱,脊柱的偏斜、扭曲必然破坏人体的对称。除此之外两肩、两髋、两膝、两外踝之间的连线都要与地面保持平行。同时,面部器官和四肢也要对称。因四肢长期从事某单一工作,或不当的生活习惯形成的不良身体姿势,都会造成身体的不对称。身体的不对称容易影响人的内脏器官的正常发育。然而,绝对的对称往往给人以呆板僵硬的感觉,人的细小部分的不对称,往往使人生动活泼起来。由此可见,对称美和不对称美是相对的,不是绝对的。

(3)对比,在人们的审美观点中,常遇到两种不同的事物并列在一起。出于它们之间的差异和衬补,使事物显得更完美。如形体上的大与小、长与短、粗与细、屈与直,节奏上的快与慢、轻与重,行动上的动与静,都可以形成鲜明的反差,相互强调、相互辉映。人的体型也必须符合对比美的规律。比如男女性别特征对比,男子需符合男性的阳刚之美,女子需符合女性的阴柔之美。

（4）曲线，人体形态曲线美的第一个含义是流畅、鲜明、简洁；第二个含义是线条起伏对比恰到好处。人体的曲线是丰富多变的，这些曲的起伏对比应该是生动而有节奏的。如：胸要挺、腹要收、背要拔、腰要立、肩要宽、臀要圆满适度、大腿修长、小腿腓部稍突出、脊柱正常的生理弯曲要十分明显。男女身体的曲线美要有所不同。女子的曲线应是纤细连贯的，从整体看起伏较大，从局部看则是平滑流畅；男子的曲线应是粗犷刚劲的，从整体来看起伏较小，从局部看由于肌肉块的隐现而有隆起。总之，女子的曲线要显示出柔润之美，男子的曲线要显示出力量之美。

（二）身姿体态美

身姿体态美指人体处于空间中的姿态美。人体是一个物质的实体，它在空间中的存在和运动必然会产生各种各样的姿态，人的姿态美不仅有很强的感性直观性，而且相对于肌肤美和身材体型美更能显露人内在的精神文化气质，因而往往有更动人的风采。英国的培根就认为"相貌的美高于色泽的美，而优雅合适的动作的美又高于相貌的美。"

人的身姿体态有静有动，坐立卧等属于静态；走跑跳等属于动态。人在活动之中，身体总是处于由静到动或由动到静的运动变化之中，这必然会演绎出人体的千姿百态。较为静态，动态更能体现人的活跃的生命力，突出人体轮廓线的起伏变化，人体动作的节奏与韵律等。

站：站立姿势是人类活动中常见的姿势。正确健美的站姿应该是头、颈、躯干和脚的纵轴在一条垂直线上，挺胸、收腹、梗颈，两臂自然下垂，形成一种优美挺拔的体态。人在站立时要做到挺、直、高，这样，人体脊柱的曲线美也就表现出来了。

行：走路是人运用自己的躯体所做的一种审美的动态造型，它关系到身体各部分的协调运动。优美的走姿除保持站立时的姿态外，还要做到躯干移动既正直、平稳，又不僵硬呆板；两臂自然下垂，摆动协调；膝盖正对前方，脚尖微外侧；行走时步伐稳健均匀。男性步伐稍大，显得刚劲有力；女性步伐摆动稍小，显得优美含蓄。

坐：人类采用坐姿的时间约占人生的三分之一，美的坐姿具体表现为端正、舒适、文雅。保持挺胸、收腹。四肢的摆放也要规矩端正，男性的双腿可自然并拢，双脚并行，也可前后相掤。女性双腿自然弯曲，双膝并拢，小腿可正向或侧向一边。不能摆得太开太大，更不能翘起"二郎腿"，东倒西歪。

卧：良好的卧姿能使心血管、呼吸系统在安静状态的工作中起到保证作用，并有助于消除肌肉的疲劳。人在实际睡眠中往往翻来覆去地变换姿态。为避免心脏高压，一般为右侧卧，为避免局部受压发麻甚至出现痉挛的现象，仰卧也是较好的，不要把手放在胸上，以免压迫心脏使睡眠不宁或做噩梦。

身姿体态的美也比身材体型的美有更大的后天调节性和可塑性，它虽也秉承先天的遗传基因，但更受着后天的生活实践、文化教养等因素的影响和制约，因而也完全可以通过后天的努力去培养优雅合适的身姿体态。

（三）容貌神情美

容貌神情美是指人脸庞的外部形态，五官构成，神色气色等所体现的感性美。容貌神情美同身姿体态美一样,属较高层次的人的形体美,因为它不仅指人的脸蛋本身长得漂亮,而且能更充分地体现人的深刻的灵魂,特别是人的喜怒哀乐等情感。

人体容貌的生理构成包括眼睛、鼻子、嘴唇、前额,脸型、头发、面部肌肤、耳朵等。其中眼睛的美是容貌神情美的中心。眼睛的美当然首先是眼睛本身长得好看,但是眼睛更大的魅力还在于它光华四射的神采,即眼神的美。一双漂亮的、会说话的眼睛就是一本打开了的人的内心世界的活字典。正因为如此,所以画家画人物特别重视点睛之妙。眼睛不仅能传递出人的喜、怒、哀、乐、爱、恨、羞等几十种复杂的感情,而且能把每一种感情的细微差别表现出来。例如,表现喜悦时,眼睛可以把狂喜和暗喜、含蓄的喜、奔放的喜、粗鲁的喜等不同内容的喜充分地表现出来。

在容貌美中,除了眼睛之外,面部表情也很重要,高贵、典雅、和蔼可亲的表情有利于人与人之间的沟通与交流。当然,面部表情与目光是有机地联系在一起的。人的目光和面部的表情美,不是虚假的外套,而是高尚善良、美好心灵的自然外露。表情美依赖于自身日常生活中长期的修练,特别是道德修养和文化修养。表情美是一种修养,是社会和人生铸造的一种迷人的功能。

嘴唇具有明显的激情色彩,其感性形式美主要体现为起伏柔和的轮廓线、富有弹性的韵律感、红润的肤色等。容貌神情的其他构成部分,如头发、前额、脸型、耳朵、面部肌肤等,也各有其美的感性特征。

三、影响形体美的因素——装饰

形体美除了自身的人体美和行为举止美之外,还有一个人工修饰的问题,这主要是指装饰美。所谓"佛要金装,人要衣装","三分人才,七分打扮",从某种意义上也说明了人的外在装饰对形体美的确有一定的影响作用。

服饰美是生活中最被普遍关注的审美对象,服饰在遮隐人体的同时,又在表现着人体。人的形体有高矮胖瘦之分,合体的着装会发挥不同形体的长处,掩饰人的体型的不足。个子较为矮小的人,上装部分要加重色彩,下装选择淡雅或不太夸张的服饰。可使他人视线从下而上,造成一种高度上的错觉。体型过于丰腴的人,忌穿紧身的服装,应着简单的款式、简单的色彩。上身宜穿冷色,下身宜穿深色服装,以使重心下移,在视觉上给人以收缩的感觉。臀部过大的女性,忌穿超短裙、健美裤,上衣要略长些,以掩饰臀部的宽大。腹部过于饱满的女性,忌穿上衣短的套裤、套裙,上衣应适当长些,腰部不要腰带,如穿连衣裙,不能穿紧身的,要选择一些松宽式的。过于瘦弱的人,在服饰色彩上应选择明亮、鲜艳的花色和花纹等,要求大方,宜穿质地轻薄柔软和浅色的服装。臀部过小的女性适宜穿裙子,若在腰上系一根漂亮的腰带就会更具风采。总之,只要善于扬长避短,巧妙利用各处色彩、图案、饰物进行装饰,便会收到意想不到的效果。

除服饰外,还有发型、营养和心理素质等都会在不同程度上对人的形体产生影响。发型的选择原则与服饰一样,要注意因人而异,最大限度地展示出形体美。过分地在发型上下工夫,反而会影响到整个形体的效果。营养是影响形体美的重要内容。一个好的形体不会是天生就有的,而是通过训练得到的。人体没有合理充分的营养,就不能保证其正常的发育成长；一个好的形体，必须要有科学合理的营养补充。形体美是通过形体的表现力来实现的，没有良好的心理素质也就无法适时地展现形体美的风采。

四、形体美的审美特征

1. 充满生命活力的感性直观性

人体丰富的感性构成，使其具有鲜明而强烈的感性直观性，能直接作用于人的视觉感官，从而引起心灵的愉悦。罗丹说："在任何民族中，没有比人体的美更能激起富有官感的柔情了。"我们在人体中所崇仰的又不仅仅是美丽的外表形象，而是人的活跃的思维、情感、意志、才能，是属于人的感觉、知觉等内在生命本质所焕发出来的炽热的生命光辉。人的肌肤美是由于"透明肉色的气韵生动"，有一种"没有闪光的灵魂的芳香"；身材体型的美也是由于活跃的生命力的支撑；身姿体态的美是因为他始终处于动态的生命流程中，充满扣人心弦的生命情致；容貌神情的美则是因为内在生命激情的光华四射。形体美的深层的审美价值，正在于它所表达的内在的生命意蕴、内在的活的灵魂。

2. 匀称和谐的韵律感

匀称和谐的韵律感，是形体美所遵循的基本形式美法则，也是形体美普遍的感性特征。人的形体美的匀称和谐，是指在健康基础上的身体各部分的对称均衡、比例适当、整体协调、恰到好处，从而形成一定的节奏和韵律。具体体现为匀称和谐的五官容貌、对称均衡且比例适度的形体结构、流畅协调的身体曲线等。无论在西方还是中国，人们在论及人体美时，都无不以此作为标准。在西方，从古希腊的毕达哥拉斯学派开始，就强调人体的"黄金比例"，在他们看来，"整个天体就是一种谐和一种数"，身体的美也"在各部分之间的对称——如各指之间，指与手的筋骨之间，手与肘之间，总之，一切部分之间都要体现适当的比例"。我国传统的美学思想，一向强调"中和之美"的审美标准，因而在人体美上也同样追求匀称和谐的审美境界。如我国古代写美人，就特别着意于她们身体各部分的比例适度，恰到好处。宋玉写美女"东家之子"的身材体型是"增之一分则太长，减之一分则太短"，其容颜是"著粉则太白，施朱则太赤"。这是因为人体的各个部分，乃至每一处局部，都是处在人生命形式的整体结构中的，只有各部分高度协调统一、匀称和谐，才能形成完整的生命乐章，显现整体的韵律美，其中任何一部分如果比例失调，无论是有缺陷，还是太突出，都会影响乃至破坏整个人体的美。这或许正是历来的美学家和人体艺术家，之所以特别注重人的形体美匀称和谐的审美标准的重要原因。

3. 丰富的个体差异性

丰富的个体差异性是形体美的又一重要特征，也是人的形体美区别于动物形体美的显著标志。动物的美也有其直观、感性的生命形式，但却缺乏个体性，而主要表现为类的差别性。如狮子的美不同于老虎的美，孔雀的美有别于天鹅的美。这是因为动物的生命活动是无意识的。没有内在灵魂的闪光。同时也是有限的和不自由的，它们只能秉承先天的遗传基因和被动地接受后天的生活环境。而人的形体却有丰富的个体差异，因为人不同于动物，人的生命活动是有意识的生命活动，首先，有意识的生命活动表现在人可以能动地选择生活环境，从而突破空间的固定限制。这些千差万别的环境因素，通过遗传，通过直接的社会影响和文化熏陶,也通过地理、气候条件等渗透进人体的资质中,必然带来人的形体的丰富的个体差异性;其次,有意识的生命活动使人成为一个独立的精神个体,有各自不同的思维方式、情感方式、个性气质、创造才能等,这些内在的精神和灵魂的闪光,显现在人的外在形体上,也必然造成其体貌的个体差异性。同样是美的人体,必有不同的美质和美点,展露不同的仪表、风度、个性、气质和才情,有不同灵魂的闪光。

五、人体美与心灵美的和谐统一是形体美的最高境界

人的心灵美也就是精神美,它表现为一个人卓越的智慧、崇高的感情、坚强的意志、伟大的人格等,并具体感性地体现在人的一切言行中。如果说人的形体美在某些方面是先天所赋予的(长相、高矮)而无法改变,那么人的心灵美则主要是在后天社会中形成,它是每个个体通过自己的努力可以达到的。

人体美和心灵美和谐统一具体表现在以下 3 个方面:

1. 卓越的智慧

1)智慧有狭义和广义之分,狭义的智慧是指个体的分析判断、发明创造的能力,是指某种思维能力和知性模式。广义的智慧是指人类或某个民族的思维和创造能力、文化心理结构,它是这个民族得以生存与发展所积累下来的内在的存在和文明。它具有相当强固的承续力量、持久功能和相对独立的性质,它直接或间接地、自觉或不自觉地影响、支配甚至主宰着今天人们的思维方式、道德标准、真理观念、价值判断、审美趣味等等。每个个体的智慧是诞生于他赖以生存的民族智慧的基础之上的。个人智慧与民族智慧和人类智慧是紧密地联系在一起的。

2)崇高的情感

人类情感的丰富性是其他任何东西无法比拟和形容的。当然情感也有高尚和卑下之分,高尚的情感具有社会普遍意义,符合人性;而卑下的情感往往与个人的私利和卑下行为是联系在一起的。总之,情感的高尚与卑下和个体心灵的高尚与卑下是直接联系在一起的。高尚的情感包括符合人性的伦常情感、美好的生活情趣、高雅的艺术情感、热爱祖国、热爱人民的爱国情感等几个方面。

3)坚强的意志

任何人都必须具备一种坚强的意志。只有具备了这种坚强的意志,才能去克服和战胜各种困难。

4)伟大的人格

从心理学角度讲,健全和完善的人格是个体身心健康的基础,如果个体人格不健全,那么他的心理也不会健康,甚至会产生一些变态,这对他与其他人交往和社会行为都会带来一定的障碍。从伦理学角度讲,健全的人格,是指个体行为符合社会规范,有道德感,并能主动去承担社会责任。

2. 人美的两个方面

形体美和心灵美是人的美的两个方面,它们之间有着十分密切的联系。心灵美是形体美的内在精神光芒和活的灵魂,深刻地影响着人体美,而形体美则往往反映和展现着心灵美。但尽管如此,形体美与心灵美毕竟是人的美的两个不同的方面,分属不同的美学范畴,有不同的审美内涵。形体美属自然美范畴,主要指人的自然生命形式的美,物质性的肉体的美。而心灵美属社会美范畴,主要体现为人的社会性精神生命的美。它们各有其相对独立的美学品格和审美价值。具体到生活中的每一个人,形体美与心灵美可以协调统一,但也常常存在矛盾,形体美而心灵未必美,形体不美乃至丑,而心灵却很美的情况并不鲜见。这种情况在文学作品中有更典型的反映,如雨果《巴黎圣母院》中的敲钟人伽西莫多,人体奇丑,是独眼,又驼,又跛,然而心地却极其光明善良。卫队长菲比思外表美如太阳神,然而内心却极其肮脏、浅薄。这是怎样的不协调和让人遗憾啊!鉴于这种情况,人类怎能不努力追求人体美与心灵美和谐统一的审美境界呢?柏拉图早就说过,理想人的"最美的境界",是"心灵的优美与身体的优美和谐一致,融成一个整体"。

3.达到和谐统一的途径

追求和实现形体美与心灵美和谐统一的途径主要有两条:首先,应按照健康原则和形式美规律去追求和创造美的人体。健康是完美形体的首要条件,人类可以自觉地、有意识地通过优生、优育,科学的饮食、营养,正确的体育锻炼等,去增强人体健康,同时也促进人体向着符合形式美要求的方向发展。其次,应按照社会美规律去塑造美的心灵。心灵美有先天的秉性,但更主要的是后天的培养,后天所接受的教育和努力的程度。因此,我们完全可以通过加强社会实践,努力学习一切有用于人类的文化知识,去丰富自己的头脑,陶冶美好的情操,帮助自己树立起正确的人生观、世界观和崇高远大的进步理想,使我们的心灵闪耀光辉,同时也为人的形体美增光添彩。

思考题

1.就美感的社会功利性谈谈美感。

2.简述审美心理的三个过程。

3.什么样的美才是真正的形体美?

实训篇

模块一　形体素质训练

随着社会的发展与进步,在我国,形体训练不再仅仅是艺术类院校为培养未来艺术人才开设的一门专业课程,它已逐渐被社会各类学校,尤其是高、中等职业院校,作为培养社会各行业(特别是服务类行业)所需要的高素质应用型专门人才的重要课程,以此来帮助未来从业者塑造良好形体,为专业技能的学习打下基础。

形体素质训练是指训练者各关节部位的软开度训练。这里所说的软开度训练不是指一般的软和硬,而是指训练者身体各关节的活动幅度,它是形体训练的基础。当然,决定人体各关节活动幅度(即软开度)的因素很多,在这里我们借助人体解剖学和生理运动学的知识来了解哪些因素影响训练者的活动幅度。

一、影响各部位活动幅度的因素

第一,受骨关节形状的影响。骨关节的形状会影响某些肢体部位的柔韧性,这类情况基本上属于先天性因素。例如,有的人髋臼长得靠内,影响到髋关节外旋幅度。脚背绷幅度主要受踝关节距下关节面形状的影响,如果相互接触的关节面不圆滑,甚至有过大的棱角,就会严重影响绷脚背的幅度。脚背差的人,尽管他们刻苦去压脚背,但改善不会太大。

第二,受关节囊周围韧带的影响。关节囊周围的韧带起加固作用,同时也限制了关节的运动幅度。人在少儿阶段,关节囊韧带比较松弛,随着年龄增长而变得牢固。经常运动,尤其作柔韧性训练,既能使关节韧带粗壮有力,固定性能好,又能增大韧带的牵引幅度。关节劳损或创伤,都会牵连周围韧带,降低韧带的牵引幅度。

第三,受肌肉初长度的影响。当作为对抗肌时,肌肉初长度拉得越长,被牵张的幅度越大。形体训练中的压腿、踢腿、劈叉等对增长下肢有关肌肉的初长度、发展下肢的柔韧性很有作用。

第四,受脂肪堆积的障碍。臀部和大腿部脂肪过量,也会阻碍原动肌收缩和对抗肌被牵张,脂肪的体积同时阻碍了腿的幅度,久而久之柔韧度就会减退。

第五,受年龄和性别的影响。骺软骨完全骨化成骨,骨骺与骨干融为一体、骨的生长停止了。关节面的形状日趋成熟定型,此时欲扩大他们的活动幅度已是不现实的事情。所以,在这里我们所说的素质训练是指通过坚持练习,保持原有韧带拉伸性,进而达到扩大关节的活动幅度和肌肉韧带拉长的能力。

我们知道各关节面形状的形成,一方面是受营养供应和吸收营养的影响;另一方面是由关节长期运动的状况所决定的,关节的活动幅度可因长期训练而增大;反之,关节长期不活动,则容易发生僵直,甚至失去活动能力。而过量、过猛,则会造成伤病,甚至给训练者留下终生遗憾。因而把握时机,掌握好训练的尺度是至关重要的。下面就训练,强调以下几点:因受先天因素的影响,有些部位尽管经过形体训练,但改善不大,如髋关节的外开、脚背绷幅度。而肌肉和韧带经后天的训练能够增强柔韧度,所以对于我们来说。每个训练动作的进展速度,都应该与个人的自然条件及现时柔软程度相结合,一定要掌握正确的方式方法,从而达到塑身的效果。这里,我们就简单说说脚、腿、胯、腰肩等各关键部位训练的共性要点方法,具体细节要点方法见各小节内容。

二、形体素质训练要注意的几个原则

第一,端正对形体训练的认识。为塑造形体美的训练主要有两种:一种是借体育的训练动作设计安排的动作练习;另一种是借助芭蕾基训的训练方法来安排的动作练习。可能很多人一听带有"芭蕾"两个字的训练就吓得不行,说咱哪是那块料呀,其实这种借助与芭蕾的形体训练与芭蕾基训不完全是一回事。最大的区别在于目的上,作为芭蕾基训,主要目的是培养舞蹈教学和表演人才,而芭蕾形体训练的目的主要是塑身;另外从训练强度上看,芭蕾形体训练远远达不到芭蕾基训的强度,作为我们以塑身为目的的普通人来说,它主要任务是从芭蕾的"开、绷、直、立"四大审美特点中取精华,用它科学的训练方法来训练自己的形体和气质。例如,将肢体各个部位"绷"起来,尤其是腿脚上的膝关节和踝关节,及脊椎和颈椎等关节,使之产生延长肢体线条,身体轻盈的感觉;"立"是头颈、躯干和四肢为一体,傲然挺立,气宇轩昂有着贵族气质。

第二,素质训练要根据训练者的成年特征,坚持不懈,持之以恒。

第三,素质训练与热身的准备活动相结合。准备活动可以使体温升高,降低肌肉粘滞性,中枢神经系统兴奋性略微增进,此时增加柔韧和软开度练习能收到较好的效果,并可避免运动损伤。

第四,素质训练与力量训练相结合。柔韧和软开度的提高,要有一定的肌肉力量作基础,力量的增加可间接使软开度得到提高。

第五,内力与外力结合,发掘软开度潜力。内力主要指自己的力量;外力是指本身以外别人的力量。例如,现在腿功训练一般采取"压""耗""撕""搬""踢"等方法。在这五种方法中,"压""耗""搬""踢"四种是以自己不借助外力进行的练习,而"撕"则以别人帮助进行训练。当然"撕"这种方法要"慎用",用也是阶段性的一种做法。在用这种方法时,帮助的人要掌握用力的尺度,要适度而止。要在"撕"腿后,多踢多活动,以防拉伤致使韧带结节。因此,通过"压""耗""搬""踢"等内力方法,使自身形体关节韧带获得解放,是软开度不断得到提高的主要训练方式。

第六,静力拉伸和动力拉伸的结合。静力拉伸时缓慢拉伸,如把腿放置到比负荷点高的地方耗腿、下后腰的幅度略过于负荷点。动力拉伸是快节奏的,猛烈的重复拉伸,如:连续踢腿、向后甩腰等。

总之,形体素质训练一定要严格遵循运动幅度由小到大,运动速度由慢到快,训练次数从少到多地循序渐进原则。甚至有时还要根据训练者的不同条件进行有针对性、目的性强的综合训练,从而达到塑身的效果。

三、手位和脚位

为了方便大家的训练学习,在这里介绍一下芭蕾的手位和脚位。

在进行芭蕾形体训练时,手的位置是最具表现力和表演性的训练,各种各样的舞姿都由手的位置构成,手是形成优美体态的重要途径。手的位置在不同的芭蕾学派有不同的做法,但其要求是一致的。

1. 手形

五指自然放松,大拇指向手心,略与中指靠拢,食指略伸,其他三指自然靠拢。

2. 手的位置

一位手:手自然下垂于体侧,胳膊肘和手腕处稍圆一些,手臂与手成椭圆形,放在身体两侧略靠前,双手中指相对,并留有一拳的距离。

二位手:手保持椭圆型,抬到横膈膜的高度(上半身的中部,腰以上,胸以下的位置),但在动作过程中,要注意保持胳膊肘和手指这两个支撑点的稳定。

三位手:在二位的基础继续上抬,放在额头的前上方,不要过分的向后摆,三位手就像是把头放在椭圆形的框子里。

四位手:一手不动,一手切回到二位,组成四位手。

五位手:三位手不动,二位手用手背带动,将臂向旁打开。

六位手:打开到旁边的手保持不动,三位手切回到二位。

七位手:打开到旁边的手仍保持不动,二位手手背带动将臂向旁打开,此时双手相同地放在身体的两边。

结束位:双手从七位(手心朝前)划一个小半圈,手心朝下,向两边伸长后,胳膊肘先弯曲下垂,逐渐收回到一位。结束。

3. 脚的位置

脚位的学习顺序一般是:一位、二位、三位、五位、四位。双脚站位是要求全脚平放在地面上,力量要均匀,特别是脚指头不能扣住地板,脚趾要求松开放长。

一位脚:两脚完全外开。两脚跟相接形成一横线。

二位脚:两脚跟在一位基础,向旁打开一脚的距离(根据自己脚的大小)。

三位脚:一脚位于另一脚之前。前脚跟紧贴后脚心,前脚盖住后脚的一半。

四位脚:一脚从五位向前打开,两脚相距一脚的距离,前脚跟与后脚趾关节成一条线。

五位脚:两只脚紧贴在一起,一脚的后跟紧挨着另一只脚的脚尖,前脚完全遮盖住后脚。

项目一　脚的软开训练

【学习目标】

掌握脚训练的内容和正确训练方法。

知识目标

掌握脚的训练方法。

掌握脚的训练要点。

能力目标

提高身体脚的软开度和灵活度,为后面的训练打好基础。

任务一　脚的软开训练方法

脚的软开训练是形体训练的基础环节。通过锻炼,可以发展脚面柔韧性以及踝关节的力量和灵活性,促使足形健美,并为其他腿部练习奠定基础。

脚的训练分为勾脚和绷脚的训练。

一、勾脚训练

我们通常采用"坐式勾脚"和"勾脚踢腿"来练习勾脚。

(一)"坐式勾脚"

"坐式勾脚",是指训练者通过坐在地面进行勾脚训练的练习。具体方法是身体和双腿成直角坐在地面上,上身要求抬头挺胸,立颈立腰背,收腹紧臀,下身要求双腿并拢贴地,且双手体后撑地面,手指尖朝后,双脚由自然状到用力勾起脚趾的训练(图1-1—图1-3)。

图1-1　　　　　　图1-2　　　　　　图1-3

(二)"勾脚踢腿"

"勾脚踢腿",是指训练者保持勾脚姿态进行踢腿的练习。其可分为仰卧训练和站立训练进行,方向是前旁两个方向。在踢腿的过程中一定要始终保持勾脚的姿态(图1-4)。

不管是用哪种方法,一定要注意的是要使脚背和腿形成超90°的角,这样有利于发展小腿后肌群的伸展性。

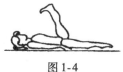

图1-4　　　　　　　　图1-5

二、绷脚训练

另外,练习绷脚的方法也比较多,通常采用的是"跪撑压式"(图1-5)、"互助式"和"并步起踵式"。

1."跪撑压式"

"跪撑压式",是指训练者借助自身的重量,通过跪坐的方式对脚背进行挤压式的训练。具体方法:首先训练者双腿跪坐在地面上,双脚脚跟靠拢夹紧,脚面绷直贴于地面,双手放在膝盖两侧,与膝盖形成一条直线;其次训练者用两手手指在膝盖的两旁撑地,膝盖离开地面,双腿紧贴腹部,脚背脚尖与地面形成一个受力点。

图1-6　　　　　　　　　图1-7

2."互助式"

"互助式",是指借助协助者的帮助达到训练脚背的练习。具体方法:首先训练者双手扶把杆,膝盖以上部位立直,双膝跪地,脚背贴地面;其次协助者双手扶训练者的肩膀,双脚的前脚掌分别踩在训练者的脚心处进行上下弹压和踩压控制(图1-6、图1-7)。

3."并步起踵式"

"并步起踵式",是指训练者借助自身的重量,通过站立的方式对脚背进行挤压式的训练。具体方法:首先训练者双手扶把,并步站立;其次用脚尖和脚背和地面形成受力点进行上下弹压和踩压控制。

以上三种方法都是训练脚背和脚尖的练习,在训练过程中,一定要找准关节部位,不能倒脚。另外在进行每个动作练习时都要保持正确的身体形态,最后就是控制时长要循序渐进延长。

任务二　训练组合及训练要点

一、勾脚训练组合及要点

(一)"坐式勾脚"

1)音乐:4/4(8个8拍)。

2)预备姿势:

身体和双腿成直角坐在地面上,双手体后撑地面,手指尖朝后,两腿并拢,双脚成自然状(图1-8)。

3)动作过程:

(1)①—④双脚随节奏同时慢慢勾起(图1-9),

　　⑤—⑧双脚慢慢回自然状。

(2)同上反复一次。

（3）①—②双脚随节奏同时慢慢勾起，

③—④双脚慢慢回自然状，

⑤—⑥双脚随节奏同时慢慢勾起，

⑦—⑧双脚慢慢回自然状。

（4）①—②左脚随节奏勾起，右脚自然状（图1-10），

③—④右脚随节奏勾起，左脚自然状（图1-11），

⑤—⑥左脚随节奏勾起，右脚自然状，

⑦—⑧右脚随节奏勾起，左脚自然状。

图1-8　　　　图1-9　　　　图1-10　　　　图1-11

（5）反复（4）的动作，最后两拍左右脚自然状。

（6）①—②双脚随节奏同时慢慢勾起，

③—④双脚慢慢回自然状，

⑤—⑥双脚随节奏同时慢慢勾起，

⑦—⑧双脚慢慢回自然状。

（7）①—④双脚随节奏同时慢慢勾起，

⑤—⑧双脚慢慢回自然状。

（8）同上反复一次。

4）动作要点：

（1）预备姿势时，要求抬头挺胸，立颈立腰背，收腹紧臀。

（2）动作过程中的勾脚，要求用力勾起脚趾，使脚背和腿形成超90°的角。

（二）"勾脚踢腿"

图1-12　　　　　　　　图1-13

1）音乐：2/4（12个8拍）。

2）预备姿势：

仰卧，双手伸直放在胯两旁的地板上，两腿并拢，双脚成自然状。

3）动作过程：

（1）①左腿向正前方勾脚踢起，

②—④左腿及左脚随节奏慢慢回预备状，

⑤右腿向正前方勾脚踢起，

⑥—⑧右腿及右脚随节奏慢慢回预备状。

（2）同上反复一次。

（3）①左腿向正前方勾脚踢起，

　　②左腿及左脚随节奏快速回预备状，

　　③右腿向正前方勾脚踢起，

　　④右腿及右脚随节奏慢慢回预备状，

　　⑤—⑧同上反复一次。

（4）①左腿向正前方勾脚踢起（图1-13），

　　②—④左腿及左脚随节奏慢慢回预备状，

　　⑤右腿向正前方勾脚踢起，

　　⑥右腿及右脚随节奏回预备状，

　　⑦—⑧身体向右转动，侧身着地，右手伸直举起紧贴地面，左手随身体在胸前撑地。

（5）①左腿向侧前方勾脚踢起，

　　②—④左腿及左脚随节奏慢慢回预备状，

　　⑤左腿向侧前方勾脚踢起，

　　⑥—⑧左腿及左脚随节奏慢慢回预备状。

（6）同上反复一次。

（7）①左腿向侧前方勾脚踢起，

　　②左腿及左脚随节奏快速回预备状，

　　③左腿向侧前方勾脚踢起，

　　④左腿及左脚随节奏慢慢回预备状，

　　⑤—⑧同上反复一次。

（8）①左腿向侧前方勾脚踢起，

　　②—④左腿及左脚随节奏慢慢回预备状，

　　⑤—⑥身体回预备姿势，

　　⑦—⑧身体向左转动，侧身着地，左手伸直举起紧贴地面，右手随身体在胸前撑地。

（9）①右腿向侧前方勾脚踢起，

　　②—④右腿及右脚随节奏慢慢回预备状，

　　⑤右腿向侧前方勾脚踢起，

　　⑥—⑧右腿及右脚随节奏慢慢回预备状。

（10）同上反复一次。

（11）①右腿向侧前方勾脚踢起，

　　②右腿及右脚随节奏快速回预备状，

　　③右腿向侧前方勾脚踢起，

　　④右腿及右脚随节奏慢慢回预备状，

　　⑤—⑧同上反复一次。

(12)①右腿向侧前方勾脚踢起,

②—④右腿及右脚随节奏慢慢回预备状,

⑤—⑧身体回预备姿势。

4)动作要点:

(1)动作过程中,正踢时,着地腿要贴紧地面;侧踢时,贴地手和整个身体成一条直线。

(2)动作过程中的勾脚,要求用力勾起脚趾,使脚背和腿形成超90°的角。

二、绷脚训练组合及要点

(一)"跪撑压式"

1)音乐:4/4 (8个8拍)。

预备姿势:双腿跪坐在地面上,双脚脚跟靠拢夹紧,脚面绷直贴于地面,双手放在膝盖两侧,与膝盖形成一条直线。

2)动作过程:

(1)①—②用两手手指在膝盖的两旁撑地,膝盖离开地面,双腿紧贴腹部,脚背脚尖与地面形成一个受力点,

③—④回预备姿势,

⑤—⑧同上反复。

(2)反复(1)。

(3)①用两手手指在膝盖的两旁撑地,膝盖离开地面,双腿紧贴腹部,脚背脚尖与地面形成一个受力点,

②—③控制不动,

④回预备姿势,

⑤—⑧同上反复。

(4)①用两手手指在膝盖的两旁撑地,膝盖离开地面,双腿紧贴腹部,脚背脚尖与地面形成一个受力点,

②—⑦控制不动,

⑧回预备姿势。

(5)同上反复。

(6)①用两手手指在膝盖的两旁撑地,膝盖离开地面,双腿紧贴腹部,脚背脚尖与地面形成一个受力点,

②—⑧控制不动,

(7)控制不动,

(8)①—⑥控制不动,⑦—⑧回预备姿势。

3)动作要点:

(1)跪坐时,收腹、立腰、立背、抬头,压脚尖时略低头。

(2)根据动作要求,体会要领,保证动作规范。

(3)进行每个动作练习时,要保持正确的身体形态。跪坐撑时,要注意上体的挺拔,切

勿耸肩。

（4）控制时间可循序渐进延长。

（二）"互助式"

1）音乐：4/4（12个8拍）。

2）预备姿势：训练者双手扶把杆,膝盖以上部位立直,双膝跪地,脚背贴地面;协助者双手扶训练者的肩膀,双脚的前脚掌分别踩在训练者的脚心处。

3）动作过程：

（1）按一拍一下的上下弹压。

（2）按两拍一下的上下弹压。

（3）按四拍一下的上下弹压。

（4）踩压控制。

（5）按四拍一下的上下弹压。

（6）按两拍一下的上下弹压。

（7）按一拍一下的上下弹压。

（8）踩压控制。

（9）协助者下来,训练者转身坐地,上身直立,双手自然放在胯两旁撑地。

（10）（11）（12）协助者跪坐在训练者的前对面,将双手按住其脚趾的关节处,控制不动。

4）动作要求：

（1）用力适当。

（2）找准关节部位。

（三）"并步起踵式"

1）音乐：4/4（8个8拍）。

2）预备姿势：双手扶把,并步站立

3）动作过程：

（1）用双脚脚尖和脚背和地面形成受力点进行一拍一下的弹压。

（2）按两拍一下的上下弹压。

（3）按四拍一下的上下弹压。

（4）踩压控制。

（5）按四拍一下的上下弹压。

（6）按两拍一下的上下弹压。

（7）按一拍一下的上下弹压。

（8）踩压控制。

4）动作要点：

（1）借助双手扶把调节力量,使脚尖和脚背所承受的力量适当。

（2）找准关节部位,不能倒脚。

思考题

1.勾绷脚训练的作用?

2.勾绷脚的训练要点是什么?

项目二 腿的软开训练

【学习目标】

掌握形体素质腿训练的内容和正确训练方法。

知识目标

掌握腿的训练方法。

掌握腿的训练要点。

能力目标

提高身体腿的软开度和灵活度,为后面的训练打好基础。

任务一 腿的软开训练方法

腿是人体的支柱,承担着全身的重量,可谓人体的"根"。任何动作的稳定性都与"根"的牢固程度密切相关。通过腿部练习,不仅可以增强腿部的力量和柔韧性,还可以增强髋、膝关节的坚固性、灵活性,提高腿部肌肉的控制能力,从而有利于更好地掌握动作技术,丰富形体动作的表现力。

当然,对于我们以塑身为目的训练者来说,腿部肌肉的线条形状更是我们在训练中需要加倍注意的。因此,我们在训练当中要用"软开"使腿部内侧及后群肌肉积极运动起来,在最合适的位置上有效地帮助前、侧、后腿动作的完成。这样才能改变肌肉的形状,为训练者塑造纤细优美的肌肉线条。

腿的软开训练可以借方向上的"前""侧""后",通过"压""耗""踢""弹""控""蹲"等方法来达到训练的效果。

一、压腿

压腿是指训练者借助身体对腿部施加压力,使腿部韧带、肌腱、肌肉得到拉伸的训练。压腿分为正压腿、侧压腿和后压腿,具体方法见下:

(一)正压腿

首先,训练者离把杆腿长的距离,脚小八字位,面向把杆站好;其次,抬起一条腿放在把杆上,保持两腿的伸直和外开,并绷紧脚背脚尖,保持胯正和上身直立;最后,在保持以上的姿态时,身体向前找脚尖靠拢,此时要从身体的小腹到额头逐步和大腿贴紧,不能低头、弯腰,不急于用头碰脚,使胸部和腿之间出现一个大空。

(二)侧压腿

首先,训练者离把杆一个手掌的距离,脚小八字位面向把杆站好;其次,抬起一条腿向旁拉直放在把杆上,双手扶把,保持两腿的伸直和外开,并绷紧脚背脚尖,保持胯正和上身直立(图1-14);最后,在保持以上的姿态时,靠外的一只手举起至三位,侧下腰去抓脚,此时要从身体的一侧面逐步和大腿贴紧(图1-15)。

图1-14　　　　　　　　图1-15

(三)后压腿

首先,训练者单手扶把杆站立,侧腰,腰离把杆一个拳头的距离,脚小八字位,单手扶把站好;其次,抬起靠外的一条腿向后拉直放在把杆上,保持两腿的伸直和外开,并绷紧脚背脚尖,保持胯正和上身直立;最后,在保持以上的姿态时,做上下蹲的训练,注意在动作过程中要保持上身的直立不能往前趴。

另外,腰软度条件比较好的训练者可以将等因奉此脚和下腰结合起来训练,也就是在最后一步时不是做蹲的练习,而是靠举起把杆外的一只手至三位,后下腰去抓脚,此时要注意抓脚的那只手不能翻胳子。这样的练习在压到后腿的同时也训练到腰的柔软度。

总之,在压腿的时候我们必须遵守三个原则:

(1)必须先热身,使肌肉与肌腱处在备战的状态,这样会提高成效,也会减少受伤的几率。

(2)动作要缓慢而温和,千万不可猛压或急压,要循序渐进。

(3)注重加压的强度,要感觉有点"酸",是肌肉感觉神经元正确地反应,但绝对不能"痛",这样容易受伤。

二、耗腿

耗脚是指训练者在保持压腿姿态的基础上,把腿架在把杆或更高的位置,通过延长耗住的时间,逐渐增强训练者对肌体疲劳的抵抗力,从而进一步拉长腿部肌肉和韧带。

三、踢腿

踢腿是腿功柔韧性训练最为重要的一步,它可以巩固压腿和耗腿的效果,也为实战腿法训练打下了坚实的基础。在练习踢腿时一定要注意保持动作的规范性:

(一)起腿应轻,踢时应快,落腿应稳

腿将要踢起时,要迅速地将身体重心移到另一腿上,通过脚尖到大腿向上迅速踢起。

需要说明的一点就是腿由下至上快速向面部摆动时,要注意加速的过程,也就是腿在上摆时一定要有劲。

(二)姿态要正

练习踢腿时,必须保持动作的规范性,宁可踢得刚过胸也不把支撑腿的腿跟抬起或膝部弯曲,或是弯腰凸背用头去迎碰脚尖,或是不绷紧脚背脚尖。

四、弹腿

弹腿主要为训练膝关节灵活和大腿前面肌肉群的收缩力量和速度而设计的腿部练习,有小弹腿和大弹腿之分。

五、控腿

控腿为训练腿部肌肉控制能力而设计的练习,它是一种能力,当然也需要一定的软度为基础。

六、蹲

蹲为最大限度拉长与弯曲跟腱、踝关节、脚腕的韧带而设计的练习。练习下蹲时,动作要连贯、舒缓,不能停顿或有跳跃感;半蹲时,不能起踵;全蹲时,不可坐在脚跟上;二位蹲时,始终全脚掌着地等。

任务二　训练组合及训练要点

一、地面练习组合及要点

（一）压腿练习

1）音乐：4/4 （24 个 8 拍）。

2）预备姿势:坐式,节前 4 拍上体前倾,双手握住踝关节。

3）动作过程：

（1）①上体前压；

　　②上体抬起；

　　③—⑧重复①—②动作 3 次。

（2）同（1）。

（3）①上体前压至最大限度；

　　②—⑧控制不动。

（4）①—④保持不动；

　　⑤右腿向左侧伸直,脚面向上；

　　⑥右腿大小腿折叠至最小角度,脚面向前；

　　⑦—⑧左手握住踝关节,右手经侧至上举成 3 位。

（5）①上体向左侧屈；

　　②上体还原；

　　③—⑧重复①—②动作 3 次。

（6）同（5）。

（7）①上体向下左屈至极限；

　　②—⑧控制不动。

（8）①—⑦保持不动；

　　⑧上体还原。

（9）—（12）同（5）—（8）,但换向右侧做。

（13）①—④双手扶地,经跪撑成跪坐;

　　　⑤—⑧右腿向后伸直,双手置于体侧,指尖扶地,上体正直。

（14）①上体后振;

　　　②上体还原;

　　　③—⑧重复①—②动作3次。

（15）同（14）。

（16）①左小腿向上屈膝,上体后屈,头向后仰;

　　　②—⑧控制不动。

（17）控制不动。

（18）①—④右腿伸直收回成跪坐;

　　　⑤—⑧右腿向后伸直。

（19）—（22）同（14）—（17）,换右腿练习。

（23）①—④右腿伸直;

　　　⑤—⑧右腿前收成跪坐。

（24）双手体前扶地,上体前俯放松。

4）动作要点:

（1）练习中,始终保持抬头、挺胸、立腰、立背的基本形态。

（2）前压时,胸腹尽量贴近大腿;侧压时,以肩和腰的侧倒带动上体侧振,尽量以肩和身体外侧贴近大腿;后压时,动作腿伸直;后下腰时,尽量把头靠近动作腿脚尖。

（二）踢腿练习

1）音乐:4/4 （24个8拍）。

2）预备姿势:仰卧式,双手臂上举伸直。

3）动作过程:

（1）①右腿向上正上方踢起;

　　　②右腿还原;

　　　③—⑧重复①—②动作3次。

（2）换左腿,动作同（1）。

（3）①—④同（1）①—④;

　　　⑤—⑧同（2）①—④。

（4）①—②同（1）①—②;

　　　③—④同（2）①—②;

　　　⑤—⑧同（3）①—④。

（5）右腿向上踢至极限,控制不动。

（6）继续控制,最后一拍,右腿回还原。

（7）右腿向上踢至极限,控制不动。

（8）继续控制,最后一拍,右腿向右还原成侧卧,右手臂伸直,手心向下,右耳贴近右臂,左手臂扶在胸前,左脚面外翻向上。

　　(9)①右腿向侧上方踢起;

　　　　②右腿回原;

　　　　③—⑧重复①—②动作3次。

　　(10)同(9)。

　　(11)①右腿向侧上踢至极限;

　　　　②—⑧控制不动。

　　(12)①—③继续控制;

　　　　④右腿回原;

　　　　⑤—⑧经仰卧换成左侧卧。

　　(13)—(15)换左右腿,动作同(9)—(11)。

　　(16)①—③继续控制;

　　　　④右腿回原;

　　　　⑤—⑧向右滚动经俯卧后成右腿后伸的跪撑。

　　(17)①右腿向后上方踢出;

　　　　②右腿回原;

　　　　③—⑧重复①—②动作3次。

　　(18)同(17)。

　　(19)①右腿后踢至极限;

　　　　②—⑧控制不动。

　　(20)①—⑦继续控制;

　　　　⑧右腿回原。

　　(21)—(24)同(17)—(20),换右腿练习。

　4)动作要点:

　(1)动作腿踢腿迅速,回落要有控制。

　(2)保持正确的身体姿态:前踢时,臂上举开肩,双腿伸直,绷脚面;侧踢时,侧卧的手臂至脚成一直线;后踢时,抬头、挺胸、塌腰出最大背弓。

　5)练习要求:

　(1)练习前应做好准备活动,注意循序渐进,压振幅度由小到大,同时注意每个练习后的放松,防止肌肉僵硬。

　(2)压腿、踢腿练习都包括前、侧、后三个不同方向的内容。开始学习时,可先分解练习,掌握后再进行完整练习。

　(3)在掌握基本练习方法后,还可选择其他练习方式,如分腿坐(前后分腿、左右分腿),上体前压、侧压。

　　适当采用双人练习的方式,帮助练习者拉长韧带。但协助者要注意用力适度,逐渐加大强度,以练习者经受得住"拉长疼痛"为限,防止急于求成,以免造成韧带拉伤。

二、扶把练习

(一)压腿、耗腿、控腿练习

1)音乐:4/4 (24 个 8 拍)。

2)预备姿势:左手扶把,右手一位,斜向 45°面对扶把,并步站立;节前 4 拍,右手经二位至三位,右腿经侧吸,伸直放上把杆。

3)动作过程:

(1)①—⑧耗腿不动。

(2)①—②上体前压;

　　③—④上体还原;

　　⑤—⑧同①—④。

(3)—(5)同(2)。

(6)同(1)。

(7)—(8)右腿离把杆控制,最后两拍左转 45°面向把杆,右腿放在把杆上,右手扶把,左手三位。

(9)①—⑧侧耗腿。

(10)①—②上体侧压;

　　③—④上体还原;

　　⑤—⑧同①—④。

(11)—(13)同(10)。

(14)同(9)。

(15)—(16)右腿离把控制,最后两拍左转 90°,右腿后伸放于把杆上,右手扶把,左手七位。

(17)①—⑧耗腿,上体后屈。

(18)①—②右腿下蹲;

　　③—④右腿伸直,左手三位。

(19)—(21)同(18)。

(22)同(17)。

(23)—(24)右腿离把控制,最后两拍向前吸右腿,收式成并步直立。

换右腿上把杆练习。

4)动作要点:

(1)压腿时,双腿都要伸直。向前压时,从小腹到整个脸都胸贴大腿;向侧压时,肩和身体的外侧贴靠大腿;向后压时,借助腰的软度使上体尽量向后屈,以头去贴近膝盖窝。

(2)无论是前面、侧或后的压、耗、控腿练习,都要保持髋正、胯收、立腰立背、主力腿膝盖不要弯曲。

(3)在保持身体不往后仰,主力腿不变形的情况下,动力腿抬控得越高越好。

(4)控腿的训练要循序渐进,先做双手扶把的控腿练习,然后再做单手扶把的控腿练习,控腿的时间要逐渐加长,抬腿高度要逐渐增高。

(二)踢腿练习(正、侧、后)

1)音乐:2/4 (16 个 8 拍)。

2)预备姿势:左手扶把、右手臂一位,一位站立;前奏后 4 拍,右腿向后点地,同时右臂经二位至七位。

3)动作过程:

(1)①右腿向前上方踢起;

   ②右腿回落至后点地;

   ③—⑧重复①—②动作做 3 次。

(2)同(1)。

(3)①向侧上方踢腿;

   ②右腿回落至左侧后点地;

   ③—⑧重复①—②动作做 3 次。

(4)同(3)。

(5)①右腿向后上方踢腿;

   ②右腿回落成前点地;

   ③—⑧重复①—②动作做 3 次。

(6)同(5)。

(7)—(8)同(3)—(4),最后两拍收式,提踵转体 180°,换左腿练习。

(9)①左腿向前上方踢起;

   ②左腿回落至后点地;

   ③—⑧重复①—②动作做 3 次。

(10)同(9)。

(11)①向侧上方踢腿;

   ②左腿回落至右侧后点地;

   ③—⑧重复①—②动作做 3 次。

(12)同(11)。

(13)①左腿向后上方踢腿;

   ②左腿回落成前点地;

   ③—⑧重复①—②动作做 3 次。

(14)同(13)。

(15)—(16)同(11)—(12),最后四拍手脚收至一位。

4)动作要点:

(1)身体保持正直、平稳,不移重心。

(2)以大腿的力量急速向上踢起,上身保持平稳,脚背要绷直,膝盖要绷紧,动力腿在保持主力腿不变的基础上踢得越高越好。

（3）向前向后踢要对准动力腿的肩，向侧踢时要对准耳根。

（4）踢起和回落时，要经过擦地，回落时要求具有控制力，轻轻落地。

（5）收腹立腰，后背紧张，两腿在踢的过程中始终保持外开。

（6）支撑腿脚跟不能抬起，支撑腿膝部不能弯曲。

（三）弹腿练习

1）音乐：2/4（14个8拍）。

2）预备姿势：单手扶把、右手臂一位，五位站立；前奏后两拍，右腿向旁擦出点地，同时右臂经二位至七位。

3）动作过程：

（1）①—⑥右腿向前小弹腿三次；

　　　⑦—⑧右腿向旁小弹腿一次。

（2）①—⑥右腿向旁小弹腿三次；

　　　⑦—⑧右腿向后小弹腿一次。

（3）①—⑥右腿向后小弹腿三次；

　　　⑦—⑧右腿向旁小弹腿一次。

（4）①—⑧右腿向前大弹腿四次。

（5）①—⑧右腿向旁大弹腿四次，按收前收后的顺序进行。

（6）①—⑧右腿向后大弹腿四次。

（7）①—⑥右腿向旁大弹腿三次，按收后收前的顺序进行；

　　　⑦—⑧伴脚尖向后转落地，换右手扶把。

（8）①—⑥左腿向前小弹腿三次；

　　　⑦—⑧左腿向旁小弹腿一次。

（9）①—⑥左腿向旁小弹腿三次；

　　　⑦—⑧左腿向后小弹腿一次。

（10）①—⑥左腿向后小弹腿三次；

　　　⑦—⑧左腿向旁小弹腿一次。

（11）①—⑧左腿向前大弹腿四次。

（12）①—⑧左腿向旁大弹腿四次，按收前收后的顺序进行。

（13）①—⑧左腿向后大弹腿四次。

（14）①—⑧左腿向旁大弹腿四次。

4）动作要点：

（1）弹腿有小弹腿和大弹腿之分，弹腿是膝关节急速有力地伸直，主要训练关节灵活和大腿前面肌肉群的收缩力量和速度。

（2）弹腿时身体要保持正直，一腿支撑，另一腿屈膝，大腿不动，小腿迅速弹出伸直，伸直不动，还原时收回屈膝部位。

（3）弹腿的动作由慢到快，有小到大，动作要干脆利落。

（四）蹲练习

1）音乐：4/4（8个8拍）。

2）预备姿势：左手扶把，一位站立，右手七位。

3）动作过程：

（1）①—②半蹲（图1-16）；

  ③—④起立；

  ⑤—⑧同①—④。

（2）①—④全蹲（图1-17）；

  ⑤—⑧起立。

图1-16   图1-17

（3）—（4）同（1）—（2），最后一拍，右脚向侧擦地绷脚成二位。

（5）—（8）做二位半蹲和全蹲，动作节拍同（1）和（2），最后一拍，右腿绷脚点地收成前五位。

（9）—（10）做前五位半蹲和全蹲，最后一拍，右脚向侧擦地绷脚收至后五位。

（11）—（12）做后五位半蹲和全蹲，最后一拍，右脚向侧擦地还原成一位。

换方向，右腿练习。

4）动作要点：

（1）髋、膝、踝外开，上体正直，重心始终保持在两腿上。

（2）下蹲或起时，动作要连贯、匀速、有控制，腿始终保持外开，双膝对准脚尖，尾椎对准脚跟。

（3）腹部、臀部收紧集中向上提，后背保持垂直，尾椎不能向后撅。

（4）深蹲时，脚跟要尽量少地离开地面，并且不能往后拐。

思考题

1.腿的训练需注意什么？怎样保证训练的效果？

2.腿的训练要点是什么？

项目三 胯的软开训练

【学习目标】

掌握形体素质胯训练的内容和正确训练方法。

知识目标

掌握胯的训练方法。

掌握胯的训练要点。

能力目标

提高身体胯的软开度,为后面的训练打好基础。

任务一　胯的软开训练方法

髋关节是下肢活动的中枢,是形体训练动作最重要的大关节。髋部的训练是加强整体柔韧性和全身协调性的重要环节。形体训练口语习惯上所说的"胯打开""胯外开",实际上指的是股骨头在髋关节窝的外旋运动。大腿的屈伸、外展内收、大腿内外旋转、腿环动都是髋关节的功能,所以外开并不是从脚开始的,也并非是外表上的脚成"一"字形。许多人,包括许多形体训练教员,过去都只注重脚,实际上,外开是发生于髋关节及其周围的韧带等结构,它是将下肢作为一个运动环节进行旋外活动。外开的幅度取决于训练者的关节结构和腿部外旋的肌肉能力。外开自髋关节始,通过大腿的骨与肌肉,向下传递至膝关节(这个关节几乎不能转动,屈曲位时方可有旋内、旋外功能),最后才传递至脚,使踝关节旋外,向外打开。明确了外开的关键所在,在教学和训练中就等于抓住了主要矛盾,就可以使我们采用正确的方法来训练,从而有效地增强髋部的柔韧性、灵活性,有利于改善腿形和步态,提高动作的舒展性及优美程度。

胯的训练分为小胯和大胯的软开训练。练习小胯的方法比较多,通常采用的是"趴蛙挤压式"和"仰蛙挤压式"。具体的训练方法是:

一、小胯的软开训练

(一)"菱形趴蛙挤压式"

"菱形趴蛙挤压式",是训练者两脚对掌合起,使两腿形成菱形趴在地面上,借助自身的力量上下弹压和挤压控制,使小胯放松达到打开的训练。

(二)"菱形仰蛙挤压式"

"菱形仰蛙挤压式",是训练者两脚对掌合起,使两腿形成菱形仰卧在地面上,借助协助者两脚踩住训练者膝盖的上下弹压和踩压控制,通过耗而使小胯放松达到打开的训练。

二、大胯的软开训练

练习大胯的方法也比较多,通常采用的是"长方形趴蛙挤压式"和"长方形仰蛙挤压式"。当训练者的软开度达到一定标准后,进而可采用"一字趴胯式"和"一字仰胯式"。具体的训练方法是:

(一)"长方形趴蛙挤压式"

"长方形趴蛙挤压式",是训练者两大腿形成长方形的一条长边,两小腿形成长方形的两宽边,再和墙壁的边形成一个长方形的姿态趴在地面上,借助自身的力量上下弹压和挤压控制,通过耗而使大胯放松达到打开的训练。

(二)"长方形仰蛙挤压式"

"长方形仰蛙挤压式",是训练者两大腿形成长方形的一条长边,两小腿形成长方形的两宽边,再和墙壁的边形成一个长方形的姿态仰卧在地面上,借助协助者两脚踩住训练者膝盖的力量上下弹压和踩压控制,通过耗而使大胯放松达到打开的训练。

（三）"一字趴胯式"

"一字趴胯式",是训练者以两腿形成一条直线的姿态趴在地面上,借助自身的力量上下弹压和挤压控制,通过耗而使大胯放松达到打开的训练（图1-18、图1-19）。

| 图1-18 | 图1-19 |

（四）"一字仰胯式"。

"一字仰胯式",是训练者以两腿形成一条直线的姿态趴在地面上,借助协助者两脚踩住训练者臀部的力量上下弹压和挤压控制,通过耗而使大胯放松达到打开的训练。

任务二　训练组合及训练要点

一、小胯的软开训练组合

为达到训练目的,在整个小胯的软开训练组合当中,应掌握以下动作要点:①姿态要正确,②力量适中,③循序渐进。

1）音乐:4/4（16个8拍）。

2）预备姿态:训练者两脚对掌合起,使两腿形成菱形趴（图1-20）或仰在地面上（仰卧需要协助者）。

图1-20

3）训练过程:

（1）按一拍一下的上下弹压。

（2）按两拍一下的上下弹压。

（3）按四拍一下的上下弹压。

（4）踩压控制。

（5）按四拍一下的上下弹压。

（6）按两拍一下的上下弹压。

（7）按一拍一下的上下弹压。

（8）（9）（10）（11）（12）（13）（14）（15）（16）踩压控制。

二、大胯的软开训练组合

为达到训练目的,在整个大胯的软开训练组合当中应掌握以下动作要点:①姿态要正确,②力量适中,③循序渐进。

1)音乐:4/4（16个8拍）。

2)预备姿态:训练者以两腿形成一条直线的姿态趴在地面上（图1-21）。

图1-21

3)训练过程:

(1)按一拍一下的上下弹压。

(2)按两拍一下的上下弹压。

(3)按四拍一下的上下弹压。

(4)踩压控制。

(5)按四拍一下的上下弹压。

(6)按两拍一下的上下弹压。

(7)按一拍一下的上下弹压。

(8)(9)(10)(11)(12)(13)(14)(15)(16)踩压控制。

思考题

1.训练胯需注意什么?

2.胯的训练要点是什么?

3.外开最重要的部位? 怎样保证训练的效果?

项目四　　腰、胸、肩的软开训练

【学习目标】

掌握形体素质腰、胸、肩训练的内容和正确训练方法。

知识目标

掌握腰、胸、肩的训练方法。

掌握腰、胸、肩的训练要点。

能力目标

提高身体腰、胸、肩的软开度,为后面的训练打好基础。

任务一　　腰、胸、肩的软开训练方法

胸部、腰部、背部的动作是影响优美姿态的关键要素,通过练习不仅可以加强胸、腰、背的柔韧、力量和协调性,还可以提高胸、腰、背的灵活性和控制能力,从而丰富动作的表

现力,使形体动作更加舒展、完美,姿态更加挺拔。

一、腰是身体运动的轴心

腰的软度训练是为了增强腰部的柔韧性和灵活性。方向上分为前、旁、后的练习,其中后腰的练习难度比最大。方式上有慢快之分。

(一)下前腰

下前腰可以拉伸后部肌肉,增加下前腰的屈度。立式和站式同样都是以腹部贴靠大腿,尽量使头靠近膝盖,且保持双膝伸直的动作标准(图1-22)。

(二)下侧腰

下侧腰可以拉伸上身两侧的肌肉,增加下侧腰的屈度。很多形体训练都有侧腰的动作练习,在这里需要强调的就是在动作过程中要保持抬头、挺胸、立背的心态,以腰部力量带动上体侧屈(图1-23)。

图1-22   图1-23   图1-24

(三)下后腰

在后腰的训练中,我们可以用跪立和站立下腰、把杆吊腰和甩腰来练习。

1)跪立和站立下后腰

跪立下腰是左右两腿分跪立在地面,与肩同宽,双手伸直举过头向后下腰,身体尽量后屈,双手找脚尖撑起形成桥状;起来时,在移动重心到双脚上的同时,进而用以踩住地面,利用腰的力量将上身弹回跪立。

站立下腰是左右两腿分站立在地面,与肩同宽,双手伸直举过头向后下腰,身体尽量后屈,双手找脚跟撑起形成桥状;起来时,在移动重心到双脚上的同时,进而用以踩住地面,利用腰的力量将上身弹回站立(图1-24)。

2)把杆吊腰和甩腰

把杆吊腰和甩腰是借助把杆的练习。具体做法是:训练者面朝墙壁坐在把杆上,两腿打开至肩宽,膝盖顶住墙壁,双手伸直举过头向后下腰,身体尽量后屈,双手找脚撑起形成桥状吊住,或者上下甩动。甩腰还可以借助协助者握住训练者的上臂按训练者的呼吸有规律的上下弹压至顶压。这种借助他人的甩腰,要求协助者有足够的经验,根据训练者的情况进行控制上下弹压的幅度和顶压的极限。要求训练者放松,并自然呼吸,不能憋气。

二、压肩胛带是训练肩和胸的软开度

在训练过程中可用趴把杆前压肩胛带,也可以借助墙壁压肩胛带打开胸腰。

借助把杆压肩带的具体做法是:离把杆上身长的距离,面向把杆,两腿打开略宽于肩,双手伸直,用双臂的肘关节以上部位的内侧压在把杆上,头和身体自然放松,双腿膝盖伸直,肩部发力上下弹压,或者借助他人用手掌按住训练者肩胛骨中间的位置按训练者的呼吸有规律的上下弹压至顶压。这种借助他人的要肩胛带,要求协助者有足够的经验,根据训练者的情况进行控制上下弹压的幅度和顶压的极限。要求训练者放松,并自然呼吸,不能憋气。

借助墙壁压肩胛带打开胸腰的具体做法是:首先离墙壁一个胳膊肘的距离,面向墙壁,两腿打开略宽于肩,双手伸直,用双臂到双手指尖贴在墙壁上,头略侧一边;其次在保持双腿膝盖不弯曲,双臂紧贴墙壁,上身拉长的姿态上,双臂向下滑动到极限控制住。

任务二　训练组合及训练要点

一、腰的训练组合

(一)前侧后下腰

1)音乐:4/4(12 个 8 拍)。

2)预备姿势:双脚并拢站立,双手置于体侧。音乐起的后四拍双手由一位经过二位,到三位。

3)动作过程:

(1)①—④上体下前腰一次;

　　⑤—⑧还原。

(2)反复(1)。

(3)①—②上体快速下前腰两次次;

　　③—⑥双手抱住腿控制不动;

　　⑦—⑧起身还原,下右手变四位手,且稍稍打开双脚。

(4)①—④上体下右侧腰一次;

　　⑤—⑧还原。

(5)反复(4)。

(6)①—②上体快速下右侧腰两次次;

　　③—⑥左手带动上身尽量往下控制不动;

　　⑦—⑧起身还原,变左手在胸前,右手在上的四位手。

(7)①—④上体下左侧腰一次;

　　⑤—⑧还原。

(8)反复(7)。

(9)①—②上体快速下左侧腰两次次;

　　③—⑥右手带动上身尽量往下控制不动;

　　⑦—⑧起身还原,变三位手。

(10)向后下腰;

(11)起身。

(12)①—④向后下腰;

⑤—⑧起身,收。

4)动作要点:

(1)下前腰时,背要拉直,以腹部贴靠大腿,尽量使头触膝;下侧腰时,要以腰部力量带动上体侧屈;下后腰时,用力向后卷头。

(2)向前、后、侧屈体时均以腰为轴,躯干充分弯曲,下肢相对固定伸直,同时下都应缓慢、连续不断地进行,不可上、下弹动。

(3)动作配合协调,幅度要大,方向要正。

二、胸的训练组合

(一)跪立压胸

1)音乐:4/4(8 个 8 拍)。

2)预备姿势:两腿跪立,两臂撑地。

3)动作过程:

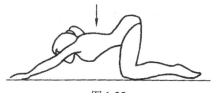

图 1-25

(1)①—④两臂前伸,上体尽量前屈,使胸、肩接近地面(图 1-25);

　　⑤—⑧同①—④。

(2)①—④向下压胸并复原一次;

　　⑤—⑧同①—④。

(3)同(2)。

(4)①向下压胸至最大限度;

　　②—④保持不动;

　　⑤—⑧上体起直还原成预备姿势。

(5)—(8)同(1)—(4)。

4)动作要点:

(1)臀部位置要高,大小腿成 90°,两臂伸直。

(2)尽量挺胸、塌腰,使胸、肩靠近地面弹性下振。

(二)仰卧挺胸

1)音乐:4/4(4 个 8 拍)。

2)预备姿势:直角坐地毯上,双臂自然下垂于体侧。

3)动作过程:

图1-26

(1)①—④向后仰卧,平躺地毯,双臂上举伸直;

　　⑤—⑧胸、腰用力上挺离地,双臂经侧下压至体侧撑地(图1-26)。

(2)①—④胸、腰前倾,上体直立还原成直角坐;

　　⑤—⑦向后仰卧平躺地毯上。

(3)①—④胸、腰用力上挺离地,双臂经侧下压至体侧撑地;

　　⑤—⑧控制不动。

(4)①—④上体起直,还原成预备姿势;

　　⑤—⑧控制不动。

4)动作要点:

(1)直角坐至仰卧平躺至开肩挺胸的动作过程中要抬头,用力挺起胸、腰。

(2)手臂不要用力撑地。

(三)含胸展胸

1)音乐:4/4(4个8拍)。

2)预备姿势:两腿跪立,两臂侧举。

3)动作过程:

(1)①—②两臂由侧向前,掌心向侧,同时含胸低头(图1-27);

　　③—④两臂由前向侧后打开,同时展胸抬头(图1-28);

　　⑤—⑧同①—④。

图1-27

图1-28

(2)—(4)同(1)。

4)动作要点:

(1)含胸时,两肩放松,胸部脊椎前屈将胸部内收。

(2)展胸时,胸中脊椎后屈,将胸部前送。

思考题

1. 训练大腰和胸腰需注意的问题是什么?

2. 腰在形体训练的重要性是什么?

模块二 形体训练

项目一 扶把训练

【学习目标】

学习把杆基本动作的方法与要领。

知识目标

掌握把杆基本动作练习一般包括擦地、蹲、小踢腿、划圈、单腿蹲、小弹腿、控制等。

能力目标

通过练习培养学生的正确姿态,发展下肢和躯干柔韧性及协调能力。

任务一 擦地和蹲

一、擦地

(一)训练目的

主要训练腿和脚的力量。

(二)动作做法

1)一位或五位站立,后背收紧,臀部、双腿夹紧,把重心由双腿上移到支撑腿上。

2)向前——沿着地板,动作脚向前擦地,过程同向旁的,出去时脚跟先领,回来时脚尖先领(图2-1)。

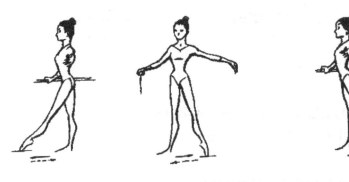

图2-1　　　　　　　图2-2　　　　　　　图2-3

3)向旁——动作脚全脚沿着地板往旁擦,边推地板边往远伸时,脚跟、脚心、脚掌逐渐离地,在不破坏身体姿态和重心的最远点,推脚背成脚尖点地,脚跟往前顶;回来时顺序相反,脚趾、脚掌、脚心、脚跟逐渐着地,全脚收回(图 2-2)。

4)向后——沿着地板,动作脚向后擦,过程同向旁的,出去时脚尖先领,回来时脚跟先领(图 2-3)。

(三)教学要求

1)向前擦地时脚跟要先行,收回时脚尖要先收回。向后擦地时脚尖要先行,收回时脚跟要先收回。

2)练习擦地时,可先采用双手扶把的方式,进行向侧的单一练习,然后再采用单手扶把的方式,进行向前、侧、后练习,练习的节奏可先慢后快。

3)在学生的开度达不到要求时,可先站成八字位,不要强求。

(四)课后习题

1. 一位擦地组合

1)音乐:《一位擦地组合》2/4 拍。

2)准备姿势:

准备拍:四小节,双手扶把,一位站立。

3)动作过程:

第一小节:左脚向侧擦地。

第二小节:左脚收回一位。

第三、四小节:同一、二小节。

第五小节:左脚向侧擦地。

第六小节:左脚勾脚离地25°。

第七小节:左脚绷脚点地。左脚脚跟落地,两腿半蹲,重心在两脚之间。

第八小节:左腿伸直,重心移至左脚,右脚绷脚尖点地。右脚收回一位,反方向动作相同。

2. 五位擦地组合

1)音乐:《五位擦地组合》2/4 拍。

2)准备姿势:

准备拍:四小节,右手扶把,左手一位,左脚在前的五位站立,左手经二位打开到七位。

3)动作过程:

第一小节:左脚向前擦地,左脚收回前五位。

第二小节:同 1~2 拍。

第三小节:左脚向前擦地,左脚脚跟着地,两腿同时半蹲(四位半蹲)。

第四小节:重心前移,左腿伸直,右脚绷后点地,右脚收回成后五位。

第五小节:右脚向后擦地,右脚收回成后五位。

第六小节:同 1~2 拍动作。

第七小节:右脚向后擦地,右脚脚跟落地两腿同时半蹲。

第八小节:重心后移右腿伸直,左脚绷前点地,脚收回成前五位。

第九小节:左脚向侧擦地,左脚收回成前五位。

第十小节:同1拍动作,左脚收回成后五位。

第十一小节:左脚向侧擦地,左脚收回成前五位同时半蹲。

第十二小节:双腿伸直,双脚立踵,向右转体180°,后双脚足跟落地,右手扶把反方向动作相同。

二、蹲

(一)训练目的

蹲主要是通过腿的屈伸练习,增强其腿部肌肉力量,促使其均衡发展。蹲分为半蹲和全蹲。进行蹲的练习能提高跟腱的弹性、韧性及膝关节的控制能力。

(二)动作方法

1)半蹲:一位站立,上体保持正直,两膝逐渐下蹲,在全脚掌着地状态下蹲到最低限度,此时脚腕和脚背有挤压感,跟腱有较深的牵拉感,之后再慢慢起立(图2-4)。

2)全蹲:在半蹲的基础上,继续向下蹲,脚跟随之抬起,蹲到底,此时臀不能坐到脚跟上,腿保持外开,后背挺直;之后慢起,起立时,脚跟先着地,再慢慢站立(图2-5)。

图2-4　　　　　　　　　　图2-5

(三)教学要求

1)先进行半蹲,再进行全蹲练习。半蹲时,二、三、四、五位半蹲的方法,同一位半蹲。全蹲时,二位全蹲脚跟不能抬起。其他位置全蹲均同一位。

2)下蹲时注意髋、膝、脚尖的开度一致,下蹲和起立时都保持对抗性。

(四)课后习题

1)音乐:《蹲组合》3/4拍。

2)准备姿态:右手扶把,左手一位,脚一位站立,左手经二位打开到七位。

3)动作过程:

第一小节:一位半蹲。

第二小节:慢慢立起。

第三小节:一位全蹲。

第四小节:慢起最后半拍左脚向侧擦出呈二位站立。

第五小节:二位半蹲。

第六小节:慢慢立起。

第七小节:二位全蹲。

第八小节:慢起最后半拍左脚向内侧收回呈左脚在前的五位站立。

第九小节:五位半蹲。

第十小节:慢慢立起。

第十一小节:五位全蹲。

第十二小节:慢起最后半拍两脚立踵转体180°,脚跟落地成右脚在前五位站立,左手扶把,右手在七位。

第十三小节:五位半蹲。

第十四小节:慢慢立起。

第十五小节:五位全蹲。

第十六小节:慢起最后半拍两脚立踵内转体180°,呈左脚在前的五位站立,同时右手扶把,左手收回一位。

任务二　蹲与半脚尖

一、训练目的

主要训练蹲与立的连贯,为跳跃打基础。

二、动作方法

(一)蹲:一位站立,上体保持正直,两膝逐渐下蹲,在全脚掌着地状态下蹲到最低限度,此时脚腕和脚背有挤压感,跟腱有较深的牵拉感,之后再慢慢起立。

(二)半脚尖:向上立直膝盖,渐渐立起半脚尖。

三、教学要求

(一)要求动作由慢到快。

(二)注意髋、膝、脚尖的开度一致,蹲和半脚尖保持连贯性。

四、课后习题

(一)音乐:《蹲组合》3/4拍。

(二)准备姿态:双手扶把,左手一位,脚一位站立。

(三)动作过程:

第一小节:一位半蹲。

第二小节:一位深蹲。

第三小节:回一位半蹲。

第四小节:一位直立。

第五小节:立起半脚尖。

第六小节:动作同第五小节。

第七、八小节:双脚脚跟落地。

此套动作随音乐反复两遍。

任务三　小踢腿与小弹腿

一、小踢腿

（一）训练目的

主要训练脚腕脚背的力量,它要在擦地基础上向上踢出25°。为小跳从地板上有力推起做准备,它的速度、力度都要比擦地快、强。

（二）动作方法

站一位或五位,动力腿向前擦出后不停顿继续向空中踢出,脚离地25°时停顿,落地时脚尖前点地后收回五位。向侧、向后小踢腿的动作方法相同,方向各异。

（三）教学要求

1）初学时可先分解练习,即先擦地到位,之后再向空中踢出,了解用力过程之后,再进行完整动作的练习。由于小踢腿的速度快、力度大,所以要注意身体及主力腿不能随之晃动。

2）小踢腿动力腿要准确到位,高度不能超过25°,因此动力腿踢出不能过高,也不能在空中晃动（图2-6）、（图2-7）。

图2-6　　　　　　　　　　　　图2-7

（四）课后习题

1）音乐:《小踢腿组合》2/4拍。

2）准备姿态:右手扶把,左手一位,左脚在前的五位站立,左手经二位打开到七位。

第一小节:左脚向前擦出,左脚向空中踢出25°。

第二小节:左脚前点地,左脚收回五位。

第三小节:左脚向前踢出25°,左脚向收回五位。

第四小节:同5拍动作,同6拍动作。

第五小节:左脚向侧擦出,左脚向空中踢出25°。

第六小节:左脚侧点地,左脚收回前五位。

第七小节:左脚向侧踢出25°,左脚收回前五位。

第八小节:左脚向侧踢出25°,左脚收回后五位。

第九小节:左脚向后擦出,左脚向空中踢出25°。

第十小节:左脚后点地,左脚收回五位。

第十一小节:左脚向后踢出25°,左脚收回五位。

第十二小节:同5拍动作,同6拍动作。

第十三小节:左脚向侧擦出,左脚向空中踢出25°。

第十四小节:左脚侧点地,左脚收后回五位。

第十五小节:左脚向侧踢出25°,左脚收回后五位。

第十六小节:左脚向侧踢出25°,左脚收回前五位,反方向动作相同。

二、小弹腿

(一)训练目的

主要训练脚的力量和脚的灵活性。

(二)动作方法

五位站立,主力腿支撑,大腿不动,小腿快速收回用脚击打小腿前部(图2-8),然后小腿快速向前弹出控制在25°。小弹腿还可向侧、向后弹腿(图2-9),其动作要领相同,只是向后方弹腿收回时脚应拍击主力腿小腿后部(图2-10)。

图2-8　　　　　　　图2-9　　　　　　　图2-10

(三)教学要求

1)小腿向外弹出时要快速而准确。

2)身体和大腿不能随着腿的弹动而晃动。

(四)课后习题

1)音乐:《小弹腿组合》2/4拍。

2)准备姿势:

预备拍:1~8拍左手扶把,右手一位,五位脚站立。右手经二位打开至七位,右脚同时向侧擦地。

3)动作过程:

第一个八拍:1~4拍右腿小腿快速收回,脚击打主力腿前踝部;右腿小腿快速向前弹出;右腿小腿快速收回,脚击打主力腿前踝部;右腿小腿快速向前弹出。5~8拍同1~4拍动作。

第二个八拍:1~4拍右腿小腿快速收回,脚击打主力腿前踝部;右腿小腿快速向侧弹出;右腿小腿快速收回,脚击打主力腿后踝部;右腿小腿快速向侧弹出。5~8拍同1~4拍动作。

第三个八拍:1~4拍右腿小腿快速收回,脚击打主力腿后踝部;右腿小腿快速向后弹出;右腿小腿快速收回,脚击打主力腿后踝部;右腿小腿快速向后弹出。5~8拍同1~4拍动作。

第四个八拍:1~4拍右腿小腿快速收回,脚击打主力腿后踝部;右腿小腿快速向侧弹出;右腿小腿快速收回,脚击打主力腿前踝部;右腿小腿快速向侧弹出。5~8拍同1~4拍动作。

任务四　单腿蹲

一、训练目的

单腿蹲是指逐渐下蹲,即双腿同时弯同时直,双腿要十分协调,同时完成不同动作,一条腿摆动一定空间的幅度,一条腿是原地弯直的。两条腿不同动作的协调性,为以后的中跳做准备,提供最大的弹性。

二、动作方法

主力腿缓慢下蹲,同时动力腿以膝关节为轴,小腿缓慢收回,脚尖贴在主力腿的小腿前。主力腿再缓慢伸直,动力腿以膝关节为轴小腿慢慢向前伸出,其高度为45°(图2-11)。单腿蹲还可向侧、向后做(图2-12),其动作要领相同,只是向后方做收回时脚尖应贴在主力腿小腿后(图2-13)。

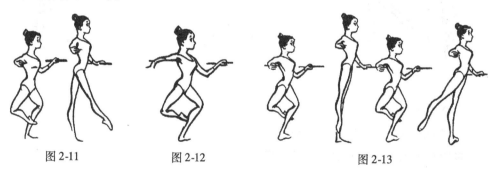

图2-11　　　　　　图2-12　　　　　　图2-13

三、教学要求

(一)单腿蹲下去时位置要准确,要深一些。

(二)往前伸出的时候,一定主动用脚跟往前顶,带出小腿,膝盖向后;回来时膝盖主动往后带,脚跟尽量往前留;小腿伸出的方向不能对膝盖,要对脚跟方向;腿要直线伸直,不管是45°的,还是点地的。

(三)往后与往前的韵律相反。从后收回时,小腿一定要主动收回,膝盖往旁打开。

(四)下去和起来要平稳,有控制,动作始终要把节奏灌满,不能有停顿(指蹲到最低和起来之前)。

四、课后习题

(一)音乐:《单腿蹲组合》4/4拍。

(二)准备姿势:

预备拍:1~8左手扶把,右手一位,五位脚站立。

(三)动作过程:

第一个八拍:1~4拍右手经二位打开到七位,右腿向侧擦出;左腿半蹲,同时右腿屈腿收回,脚尖贴在左踝前;左腿伸直,同时右腿前伸45°;5~8拍同1~4拍动作。

第二个八拍:1~4拍左腿半蹲,同时右腿屈腿收回,脚尖贴在左踝前;左腿伸直,同时右腿侧伸45°;5~8拍同1~4拍动作。

第三个八拍:1~4拍左腿半蹲,同时右腿屈腿收回,脚尖贴在左踝后;左腿伸直,同时右腿后伸45°;5~8拍同1~4拍动作。

第四个八拍:1~4拍左腿半蹲,同时右腿屈腿收回脚尖贴在左踝前;左腿伸直,同时右腿侧伸45°;5~8拍同1~4拍。

任务五　大踢腿

一、训练目的

主要训练腿部的力量和柔韧性。

二、动作方法

(一)向前大踢腿:外侧腿迅速向前踢起至最大限度,上体直立,脚尖绷直,两腿伸直(图2-14)。

(二)向侧大踢腿:外侧腿迅速向侧踢起至最大限度,开胯,上体直立,脚尖绷直向侧,两腿伸直(图2-15)。

(三)向后大踢腿:外侧腿迅速向后踢起至最大限度,上体直立,脚尖绷直,两腿伸直(图2-16)。

图2-14　　　　　　　图2-15　　　　　　　图2-16

三、课后习题

(一)音乐:《大踢腿组合》2/4拍。

(二)准备姿势:

预备拍,1~4拍不动,5~8拍外侧手由一位经二位打开至七位,第8拍时外侧脚向后撤半步,前脚掌着地。

(三)动作过程:

第一个八拍:1~2拍向前上方踢一次,3~4拍腿还原;5~8拍同1~4拍。

第二个八拍:同第一个八拍.

第三个八拍:1~2拍向侧上方踢一次,3~4拍腿还原;5~8拍同1~4拍。

第四个八拍:同第三个八拍。

第五个八拍:1～2拍向后上方踢一次,3～4拍腿还原;回落时动力腿向前,脚尖点地;5～8拍同1～4拍。

第六个八拍:同第五个八拍。

结束动作:1～4拍保持原姿势,5～8拍外侧手和外侧腿收回原位。

任务六　舞姿控制

一、训练目的

控制是将腿控制在一定高度,从而提高腿、腹、背肌肉的控制能力。

二、动作方法

主力腿支撑,动力腿经擦地向前抬起,在90°或尽量高的位置上停住,控制一定时间后,腿再落下。另外,动力腿还可经吸腿向前上伸出控制,向侧、向后控制的方法相同。(图2-17)

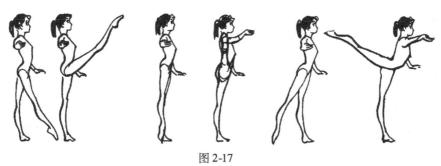

图2-17

三、教学要求

(一)进行控制练习时要求上体挺直,收腹立腰,髋部正直,主力腿伸直,动力腿尽力向上举起;

(二)最初练习时动力腿先控制在90°,待能力增强后再增加高度。

四、课后习题

(一)音乐:《控制组合》2/4拍。

(三)准备姿势:

预备拍:1～8拍左手扶把,右手一位,脚五位站立,右手经二位打开到七位。

(三)动作过程:

第一个八拍:1～4拍右脚向前擦地,右腿向前抬起90°(或更高的位置),5～8拍右腿控制在90°(或更高的位置),右腿落下,再收回前五位。

第二个八拍:1～4拍右腿向前大吸腿,右腿向前伸出90°(或更高的位置),5～8拍右腿控制在90°(或更高的位置),右脚落下,再收回前五位。

第三个八拍:1～4拍右脚向侧擦地,右腿脚向侧抬起90°(或更高的位置),5～8拍右腿控制在90°(或更高的位置),右脚落下,再收回后五位。

第四个八拍:1～4拍右腿向侧大吸腿,右腿向侧伸出90°(或更高的位置),5～8拍右

腿控制在90°(或更高的位置),右脚落下,再收回后五位

第五个八拍:1~4拍右脚向后擦地,右腿向后抬起90°(或更高的位置),右腿控制在90°(或更高的位置),右脚落下,再收回后五位。

第六个八拍:1~4拍右腿向侧大吸腿,右腿向后伸出90°(或更高的位置),5~8拍右腿控制在90°(或更高的位置),右脚落下,再收回后五位。

项目二　中间训练

【学习目标】

学习中间训练组合。

知识目标

掌握多种舞姿动作组合。

掌握跳跃及旋转的方法。

能力目标

通过中间训练,提高学生身体的稳定性和协调性。

任务一　手臂练习

一、动作介绍

在头的转动和身体的配合下,双臂准确的从一个手位到另一个手位的移动,(图2-18),此动作柔软流畅,富有造型美。

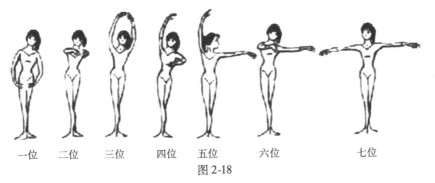

|　一位　　　二位　　　三位　　　四位　　　五位　　　六位　　　　七位|
图2-18

二、教学要求

(一)眼睛始终看着手,哪只脚在前,眼跟哪边手的路线。

(二)整个过程要平稳连贯,动作线条要流畅。

三、组合做法

(一)音乐:《手臂练习组合》3/4拍。

(二)准备姿势:准备拍,4小节,脚一位站立,手一位。

(三)动作过程:

第1~2小节:双手经一位到二位。

第3~4小节:双手三位。

第5~6小节:打开七位。

第7小节:呼吸。

第8小节:收回。

任务二   腿部移重心练习

一、动作介绍

在手臂和身体的配合下,双脚交替做各方向的擦地动作。

二、教学要求

(一)动作中双腿要绷直,动作腿方向要准确。

(二)整个过程要平稳连贯,动作线条要流畅。

三、组合做法

(一)音乐:《腿部移重心组合》4/4拍。

(二)准备姿势:准备拍,2小节,右脚前五位站立,手一位打开到六位,面向8点。

(三)动作过程:

第1~2小节:右脚做向前的一位擦地2次。

第3~4小节:左脚做向后的一位擦地2次。

第5~8小节:面向1点,手打开七位,先右脚向旁做擦地收回,再做左脚向旁擦地收回,2拍一次做四次。(此组合可正反两面交替进行)

任务三   舞姿控制组合

一、动作介绍

舞姿控制组合本身就是一种技巧,并带有表演性,另一方面,对训练稳定性大有好处。

二、教学要求

(一)要求上体挺直,收腹立腰,髋部正直。

(二)在动作中要注意舞姿的连贯与优美。

三、组合做法

(一)音乐:《舞姿控制组合》4/4拍。

(二)准备姿势:准备拍,2小节,面对8点,右脚前五位站立,手一位。

(三)动作过程:

第1小节:第1拍,右脚向2点小撩腿迈一步,左后腿90度成第一迎风展翅(图2-19)。第2~4拍,第一迎风展翅不动。

图 2-19　　　　　　　　　　　　图 2-20

第 2 小节:第 1~2 拍,右手打开到旁,左手经一位到二位成第二迎风展翅(图 2-20);最后半拍半蹲;第 3 拍,做插秧步;第 4 拍,伸直。

第 3~4 小节:动作同第一二小节,从反面做。

第 5 小节:第 1~2 拍,手从两旁手背向上抬起,在头上方交叉从身前落到二位位置,交叉身前同时右脚旁吸腿伸向前虚点地左腿半蹲;第 3~4 拍,右脚起向右半脚尖五位碎步兜一小圈,右手三位,左手七位。

第 6 小节:第 1~2 拍,右脚向 8 点小吸撩伸腿,成第三迎风展翅(图 2-21);第 3~4 拍,手变成第四迎风展翅(图 2-22),接插秧步,左后转向成右脚前五位身对 2 点。

第 7~8 小节:换脚做,动作同第 5~6 小节(对 2 点)。

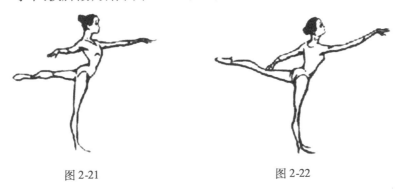

图 2-21　　　　　　　　　　　　图 2-22

任务四　跳跃练习:一位、二位小跳和中跳

一、动作介绍

跳跃练习要始终贯穿柔韧地蹲,有弹性地推地,轻盈地跳以及柔和地落地。可在一位、二位、五位、四位上分别练习(图 2-23)。

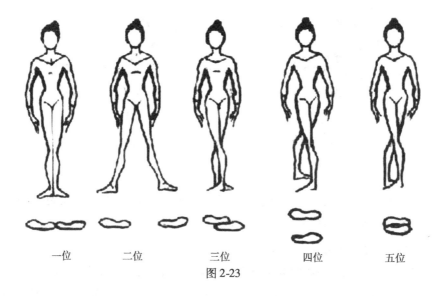

一位　　　二位　　　三位　　　四位　　　五位

图 2-23

二、教学要求

（一）起跳时,不要用上身带劲,而是经蹲,用腿部力量带动脚推地而起。

（二）落地时,上身要直立,脚步位置要准确。

三、组合做法

（一）一位小跳组合

1）音乐:《一位小跳组合》2/4 拍。

2）准备姿势:脚一位站立,手一位。

3）动作过程:

第 1 小节:半蹲,跳起。

第 2 小节:落地半蹲。

第 3 小节:继续下蹲。

第 4 小节:伸直。

第 5～8 小节:动作同第 1～4 小节。

第 9～16 小节:反复 1～8 小节动作。

（二）二位小跳组合

1）音乐:《二位小跳组合》2/4 拍。

2）准备姿势:脚一位站立,手一位。

3）动作过程:

准备拍一小节。第 1 拍不动,第 2 拍半蹲,Ta 跳起落二位（"Ta"为动作衔接标记）。

第 1～2 小节:连续三次跳,在第 4 拍时落一位。

第 3～4 小节:半蹲。最后一拍伸直。

第 5～8 小节:动作同第 1～4 小节。

第 9～16 小节:反复 1～8 小节动作。

（三）中跳组合

1）音乐:《中跳组合》2/4 拍。

2）准备姿势:右脚前五位,面对 8 点侧身站立,手一位。

3）动作过程:

准备拍一小节不动。

第 1 小节:半蹲。最后半拍跳起。

第 2 小节:变位跳一次,五位变二位,二位变五位。对 2 点。

第 3 小节:半蹲。

第 4 小节:变位跳一次。对 8 点。

第 5~8 小节:动作同第 1~4 小节。从 8 点经 1 点到 2 点。

第 9~16 小节:反复 1~8 小节动作。

任务五　舞步练习:2/4 拍行进步(错步)、3/4 拍摇摆舞步

一、行进步

（一）动作介绍

身体自然站立,手七位。左腿向前迈出一步脚尖发力跳起,同时右脚快速跟上,空中成左脚前五位绷脚,再右脚落地,左向前上一步,重心移到左脚,整个动作在 2 拍完成。

（二）教学要求

1）两腿在跳起时并紧绷直,上身直立,落地要轻。

2）在动作中要注意舞姿的连贯与优美。

（三）组合做法

1）音乐:《行进步组合》4/4 拍。

2）准备拍:一个小节,自然站立,手从一位打开到七位。

3）动作过程:

第 1~2 小节:左脚开始,面向 7 点做行进步,两拍一步。

第 3~4 小节:左脚开始,面向 1 点做行进步,两拍一步。

第 5~6 小节:左脚开始,面向 5 点做行进步,两拍一步。

第 7 小节:左脚开始,面向 7 点做行进步,两拍一步。

第 8 小节:收回准备姿态。

第 9~16 小节:重复 1~8 小节动作。

二、摇摆舞步

（一）动作介绍

摇摆舞步是常用的舞步之一,它的特点是优美、流畅、轻盈,在 3/4 拍的节奏中完成,它包括向前、向侧、向后的摇摆舞步及转体等。

1. 向前摇摆舞步

第 1 拍左脚向前做一次弹簧步,重心落至左腿上,身体稍左倾,左臂做一次小波浪。第 2~3 拍,右脚开始依次向前做二次足尖步。反方向动作相同,方向相反(图 2-24)。

图 2-24

2. 向侧摇摆舞步

第1拍,左脚向左做一个侧弹簧步,第2~3拍,右脚点于左脚后,随之右腿伸直,左脚与右脚并拢,提踵站立。同时,两臂向左做一次侧波浪动作,身体稍左倾,眼看左手。反方向动作相同,方向相反(图2-25)。

图 2-25

3. 向后摇摆舞步

第1拍,左脚向左后方迈一步,身体稍向左转,右臂自然向前摆动,目视前方,左臂自然向后方摆动。第2~3拍,右脚点于左脚后,随之右腿伸直,左脚向后并步。同时,右臂向前波浪,左臂侧后波浪(图2-26)。

图 2-26

4. 转体

第一个三拍,第1拍,左脚向前弹簧步;第2拍,右脚向前足尖步,同时向左转体90°;第3拍,右脚足尖步并于左脚并继续向右转体90°,两脚提踵并立。第二个三拍,第1拍,右脚向后退一步,重心移至左脚上;第2拍,右脚向后一个足尖步,同时向右转体90°;第3

拍,左脚并步,同时向右转体90°。以上是华尔兹左体转体,向右转体时,动作相同,方向相反(图2-27)。

图 2-27

(二)教学要求

1)步幅不宜过大,收腹立腰,上体正直,重心移动连贯自然。

2)首先双手叉腰,进行下肢动作练习,再配手臂动作练习。

3)在进行转体教学时,应强调出脚及转体的方向,如左脚开始,向左转体,右脚开始则向右转体;180°的转体动作,要在第2~3拍中完成。

(三)组合做法

1)音乐:《摇摆舞步组合》3/4拍。

2)预备姿势:自然站立

3)动作过程:

第一小节:左脚开始,做一次向前摇摆步,左臂随之向侧小波浪。

第二小节:右脚开始,做一次向前摇摆步,右臂随之向侧小波浪。

第三小节:同第一小节。

第四小节:同第二小节。

第五小节:左脚开始,做一次向后摇摆步,右臂随之向前小波浪。

第六小节:右脚开始,做一次向后摇摆步,左臂随之向前小波浪。

第七小节:同第五小节。

第八小节:同第六小节。

第九小节:左脚前进,做一次向左转体180°,两臂随之上举。

第十小节:右脚后退,做一次向左转体180°,两手随之背后。

第十一小节:同第九小节。

第十二小节:同第十小节。

第十三小节:左脚开始,做一次向左侧摇摆步,两臂随之向左侧小波浪。

第十四小节:右脚开始,做一次向右侧摇摆步,右臂随之向右侧小波浪。

第十五小节:同第十三小节。

第十六小节:同第十四小节。

第十七小节:左脚后退,做一次摇摆步向右转体180°,两臂随之上举。

第十八小节:右脚前进,做一次摇摆步向右转体 180°,两手随之背后。

第十九小节:同第十七小节。

第二十小节:同第十八小节。

第二十一小节:左脚开始,做一次向左侧摇摆步,两臂随之向左侧小波浪。

第二十二小节:右脚开始,做一次向右侧摇摆步,右臂随之向右侧小波浪。

第二十三小节:同第二十一小节。

第二十四小节:同第二十二小节。

任务六　原地点转练习

一、动作介绍

原地点转练习是技术技巧中很重要的一部分。动作中要注意扭头与甩头衔接要连贯,身体姿态的优美。

二、教学要求

(一)人体保持直立状态,收腹、立腰、沉肩。

(二)肩、胯在旋转中应保持在一个垂直面上,随着脚下连续的原地碎步进行扭头、甩头的动作练习。

三、训练步骤

(一)音乐:节奏处理 2/4 拍,正常速度。

(二)准备姿势:面向 1 点方向,小八字站立,双手虎口叉胯,或双臂自然垂在身体两侧。

(三)动作过程:

(1)一个八拍做一次,轻盈活泼的两拍扭头,脚走碎步,身体转动 1/4 圈。

两拍甩头,还原面对正面,四拍停,反复做两次,反面再反复。

(2)四拍做一次,做三次停四拍,反面再反复。

(3)两拍做一次,做三次或做六次停四拍。

(4)一拍做一次连续做五次或七次一停,正反连续着做。

模块三 形体坐姿训练

项目一 基本的坐姿

【学习目标】

掌握正确的坐姿及方法。

知识目标

掌握正确坐姿的方法。

通过了解不雅的坐姿方法，避免禁忌的坐姿。

能力目标

熟练几种基本的坐姿方法，培养学生优雅的气质。

任务一 正确的坐姿

一、坐姿

坐姿，即坐着的姿势，是人们日常工作、学习、生活、休息中最重要的姿态。端庄的坐姿会给人沉着、稳重、优雅、自信之感；反之，则给人以粗俗、懒散、轻浮、厌恶之感。正确的坐姿应是"坐如钟"，其基本要领是：上体自然坐直，重心垂直落于臀部，双腿自然弯曲，正放或侧放，双脚并拢或交叠。头部正直，双眼平视，下颌略收，双肩平放，挺胸，立腰，收腹，双臂自然弯曲，双手放在膝上或椅把上，面带微笑。男士给人以庄重、豁达之感；女士给人以优雅、大方之美。

二、几种不同的坐姿

（一）双腿垂直式坐姿

该坐姿是双腿垂直于地面，上身与大腿、大腿与小腿、小腿与脚跟均成直角，双膝、双脚完全并拢，双手叠放于大腿上，该坐姿是最基本的坐姿，给人以诚恳、认真的印象（图3-1）。

图 3-1　　　　　　　　　　　　　　图 3-2

（二）双脚斜放式坐姿

该坐姿应双脚并拢，双腿同时向左侧或向右侧斜放，并与地面成45°左右的夹角，身体呈优美的"S"形，两膝不能分开，小腿间也不要有距离；此坐姿多为女士所用，一般是坐在较低的椅子或沙发上时（图 3-2）。

（三）双脚前伸式坐姿

该坐姿双脚并在一起，向前伸出一脚左右的距离，脚尖不可翘。按方向分为三种，两脚完全并拢式（图 3-3），小丁字步式（图 3-4）和踝部交叉式（图 3-5）。此坐姿以女士为主，适合各种场合。

图 3-3　　　　　　　　图 3-4　　　　　　　　图 3-5

（四）双脚后点式坐姿

该坐姿两腿、膝盖并紧，两小腿向后曲回，脚尖着地。按方向不同可分为三种，正后点式（图 3-6）、左后点式（图 3-7）、右后点式；按脚位不同可分为三种，两脚完全并拢式、小丁字步式和踝部交叉式。此坐姿以女士为主，适合各种场合。

图 3-6　　　　　　　　　　　　图 3-7

（五）双脚交叉式坐姿

该坐姿双脚并拢，双脚在踝部交叉后略向左侧或右侧斜放，双膝不要前伸，也不要打开。此坐姿多用于坐主席台、办公桌或公共汽车上，坐姿比较自然轻松（图3-8）。

图3-8　　　　　　　　　　图3-9　　　　　　　　　　图3-10

（六）双腿叠放式坐姿

该坐姿双腿自上而下叠放在一起，双脚可以垂放，也可以与地面成45°斜放。此坐姿切勿两膝分开，双手抱膝，也不要脚尖朝天，穿超短裙时慎用（图3-9）、（图3-10）。

（七）双腿屈直式坐姿

该坐姿为大腿、膝盖靠紧，一脚前伸，另一脚屈回，两脚前脚掌着地并在一条直线上。此坐姿以女士为主，多用在女士坐稍矮一点的椅子（图3-11）。

（八）分膝式坐姿

两膝左右分开，但不要超过肩，小腿与地面平行，两脚尖朝向正前方，两手自然放于大腿。此坐姿以男士为主，适合各种场合（图3-12）。

图3-11　　　　　　　　　　　图3-12

任务二　不雅的坐姿

我们常说"坐有坐相"，优雅的坐姿既能传递着自信、友好、热情的信息，也是个性、气质、风度的体现。但有时我们为了一个舒服的感觉，表现出不雅的坐姿，自己可能并未察觉，别人却已经一览无遗，这样既不雅观，又显得有失身份，缺少修养，所以培养良好的坐姿非常重要。

一、不雅的坐姿

（一）不要两腿叉开或过分伸张，呈"O"字形，也不要脚尖相对，呈"八"字型；不要全身极其放松的正对客人，显出一副松懈的样子，这样既没礼貌，又缺乏素养。

（二）不要伸展双臂，弯腰驼背，前倾后仰，也不要双手抱臂，抱脑后，抱膝盖，抱小腿或放于臀部后面，这样大大咧咧，给人一副轻浮的姿态。

（三）不要仅坐椅子前面的一小部分，这样显得缺乏自信，给人随时要离开的感觉。

（四）不要频繁变换就座姿势和架腿姿势，或是随意移动桌椅。

（五）在正式场合，不要一条腿横架在另一条腿上成"二郎腿"姿势。

二、禁忌的坐姿

为避免不雅姿势，对以下部位，要特别注意。

（一）头部：坐定之后，不要仰头靠在座背上或低头注视地面，也不要左顾右盼，闭目养神，摇头晃脑。

（二）上身：坐定之后，不要前倾后仰，或歪向一侧，更不要向前趴在桌面上，或是向桌椅两侧倾倒。

（三）手部：坐定之后，不要双手端臂或抱臂于脑后，也不要以手抚腿、膝盖或脚，双手应尽量减少不必要的动作。若面前有桌子，不要将肘支于其上或双手置于其下，也不要夹在大腿之间。

（四）腿部：坐定之后，不要在尊长面前高跷"4"形腿，也不要敞开双腿，两腿直伸出去，更不要骑在座位上抖动，或把脚架在其他物体高处。

（五）脚部：坐定之后，不要将脚抬得过高，脱鞋、脱袜，也不要用脚勾住桌脚或踩在其他物体上，不要交叉双脚，或摆成外八字，更不要脚尖跷起摇动。

项目二　坐姿的礼仪

【学习目标】

熟知男士和女士在不同场合下的坐姿礼仪，进一步掌握坐姿的正确方法。

知识目标

了解男士和女士的坐姿礼仪。

了解入座和离坐的基本礼仪；明确几种不雅的坐姿和禁忌的坐姿。

能力目标

通过了解坐姿的基本礼仪规范，教会学生如何在社交场合下表现得体。

任务一　男士的坐姿礼仪

男士的标准坐姿是：双脚左右开立略比肩窄，两脚尽量放平，大小腿成直角，双手放在膝盖上，上体挺直，重心向下，下颌微收，双目平视。

男士坐椅子时,不要过于松懈地东倒西歪,不要用脚钩住桌椅的脚,也不要半脱鞋袜或用手触摸脚部、捋起裤管等。

男士坐沙发时,不要让整个人完全瘫倒在沙发里,头部要正,脸部要保持轻松缓和的笑容;不是很休闲的场合,不要用手拍打桌椅,会给人傲慢不羁的感觉。

男士侧坐时,身体应该向左或向右转体45°,双脚自然开立同时转向一侧,脸部正对前方,双肩平衡下沉;若非必要,不要跷起"二郎腿"。

男士阅读时,应注意保持正确的坐姿,背部伸直,眼睛与书刊保持30厘米以上的距离,切忌躺着或在晃动的车上看书。

任务二　女士的坐姿礼仪

女士标准的坐姿是:上体挺直、立腰收腹,两腿并拢,膝盖绝对不可分开,双目平视,面带微笑。女士的坐姿,相对男士来说就更为重要了,无论是多么美丽的女士,若坐姿不雅,就会马上引起人们的注意,给人以轻佻、粗俗的感觉。

女士坐矮沙发时,双腿合拢斜放在右侧或左侧,与地面成45°的夹角,膝盖尽量高过腰部,身体略成S形,这样的坐姿显得气质高贵,温婉动人。

女士坐在台上时,要两腿并拢,或双脚在脚踝部位先行交叉,再略向左侧或向右侧斜放,这样给人亲切、自然大方的感觉。

女士穿裙装时,入座前先要将裙子稍向内拢一下,这样既防止裙子打摺,又显得较为优雅。不要穿过短的裙子,最好不要驾腿,更不能使裙子掀起,两腿要完全合拢。

女士标准姿势坐久了感觉疲劳时,或是在非常休闲的场合,可适当换"二郎腿"姿势,但一定要两腿夹紧,绝不能摇晃。

女士要特别注意不要手托下巴,含胸塌腰,要使小腿看起来修长,还要绷直脚背,产生视觉上小腿延伸的效果。同时,还要特别注意不要将裙子掀起,露出大腿。

任务三　入座和离座的基本礼仪

一、入座的基本礼仪

(一)正式场合下,一般从椅子的左侧入座,右脚后退半步,转身后轻稳地落座。必要时,可用一只手扶着座椅的把手平稳落座。若椅子摆放的位置不合适,要先移动椅子至合适的位置再坐下,落座后移动椅子是不礼貌的。

(二)入座时,要轻盈和缓,平稳自如,不要慌张、用力。女士穿裙装时,应先用手把裙子稍稍向前拢一下,这样既防打皱,又表现出优雅的风度,切勿坐下后拉拽衣裙。与他人一起入座时,应先请对方入座,自己不要抢先落座。

(三)入座中,应主动向周围人致意,若不相识,也应点头以示礼貌。在公共场合,如想坐在别人的身旁,应征得对方的同意,同时放慢动作,轻松入座。

二、离座的基本礼仪

(一)离座时若身边有人在座,要注视对方,事先说明,同时身体略前倾,一脚向后退半步,动作轻松平和,落落大方,切忌慌张用力或猛然站起。

(二)当和别人同时离座时,要注意先后顺序,让地位较高的或是长辈先行离座,当双方身份相近时,可以同时离座。

(三)起身离座时,动作要轻缓,稳当,切勿弄响桌椅,或弄翻桌罩,椅垫等物品,离座动作也不能拖泥带水。

(四)离座时,应尽可能从左侧离开,"左出"是一种基本礼节。

项目三　坐姿的训练

【学习目标】

学习坐姿的训练方法。

知识目标

掌握坐姿的训练方法。

学会坐姿的几个组合。

能力目标

熟悉坐姿的训练方法,培养学生优雅的气质。

任务一　坐姿控制练习

保持正确的坐姿,既可使人显得精神饱满,很有教养,也可使颈、背、胸、腰、腹等部位的肌肉得到锻炼,因此,坐姿的训练非常重要。我们可以自己对镜练习,也可以与同伴相互纠正练习,现介绍以下三种基本方法:

一、盘腿坐练习

预备姿势:地面坐立,两腿弯曲,两脚心相对置于臀部正前,重心落在臀部上,上身挺直,头向上伸,下颌微收,双肘放松,双手搭在膝盖上或背于体后。

动作要领:收腹、挺胸、立腰,尽量上提颈部,使臀部着地面积减少。练习时每 5 分钟为一次,重复 3 次(图 3-13)。

图 3-13

二、正步坐练习

预备姿势:上体姿势同上,两脚并拢,脚尖正对前方,两膝稍分开,两臂自然弯曲,两手扶于大腿,上体正直,肩部放松下沉,挺胸立腰,头、肩、臀在一条线上(图 3-14)。两腿并拢,脚跟提起,收腹立腰,两手扶于头后(图 3-15)。

动作要领:保持预备姿势,两手指交叉扶于头后,双肘尽量打开向后伸展,收腹挺胸,重心上提,臀部轻坐椅上,停止 10 秒,然后慢慢回落成预备姿势。练习时每 10 秒钟为一组,重复 3~5 组。

图 3-14　　　　　　　　　　　　　图 3-15

三、侧坐练习

预备姿势:上体姿势同基本坐姿。上体微向侧转,两臂自然放松扶于腿上,两腿弯曲并拢,双膝稍移向一边,外侧的脚略放于前面,可使女士的臀部和大腿看起来较为苗条,坐满椅子的三分之二,双手叉腰,两腿并拢,收腹挺胸,给人以美的视觉感受。

动作要领:保持预备姿势,肘关节向两侧,抬头挺胸,目视前方,练习时每次保持 3 分钟,重复 3~5 次(图 3-16)。

图 3-16

任务二　坐姿的组合训练

练习者基本坐姿坐于地面上,在轻松的音乐伴奏下练习。音乐可用 2/4、4/4 拍,慢速或中速的轻音乐。

一、踝部运动

第一个八拍:1~8 拍并腿坐在垫上,立腰、梗头、两手体后撑于垫上,双脚面蹦直。

第二个八拍:1~8 拍双脚勾起。

第三、四个八拍:重复第一、二个八拍。

二、腿部运动

第一个八拍:1~4 拍左腿立膝抬起,头微抬。

　　　　　　　5~8 拍并腿坐、蹦脚面、梗头。

第二个八拍:1~4 拍右腿直膝抬起,头微抬。

　　　　　　　5~8 拍并腿坐、蹦脚面、梗头。

第三、四个八拍:重复第一、二个八拍。

三、胸部训练

第一个八拍:1~4拍护头、挺胸、上体略前屈。

5~8拍上体直立,还原为并腿坐。

第二、三、四个八拍:重复第一个八拍。

四、转体运动

第一个八拍:1~8拍左腿屈膝,上体向左转,同时右手扶左腿向内用力,左手在体侧撑于垫上。

第二个八拍:1~8拍左腿直膝,右腿屈膝、上体向右转,同时左手与体侧撑在垫上,左手扶右腿并向内用力。

第三、四个八拍:重复第一、二个八拍。

五、体前屈运动

第一个八拍:1~4拍并腿坐,两臂侧平举。

5~8拍两臂上举。

第二个八拍:1~4拍体前屈、手触脚面。

5~8拍上体直立,两手经两腿外侧至体后撑地。

第三、四个八拍:重复第一、二个八拍。

六、全身运动

第一个八拍:1~8拍双腿屈膝、盘坐、立腰、梗头,双手体后侧撑于垫上。

第二个八拍:1~4拍双手胸前屈肘相交头向左前方转。

5~8拍两臂向上举,头转向前方。

第三个八拍:1~8拍上体向左转,两臂由上向两侧打开。

第四个八拍:同第三个八拍,但方向相反。

课后练习

1. 正确的坐姿是什么? 如何练习?

2. 你平时看到过哪些不雅的坐姿? 有何感觉?

3. 在社交礼仪中,男士、女士的坐姿各应注意什么?

4. 编排88拍的坐姿控制练习。

模块四 形体步态训练

项目一 基本走姿

【学习目标】

掌握正确的走姿及几种变向的走姿。

知识目标

掌握正确的走姿方法。

通过了解不雅的走姿方法,明确几种禁忌的走姿。

能力目标

通过学习正确的走姿方法,塑造学生良好的气质。

任务一 正确的走姿

走姿又叫行姿,是人体最频繁的一种周期性运动,具有节奏感和流动感。走姿能直接反映出一个人的身体状况、性格特点、文化修养和审美层次,也是人体动态美的直接表现。我们看到有的人步伐矫健、敏捷,显得精明强干;有的人步伐稳重、大方,显得沉着老练;有的人步伐轻盈、欢快,显得朝气蓬勃。那么,如何使我们的步态更富于感染力,给人以美的享受呢?我们就要从最基本的走姿学起。

一、正确的走姿

俗话说"行如风",就是指人们的走路要像风一样轻盈、敏捷、优雅、稳健。正确的走姿以基本站立姿态为基础,开始行走时,头部要正,颈部伸直,下颌微收,双目平视,肩部下沉后展,双臂自然摆动,前摆约35°,后摆约15°。开始迈步后,胯部上提,用大腿带动小腿,膝关节正对前方,踝部自然放松,脚尖稍向外展,由前脚跟过渡到全脚掌着地,身体重心平行前移,双脚的内侧落在同一条直线上。行进时不要低头晃肩,或是有意无意地扭动臀部,双腿不要紧张、僵硬,注意面带微笑,精神饱满。

基本走姿主要包含步幅、步位、步速、步韵几个概念。所谓步幅,即指跨步时两脚间的距离,即前脚的脚跟到后脚的脚尖的距离,步幅的大小与服装和鞋子有关,男士约为25厘米,女士约为20厘米。男士穿西装时,步幅可稍大些,以体现挺拔和高雅的风度,女性穿裙装或高跟鞋时,步幅宜稍小些,以显亭亭玉立、妩媚动人的姿态。所谓步位,即指行进时脚落地的位置,女士行进时两脚跟要落在一条虚拟的直线上,脚尖正对前方,即为"一字步"或称"柳叶步"。男士行进时,两脚跟内侧交替走在一条直线上,脚尖可略向外展。所谓步速,即指一个人行走的速度,步速要保持均匀,不要忽快忽慢。一般情况下,男士的步速为每分钟 100～110 步,女士步速为每分钟 110～120 步。所谓步韵,即指行走的节奏和韵味,步韵的强弱、轻重与出入的场合有关,如欢快的场合下,要轻松、欢乐,在悲伤的场合下,要沉稳、缓和,男性的步韵要稳健、有力,大方,乃显阳刚之气,女性的步韵要轻盈、优雅、自如,方显阴柔之美,和谐是步韵的关键。

二、几种变向的走姿

变向的走姿是指在行走中,需要转变方向时,采用合理的方法,体现出人体的优美步态。

1. 礼仪步

行走时两腿交替迈进踏在一条直线上,行进时前脚掌先着地,收腹、挺胸、立腰、提臀,脚尖略向外,重心前移,伴有轻微的摆胯,头正肩平,眼睛平视,面带微笑。

2. 侧身步

分左侧身步和右侧身步,行进时上体向左(或向右)侧转 45°,右脚向右侧迈步,左脚随后向右上步至右脚前交叉,膝盖、脚尖于上体同方向。重心向侧前平行移动,双肩自然摆动。

3. 引导步

此步用于走在前边给宾客引路时,引导人要尽可能的走在宾客的左侧前方,半个身体转向宾客,同时保持两步的距离,遇到上下楼梯或拐弯、进门时,要伸手示意,提示宾客。

4. 后退步

在与客人告别时,应先后退两三步,再转身离去。退步时,脚轻擦地面,步幅要小,注意先转身后转头。

任务二 不雅的走姿

我们常常看到:有的人走路时处于过于松懈状态,这样既使脊柱、颈椎无端受累,又显得缺乏涵养,不够得体。若要在众人面前适如其分地显出自己的身份,受到别人的尊重,就应该养成良好的走姿习惯,让人感到亲切、稳重和有素养,流露出一种自然而然地特有魅力,才能成为别人羡慕、钦佩的对象。

一、不雅的走姿

(一)瞻前顾后:行走时摇头晃脑,忽前忽后,或时常反过头来注视身后,给人以心神不定的感觉。

(二)方向不定:行走时左顾右盼、变化多端,好像胆战心惊,给人以做贼心虚似的轻浮、不稳重之感。

(三)速率多变:行走时忽快忽慢,步伐忽大忽小,忽轻忽重,甚至蹦蹦跳跳,摆腰扭胯,给人以捉摸不定的感觉。

（四）八字步态：行走时脚尖向内扣成"内八字"，脚尖向外展成"外八字"，或是弯腰驼背，蹭步，拖步，给人以老态龙钟的感觉。

（五）撑腰甩臂：行走时撑腰甩臂，晃肩扭臀，或是把手插在衣、裤兜内，走路时拖泥带水，给人傲慢无礼、盛气凌人的感觉。

（六）重手重脚：行走时用力过猛，横冲直播，或声响过大，妨碍和惊吓他人。

（七）边走边吃：行走时边走边吃，不雅观也不卫生，若在较窄的路面抢道行走，或多人横作一排行走，或两两勾肩搭背的行走，均会影响他人，有失雅观。

二、禁忌的走姿

为避免不雅走姿，身体的相关部位，应注意克服以下姿态。

（一）头部：仰面朝天，抬头过高，显得高傲，目中无人，过于低头，显得无精打采。

（二）肩部：一高一低，不平直，左右摇晃，不平横。

（三）上体：一是挺着肚子，重心过于后移；二是穿着高跟鞋，踝关节力量不足，上体过于前倾。

（四）腿部：过于放松，出现明显的"外八字步"或"内八字步"。

（五）脚部：一大一小，不平均，落脚或轻或重，不平稳。

项目二　走姿的礼仪

【学习目标】

通过学习男士和女士的走姿礼仪和在不同场合下的走姿礼仪，更好地掌握走姿的方法。

知识目标

了解男士和女士的走姿礼仪。

了解男士和女士在不同场合下的走姿礼仪。

能力目标

通过了解走姿的基本礼仪规范，培养学生高雅的气质和翩翩的风度。

任务一　男士的走姿礼仪

男士的走姿要矫健、稳重、自信、刚毅，给人以英姿勃发，坚定可信的感觉。因此，走路时一定要抬头挺胸，腰部、脊背要用力挺直，腹部微收。脚步要从容、自如，鞋跟发出的声音要小，气息要平，避免短而急的步伐，也不要走得虎虎生风。切勿弯腰驼背，垂头丧气，脚尖不可过度朝内或朝外，形成内、外八字步，双手应垂直在身体两侧，并随着脚步自然摆动，不要将手插进衣袋或裤袋里。

男士上下楼梯时，必须将整只脚放在台阶上，如果阶梯较窄小，则应侧身而行。上下楼梯时，身体要挺直，目视前方，千万不要低头看阶梯，以免与人相撞。

男士行进间遇到熟人时,要主动点头微笑与人打招呼,两人并行时,不可勾肩搭背(在西方勾肩搭背会被认为同性恋),若要停下来交流,也不要急停急转,更不要影响他人行进。

任务二　女士的走姿礼仪

女士走路时,手臂摆放要自然。若挎包,如手持皮包,皮包要挎在手臂上,手持小包,小包要拎在手心里,若是背包,背包要背在肩膀上,同时左右手配合自然,摆动幅度不宜过大。

女士走路时,臀部要微微上提,利用臀部两侧的肌肉提拉送胯,上体保持不动,下肢平行向前移动,配合好适当的呼吸,稳健中略带矜持。转身时,若腰部微微平移,则显得更加妩媚动人,犹如秀出模特步。

女士走路时,不可左右晃动或妨碍他人前行,若不小心将物品掉落在地,应绕到物品旁边,蹲下身体用手轻轻捡起,同时注意领口不要被对面的人看到,也不要让裙摆掀起,以免引起他人可能的非分之想。

女士走路时,要尽量避免鞋底发出的踢蹋声,特别是在正式的场合,鞋声的响起会引起他人的注意,成为别人议论的焦点,同时也是对他人的不尊重和不礼貌,更反映该女士的素质较低。

任务三　不同场合下的走姿礼仪

在不同场合下,注意走姿礼仪,能体现一个人的身份和修养。恰当的走姿,能使人感到亲切、沉稳、优雅,大方。因此,学会举手投足下的走姿礼仪非常重要。

进入房间时,要先通报,首先是用手轻按门铃或轻叩门,并告诉对方自己的身份,方可进门。如若一声不吭地贸然闯入,则会显得冒冒失失,毫无礼貌。进入房间后,最好要面向对方,用反手将门轻轻带上。若与他人一起出入房间时,则应让他人先进先出,以示礼貌。开关房门时,切忌用肘部、臀部、膝盖顶撞,更不能用脚部踢门。

走进会场靠近话筒时,要轻手轻脚,步伐稳健、大方;进入教室、办公室时,脚步要轻盈、平稳,不能蹦蹦跳跳;走进医院探望病人时,脚步要轻柔、端庄,尽量不要发出声响。

上下楼梯时,不要慢慢悠悠地停在楼梯上休息或与他人交谈。当楼梯上行走的人较多时,要坚持右上右下的原则,不能与他人并排行走。遇到有急事的人要通过楼梯时,可让其在左侧快速通道通过,不要与之抢行。

乘坐电梯时,要尊重周围的乘客,以礼相待。进入电梯时,应侧身而行,免得碰撞别人。走出电梯前,应该提前换到电梯门口,依次走出。

引导客人时,应注意对方的行走方位、速度。如果双方并排行走时,引导人员应居于左侧,如果双方单行行走时,引导人员要居于左前方约一米左右,身体半转135°。行走的速度,要与客人协调,不可走得太快或太慢,在经过拐角、楼梯或照明欠佳的地方时,要主动提醒对方留意,同时采取必要的体位动作。如请对方先行行走时,要面向对方,微欠身。在行进中与客人交流时,要把头部、上身转向对方。

参加喜庆活动时,步态应轻盈、欢快、有跳跃感。参加吊丧活动时,步态应缓慢、沉重,以表达悲哀的情绪。联络办事时,步伐应快捷、稳重,以体现出办事的干练和有效率。

项目三　走姿的训练

【学习目标】

学习走姿的训练方法。

知识目标

掌握控制走姿的七种训练方法。

学习六种基本的步伐。

能力目标

通过走姿的控制训练和步伐训练,使走姿更加完美,洒脱。

任务一　走姿控制训练

走姿是站姿的延续,是在站姿的基础上展示出的人体的动态美,优雅的走姿能体现一个人的风度和活力,是最引人注目的身体语言,因此,走姿的控制训练非常重要。

一、踩线训练

(一)预备姿势:在地面上画一条直线。

(二)动作要领:保持预备姿势,双脚踩着一条直线向前行走,注意从容不迫,控制自如(图4-1)。

二、提踵训练

图4-1　　　　　　　　　　　　　　图4-2

(一)预备姿势:提脚跟站立,两手叉腰。

(二)动作要领:保持预备姿势,抬头挺胸,双手叉腰,目视前方,小步向前行进,要求重心平衡(图4-2)。

三、顶物训练

(一)预备姿势:在头顶上放稳一本书或其他轻物。

(二)动作要领:保持预备姿势,头正颈直,两臂自然下垂,起步是从基本站立姿势做起,两腿依次向前迈进。注意练习时不可摇头晃脑、东张西望,这种方法虽有点不自然,但是非常有效(图4-3)。

图 4-3

四、掐腰训练

(一)预备姿势:两手掐腰直立。

(二)动作要领:双手掐腰,上身正直,行走时不能摆胯、送臀、扭腰,注意保持肩平、腹收、胸挺。

五、步幅训练

(一)预备姿势:按照要求的步位和步长,在地面上画出一条直线,并画出要踩的步点。

(二)动作要领:双脚踩着直线,按照规定走出相应的步位与步长,注意纠正"内八字步"和"外八字步"。行走时,上体要正直不动,两肩放平,两臂自然摆动,目光专注。女士行进时,脚尖要正对前方,走在一条走线上,步伐轻盈、柔软。男士行走时两脚尖可稍外展,交替行进在一条直线上,步伐稳健、刚毅。

六、摆臂训练

(一)预备姿势:在体侧的前后,各拉一根线或设立一个标志。

(二)动作要领:原地站立不动,以肩带臂,以臂带腕,掌心向内,手腕放松,双臂前后自然摆动,使摆臂的高度和幅度正好达到设立的标志线,这种训练可以克服双臂横摆或摆幅不等的不良姿势。

七、镜面训练

(一)预备姿势:站在镜前或有专业人员的指导。

(二)动作要领:根据不同场合下走姿的具体要求,自己对镜或两人一组,或在教师的指导下,对步位、步长、步速、步韵,进行控制练习,克服不雅的行姿。

任务二　基本步伐的训练

在不同场合下,要完成各种优美的走姿,可通过学习基本步伐及其训练来提高走步的姿态,展现个人的气质和风度。

一、走步

向前走时,脚跟先落地,过渡到全脚掌,向后走时则相反。走步时轨迹应在一条直线上,保持上体正直。

（一）音乐:2/4、4/4 拍,中速、行进式。

（二）预备姿势:

正步站立。

（三）动作要领:

（1）左腿直膝前伸,全脚掌迅速着地,重心随之前移,接着右脚向前走。

（2）两脚跟在一条直线上,脚尖偏离中心线约 10 厘米。

（3）两臂由上臂带动,保持站立时手臂的形状,自然地前后摆动,幅度在 35 至 45 度之间。

（4）走时重心保持在一条直线上。

（四）易犯错误:

（1）脚跟先着地。

（2）两臂横向摆动。

（3）走路时身体颠簸或摇摆。

（五）教学步骤:

（1）学会正确地站立后才可学习走。

（2）叉腰走。

（3）顶物走。

二、柔软步

八字步站立,前走时绷脚尖直膝外展,脚尖外侧着地并过渡到全脚掌着地,重心随之前移,两臂自然摆动。柔软步训练动作协调性的最佳手段。

（一）音乐:2/4、4/4 拍,中速。

（二）预备姿势:

正步站立。

（三）动作要领:

（1）动作前,先做好正确的站立姿势。左腿直膝外开,脚面绷直向前下方伸出,由脚尖柔软地过渡到全脚掌着地,重心随之前移,接着右腿向前走。

（2）走时上体正直,立腰立髋,收腹收臀、脚面绷直。

（3）走的过程中,两腿肌肉要紧张与松弛交替进行。

（四）易犯错误:

（1）走时重心留后。

（2）腹肌松弛或全身肌肉紧张。

（3）步子迈得太大。

（五）教学步骤:

（1）叉腰走,每走一步后脚成后点地。

（2）四拍一步,逐渐加快速度到二拍一步到一拍一步。

（3）利用各种手位的变换练习柔软步。

（六）柔软步组合：

第一个八拍：①—左臂前举，右臂侧举；②—还原；③—④同①—②方向相反；⑤—⑦两臂同时由右经上至左一周成左臂前举，右臂侧举；⑧—还原。

第二个八拍：同第一个八拍，方向相反。

第三个八拍：①—⑧脚步柔软步，两臂由一位经二位经三位至七位，再由三位经二位经七位至还原。

第四个八拍：①—②两臂前摆；③—④两臂后摆；⑤—⑦两臂经下、前向后绕环一周成前举；⑧还原成预备姿势。

三、脚尖步

立踵，使身体重心升高，绷脚尖直膝并外展，脚尖外侧着地过渡到全脚掌着地，重心随即前移。脚尖步能增强下肢的平衡能力，发展小腿三头肌及踝关节力量。

（一）音乐：4/4拍，中速，柔和连贯。

（二）预备姿势：

双腿起踵站立。

（三）动作要领：

（1）左脚外开绷，脚向前下方伸出，以2、3、4趾先触地，再过渡到前脚掌着地，重心随即前移。

（2）右脚向前走，要求起踵高，重心稳，步幅比柔软步小。

（四）易犯错误：

（1）动作腿向前下方伸出时抬得太高。

（2）移动时身体上下起伏过大。

（五）教学步骤：

（1）单手扶把慢走（二拍一动），体会高起踵单脚支撑的动作，并逐步加快节奏过渡到脱把练习。

（2）由叉腰脚尖步到两臂体侧自然摆动的脚尖步到脚尖步组合。

（六）脚尖步组合：

第一个八拍：①—②两臂前举；③—④两臂波浪一次；⑤—⑧两臂还原。

第二个八拍：①—②两臂侧举；③—④两臂波浪一次；⑤—⑥两臂二位；⑦—⑧两臂三位。

第三个八拍：①—④上体向后波浪成含胸低头，同时两臂经后绕至前举；⑤—⑧上体向前波浪成抬头挺胸成三位。

第四个八拍：①—④脚尖步向右后自转；⑤—⑥两臂七位；⑦—⑧还原。

四、弹簧步

立踵，柔软出脚，屈膝着地，随后伸直腿并提踵，另一腿自然抬起屈膝，向前伸25°，脚尖、膝盖外展。弹簧步是在正确完成柔软步、脚尖步的基础上进行的，不断练习能使走姿更加平稳、柔和。

（一）音乐:2/4 拍,柔和的慢速、中速音乐。

（二）预备姿势:

正步直立。

（三）动作要领:

(1)提踵,左脚向前迈一步,同时右臂前摆、左臂后摆。接着脚尖着地、随重心前移屈膝、过渡至全脚掌着地。

(2)左腿直膝、提踵,右腿向前抬腿,左臂前摆、右臂后摆。

（四）易犯错误:

(1)上体控制不稳,左右晃动。

(2)身体重心起伏不协调,动作生硬。

(3)腿部动作松垮,没有力度和弹性。

（五）教学步骤:

(1)先分解练习柔软步和脚尖步。

(2)扶把练习,体会身体的起伏、前移,以及腿部的由弯、直变化过程。

五、变换步

右脚向前柔软步、左脚向前并步,右脚向前柔软步,重心前移,左脚伸直后点地,脚尖、膝盖外展;变换步能培养和提高走姿的韵律感和表现力。

（一）音乐:2/4 拍,柔和的中速音乐。

（二）预备姿势:

正步站立,两臂侧举。

（三）动作要领:

(1)左脚向前一次柔软步,接着右脚向左脚并步,同时两臂下落至一位。

(2)右脚再向的一次柔软步,重心前移至左腿站立,右腿直膝外旋绷脚面,后点地,同时右臂前举,左臂侧举。

（四）易犯错误:

(1)上步和并步时膝关节僵硬。

(2)腿后点地时髋位不正或屈腿,上体转动。

（五）教学步骤:

(1)学会柔软步,再学习变换步,动作要柔和、连贯、舒展。

(2)先用四拍完成一次变换步(走、并、走、停),再配合手臂动作的变换练习。

（六）变换步的变化:

(1)变换步后举腿:与普通变换步相同,唯在第 2 拍时,后点地的腿离地后举。

(2)变换步前举膝:与普通变换步相同,唯在第 2 拍时,后点地的腿屈膝前举。

(3)后退变换步:1——右脚向后 1 次柔软步,后半拍时,左脚向后并步。2——右脚向后 1 次柔软步,同时左脚前点(或前举腿45°或前举膝)。

(4)变换步跳:与普通变换步相同,但第 2 拍时,上步的一腿经屈膝后向上跳起,另一腿后举。

六、交叉步

一脚向侧迈出,另一脚在前或后交叉,重心随之移动。交叉步能训练走姿中的转体,使动作更加优雅。

(一)音乐:2/4拍,中速音乐。

(二)预备姿势:

直立。

(三)动作要领:

(1)左腿向右前方迈步,屈膝,上体向右转、两臂向侧打开。接着双腿直膝,右腿后点地。

(2)左腿向前方迈步,屈膝,上体向左传,接着左腿并于右腿,直膝。

(四)易犯错误:

(1)转体不到位。

(2)屈膝、直膝过度不自然。

(五)教学步骤:

(1)在地上划一条直线,沿着直线练习,体会转体到位。

(2)对着镜子慢速练习,体会身体的起伏和腿部的弯屈。

项目四　转体的训练

【学习目标】

了解转体并学习转体的基本方法。

知识目标

了解转体的分类和转体的方法。

学会转体的四种训练方法。

能力目标

通过转体动作的学习和训练,使形体步态动作更加优美。

任务一　转体的分类

转体是各类姿态变化中不可缺少的一部分,优美协调的转体动作,能使人体的步态变化更加轻盈、流畅。转体对身体的平衡要求较高,对脚腕的力量要求也较高,若身体松懈,脚腕力量不够,重心就会不稳,转体也会偏。转体的角度通常是90°、180°、360°,也可以是任意角度。一般说来,转体的角度越多,难度越大。转体的动作根据转体的机制可分为:简单转体、摆腿转体、圆周摆转体。

一、简单转体

这种转体是最基础性的,并不需要专门技术,只是一种身体姿态的变换。包括并腿转体、上步转体、双腿交叉转体等等。

二、摆腿转体

这是比较典型的转体,动作靠平面摆腿来完成(向前、向后或向侧),转体一般不超过180°。

三、圆周摆转体

这是较为困难和复杂的转体。动作依靠惯性来完成,可以是单脚支撑或双脚支撑。其特点是不仅用双臂,还要用自由腿的挥摆来完成。

任务二　转体的方法

转体的方法通常有:用单脚为轴的转体或用双脚为轴的转体;在地面上转体或在空中转体,从提踵开始的转体或从半屈膝开始的转体等等。转体的稳定,直接影响着步态的优美与和谐,现仅介绍两种最基本的转体方法,需要循序渐进,日积月累地训练。

一、并步平转

(一)动作要领:

(1)由两腿并拢,手臂成一位开始。

(2)向左转体时,左脚向左迈步,左臂经体前划弧成二位,两眼越过左肩盯住固定的一点,转体180°,右腿随之并拢,手臂还原。

(3)右脚向右一步,头急速向右转,右臂在体前划弧成二位,两眼越过右肩盯住固定的一点,转体180°,左腿随之并拢。

(二)易犯错误:

(1)出腿时脚尖绷直,利用摆臂帮助完成转体。

(2)转体时后背收紧,切忌塌腰。

(3)转体要到位,转后重心要稳。

(三)教学步骤:

(1)用前脚掌转动,体会手臂的带动。

(2)先练习转体180°,再练习转体360°,注意身体的平衡。

二、吸腿转体

(一)动作要领:

(1)单脚上一步立踵,另一腿向前或向侧吸腿,大腿与地面平行。

(2)立踵,立腰紧背,两臂由侧摆至上举。

(二)易犯错误:

(1)支撑腿屈膝蹬地未立踵或未用前脚掌转动。

(2)蹬地的吸腿力量不足,吸腿不紧,摆臂不到位,转体度数不够。

(3)头不要最后转动,而在身体完成转体动作前,头要首先达到位置,即要"盯点"。

(三)教学步骤:

(1)扶把练习单腿立动作,体会屈膝、蹬地、立踵,并掌握重心。

（2）由扶把到脱把练习吸腿转体180°，重心要稳，转后脚跟不要落地。

（3）当吸腿姿势做得很好，平衡又控制得很好时，即可练习向前迈开一步的迈步吸腿转体。

任务三　转体的训练

转体训练可以锻炼人体对身体的控制能力和协调性，并对前庭器官功能的提高有特别重要的作用。

一、双脚提踵练习

体会身体姿态和腿部的用力，每次一分钟，做3次。

二、单脚提踵练习

训练平衡性，每次半分钟，做3次。

三、单腿惦着脚尖跳

锻炼脚腕力量，每组30跳，重复3次。

四、倒立

练习身体的控制，靠墙倒立一分钟，也可不靠墙倒立10秒，时间慢慢往上加。

课后练习

1. 正确的走姿是什么？如何练习？

2. 你平时看到过哪些不雅的走姿？有何感觉？

3. 如何进行走姿的控制训练？

4. 说明六种基本步伐的动作要领，并结合其中的三种，编排88拍的动作组合。

模块五 形体舞蹈训练

项目一 中国舞

【学习目标】

了解中国舞蹈的种类,掌握各民族舞蹈的风格特点。

知识目标

学习藏族、蒙族和汉族民间舞。

掌握舞蹈组合在做法。

能力目标

培养学生良好的舞蹈表演能力。

任务一 藏族舞蹈

藏族居住在西藏、青海、甘肃、四川、云南等省,舞蹈种类极其丰富,如谐、卓、果谐、堆谐、牧区舞、热巴等,都是兼有自娱性和表演性的歌舞。本教材主要以西藏、青海与四川地区的卓(锅庄)、谐(弦子)、堆谐(踢踏)、牧区舞、热巴等为素材,经过专业舞蹈工作者的加工整理,形成了目前的体系。

因为地域的辽阔,藏族舞蹈在民间呈现的形式和种类各异,在表演风格上,"堆谐"朴实自如,踢、踏、悠、摆、跳,潇洒灵活;"谐"优美、流畅,屈伸连绵不断;"果谐"洒脱奔放,上身有起有伏,脚下灵活多变;"卓"豪迈粗犷,踏、跳、翻甩,柔颤多变,稳沉有力。但无论怎样变异,各种门类的藏舞在动律上有一个共同特征:在膝部上分别有连续不断的,或小而快或弹性颤动、或连绵柔韧的屈伸,呈现出速度、力度和幅度的不同,使训练有一种特具个性的能力把握。连续不断的颤动或屈伸,在步伐上形成的重心移动,带动了松弛的上肢运动。藏舞的手臂动作,大都是附随而动的,无论是颤动还是屈伸,在训练上都要求膝关节保持一种松弛的运动状态,兼有柔韧性和弹性。与膝关节保持相适应的上身动作,是绝对不要求主动的。这种动律特点,以教材中的"踢踏"和"弦子"表现最为突出。

一、基本体态

(一)自然体态

做法:自然站立,懈胯、微含胸,眼睛平视。

（二）坐懈胯

做法：稍息状，重心在右，坐胯、懈腰，作稍息状（图5-1）。

提示：坐懈胯是在点与线的流动过程中所形成的瞬间造型，它常用于藏族舞动作之间的流动与衔接。

二、基本脚位

（一）小八字（自然位）

做法：正步基础上，双脚尖自然打开（图5-2）。

（二）丁字步

做法：小八字基础上，左脚放于右脚弓前（图5-3）。

三、基本手形（自然手形）

做法：四指自然并拢，虎口自然张开，掌心放松（图5-4）。

四、基本手位

（一）双叉腰

做法：双手自然坐放于胯上，沉腕，指尖对斜下方（似叉裤兜），双肘略向前，可单手做。

（二）单臂袖

（1）叉腰单臂袖（图5-5）。

做法：右手体旁90°曲臂，左叉腰。

（2）平开单臂袖（图5-6）。

做法：右手体旁90°曲臂，左手体旁自然平展，手心对下。

（三）斜上手

做法：双臂斜上方延伸，手心向上（图5-7）。

（四）斜下手

做法：双臂斜下方打开，手心对前（图5-8）。

（五）斜上下手

做法：一手斜上手，另一手斜下手。

图5-1   图5-2   图5-3   图5-4

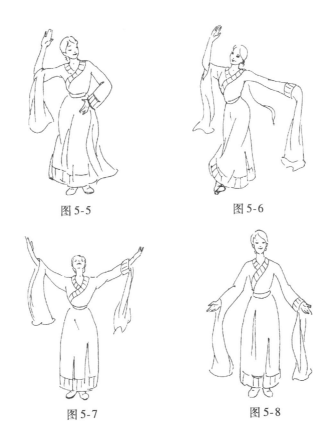

图 5-5   图 5-6

图 5-7   图 5-8

五、常用手臂动作

（一）晃手

做法：双臂于体前由内向外经上弧线晃动。可大、中、小位置上进行。

1）大晃：双臂于额上方晃动。

2）中晃：双臂于眉前晃动。

3）小晃：双小臂于胸前晃动。

（二）盖手

做法：双臂于体前由外向里经上弧线晃动。可大、中、小位置上进行。

（三）翻盖手

做法：一手经小晃手至体旁托手（翻）、一手经小盖手至体旁按手（盖），双手同时进行。

（四）外划手

做法：双手于体前依次向外划平圆，腰随动，眼看手。

（五）里划手

做法：双手于头顶依次或同时向里划平圆，腰随动。

（六）悠手

做法：经双垂臂曲臂前悠，原路线自然下落悠至体后。

可单、双进行。

（七）前后摆手

做法：经双垂臂自然交替前后摆动。

（八）围腰悠摆手

做法：双臂经体旁曲臂悠至围腰（一前一后），原路线摆回，可交替进行。

（九）盖分手

做法：经双垂臂双手于体前交叉后，分至斜下手。

（十）"∞"字划手

做法：双小臂于腹前由左向右、由右向左划"∞"字。

六、舞蹈组合

（一）男子舞蹈组合

1）音乐：《北京有个金太阳》，音乐三遍加结束句共 56 小节。

2）准备姿态：面向 1 点直立，双手自然垂肩。

3）动作过程：

（1）第一遍音乐

第 1～4 小节：做"退踏步"。

第 5～8 小节：做"七下退踏步"，双手自然垂肩，双手胯旁向右摆向左摆。

第 9～12 小节：做"第一基本步"，双手自然垂肩，双手胯旁，左、右交替摆动。

第 13～14 小节：做"嘀嗒步"，丁字步位，双手体前交叉。

第 15～16 小节：做"抬踏步"，丁字步位，双手自然垂肩，双手胯旁，左、右交替摆动。

（2）第二遍音乐

第 1～4 小节：动作同第一遍音乐第 1～4 小节。

第 5～8 小节：动作同第一遍音乐中第 5～8 小节。第 5～6 小节双手向右摆，第 7～8 小节，双手向左摆。

第 9～12 小节：做"第二基本步"。

第 13～14 小节：动作同第一遍音乐第 13～14 小节。

第 15～16 小节：动作同第一遍音乐第 15～16 小节。

（3）第三遍音乐

第 1～4 小节：动作同第一遍音乐第 1～4 小节。

第 5～8 小节：动作同第一遍音乐第 5～8 小节。

第 9～10 小节：做"第三基本步"，丁字步位，双手胯旁，左、右交替摆动。

第 11～12 小节：动作同第 9～10 小节。

第 13～14 小节：动作同第一遍音乐第 13～14 小节。

第 15～16 小节：动作同第一遍音乐第 15～16 小节。

第 17～18 小节：动作同第一遍音乐第 1～2 小节。

第 19～20 小节：动作同第一遍音乐第 5～6 小节。

第 21～23 小节：做"嘀嗒步"，向左原地转，双手在右旁肩略下，右膝略弯，上身前倾，转完一圈，面向 1 点。

第 24 小节：右脚上一步半蹲，左脚向 8 点，勾脚踢出空中 25 度，右手伸向 8 点，左手在后伸向 4 点,上身向左拧。

(二)女子舞蹈组合

1)音乐:《弦子》,音乐慢板共 37 小节,快板共 18 小节。

2)准备姿态:双扶胯,站于 4 点,背向 8 点。

3)动作过程:

准备拍:1 ~ 4 小节不动。

慢板

第 5 ~ 12 小节:做"三步一撩退步",双手扶胯摇晃,面向 4 点,背对 8 点。上身向两旁稍面向 4 点,背对 8 点。

第 13 ~ 20 小节:做"三步一靠",双手平肩,面向 1 点。

第 21 ~ 28 小节:做"三步一撩",正步、旁展单背袖。

第 29 ~ 30 小节:做"靠步"旁展单背袖,面向 8 点做。

第 31 ~ 32 小节:做"三步一靠转 360°"。

第 33 ~ 34 小节:动作同第 29 ~ 30 小节,面向 2 点做另一面。

第 35 ~ 36 小节:动作同第 31 ~ 32 小节,面向 2 点做另一面。

第 37 小节:动作同第 29 小节,面向 1 点,双手扶胯。

快板

第 1 小节:做"退踏步"面向 1 点,双手前后交替摆动,鼓声节奏。第 1 拍:右脚向后退半步,脚掌击地,右手向前摆,左手向后摆。Ta 左脚原地踏一步。第 2 拍:右脚向前踏一步,右手向后摆,左手向前摆。Ta 左脚原地踏一步。

第 2 小节:动作同第 1 小节。

第 3 ~ 10 小节:做"蹉踏步",左手头上方,手心向上,右手平肩,手心向上,向左一个大圆圈至台中。

第 11 ~ 14 小节:做第一基本步参照男子动作。

第 15 ~ 17 小节:做"嘀嗒步"参照男子动作。

第 18 小节:献哈达舞姿。右腿半蹲,左脚向 8 点上步,脚跟点地,身体向 1 点,双手胸前向上打开至肩旁前略下,眼看 1 点。

任务二　蒙古族舞蹈

蒙古族是能歌善舞的民族。蒙古族舞蹈的特点是节奏明快,热情奔放,语汇新颖,风格独特。动作多以抖肩、翻腕来表现蒙古族姑娘欢快优美,热情开朗的性格。男子的舞姿造型挺拔豪迈,步伐轻捷洒脱,表现出蒙古族男性剽悍英武,刚劲有力之美。蒙古族舞蹈久负盛名,传统的马刀舞、鄂尔多斯、筷子、安代、布利亚特婚祀、驯马手、小青马、盅碗舞等,节奏欢快、舞步轻捷,都表现出了蒙古族劳动人民纯朴、热情、精壮的健康气质。保留节目有"筷子舞"、"马刀舞"、"驯马舞"、"盅碗舞"、"挤奶员舞"、"鹰舞"等。

一、基本体态

基本体态的训练,是训练的第一步。以此为基础,逐步进入到肩、手和臂,步伐和马步等更有特征的训练,达到脚下的灵活敏捷、肩部的松弛自如、臂与腕部的柔韧优美。

做法:体对二方向,右踏步,双叉腰,提胯、立腰、拔背;上身略左拧,重心略偏后呈微靠状,目视八方向远方(见图5-9)。

图5-9

二、基本脚位

(一)正步

做法:双脚自然并拢,脚尖对前正(见图5-10)。

(二)小八字

做法:脚跟并拢,脚尖自然外开,呈"八"字状(见图5-11)。

(三)大八字

做法:小八字基础上,双脚相距约一脚距离(见图5-12)。

(四)踏步(以出右脚为例)

做法:小八字基础上,右脚向左斜后方向撤半步,前脚掌撑地,双膝内侧相靠(见图5-9)。

(五)虚丁位

做法:双脚右前左后,右前脚掌点地,重心后靠双膝略屈(见图5-13)。

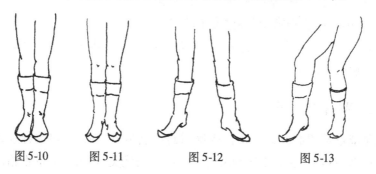

图5-10　　　图5-11　　　图5-12　　　图5-13

三、基本手形

(一)平掌

做法:四指并拢,虎口自然打开,五指自然平伸,掌心放松(见图5-14)。

(二)自然掌

做法:五指自然平伸(见图5-15)。

（三）空握拳

做法:空心握拳(见图5-16)。

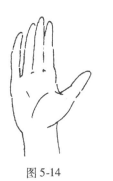

图5-14　　　　　　　　图5-15　　　　　　　　图5-16

四、基本手位

（一）叉腰

做法:双手空握拳,大拇指张开,四指第一关节插于胯骨处,手腕自然下压(见图5-9)。

（二）胯前按手

做法:双手在胯前按手,指尖相对,呈圆弧形(见图5-17)。

（三）后背端手

做法:双手在体后端托手,指尖相对,呈圆弧形(见图5-18)。

（四）斜下手

1)体前斜下手:

做法:双手于体前斜下平伸,与肩同宽(见图5-19)。

2)体前侧斜下手:

做法:双手于体前侧斜下平伸(见图5-20)。

（五）胸前按手

做法:双手在胸前按手,指尖相对,呈圆弧形(见图5-21)。

（六）平开手

做法:双手向体旁平伸,手臂略呈圆弧形(见图5-22)。

（七）斜上手

做法:双手向体侧斜上平伸(见图5-23)。

（八）肩前折臂

做法:双折臂至肩前,双肘与肩平,自然按掌(见图5-24)。

（九）点肩折臂

做法:双折臂与肩平,中指点肩(见图5-25)。

（十）胸前交叉

做法:双手胸前交叉,手背相对(见图5-26)。

图 5-17　　　　图 5-18　　　　图 5-19　　　　图 5-20

图 5-21　　　　　　　　图 5-22

图 5-23　　　　图 5-24　　　　图 5-25　　　　图 5-26

五、舞蹈组合

（一）男子舞蹈组合

1）音乐：《牧马》音乐共 48 小节。

2）准备姿态：右手叉腰，左手勒马位。站于 4 点，面向 6 点。

3）动作过程：

第 1~2 小节：不动。

第 3~4 小节：做"走马步"。

第 5~6 小节：做"走马步"，原地四个方向（90°）转身。Ta：面向 6 点，右小腿弹出前伸，左手略前伸。

第 1 拍：右脚落地，左手勒马。

第 2 拍:左脚跟上于右脚旁,脚掌点地,左膝略弯曲。Ta:右脚掌左辗转 90°,同时左小腿向 5 点弹出前伸,左手略前伸。

第 3 拍:左脚落地,左手勒马。

第 4 拍:右脚跟上,并于左脚旁,脚掌点地,右膝略弯曲。

第 7 ~ 8 小节:走马步。

第 1 拍:右脚落地,左手勒马。

第 2 拍:左脚跟上于右脚旁,脚掌点地,左膝略曲。Ta:右脚掌左辗转 90°,同时左小腿向 1 点弹出前伸,左手略前伸。

第 3 拍:左脚落地,左手勒马。

第 4 拍:右脚跟上于左脚旁,脚掌点地,右膝略微弯曲。

第 9 ~ 10 小节:动作同第 3 ~ 4 小节。

第 11 ~ 12 小节:动作同第 5 ~ 6 小节。

第 13 ~ 14 小节:"勒马舞姿造型",双手勒马右脚前,左脚后,两脚半脚尖站立,两膝弯曲外开,上身向右旁后平拧,眼看 2 点。

第 15 ~ 16 小节:做"勒马转"向右勒马原地转二圈。

第 17 ~ 22 小节:做"躺身套马步"。左手提襟,右手肩旁略下握鞭,上身向后靠。

第 23 ~ 26 小节:做"交替摆步"双手勒马,两膝略微弯曲,面向 1 点。

第 27 小节:做揉臂。

第 1 拍:面向 1 点,左脚向旁 7 点上一步,左肩胛向前推出伸延带动大、小臂至手指尖,右臂旁上,由上往下,压腕,手指向上翘。

第 2 拍:右脚向旁迈步与左脚并拢,左臂提腕,手指向下,右臂向下。

第 3 拍:左脚向旁 7 点上一步,左臂继续向上抬,右臂继续向下。

第 4 拍:左脚掌向左辗地转 180°,面向 5 点,右小腿吸起,左臂在上,右臂于身旁。

第 28 小节:

第 1 拍:面向 5 点,右脚向旁 7 点上一步,右肩胛向前推出伸延带动大、小臂至手指尖,左臂旁上,由上往下,压腕,手指向上翘。

第 2 拍:左脚向旁迈步与右脚并拢,右臂提腕,手指向下,左臂向下。

第 3 拍:右脚向旁 7 点上一步,右臂继续向上抬,左臂继续向下。

第 4 拍:左小腿吸起,右臂在上,左臂于身旁。

第 29 小节:做揉臂。

第 1 拍:面向 5 点,左脚向旁 3 点上一步,左肩胛向前推出伸延带动大、小臂至手指尖,右臂旁上,由上往下,压腕,手指向上翘。

第 2 拍:右脚向旁迈步与左脚并拢,左臂提腕,手指向下,右臂向下。

第 3 拍:左脚向旁 3 点上一步,左臂继续向上抬,右臂继续向下。

第 4 拍:左脚掌向左辗地转 180°,

面向 1 点,右小腿吸起,左臂在上,右臂于身旁。

第30小节:

第1拍:面向1点,右脚向旁3点上一步,右肩胛向前推出伸延带动大、小臂至手指尖,左臂旁上,由上往下,压腕、手指向上翘。

第2拍:左脚向旁迈步与右脚并拢,右臂提腕,手指向下,左臂向下。

第3拍:右脚向旁3点上一步,右臂继续向上抬,左臂继续向下。

第4拍:左小腿吸起,右臂在上,左臂于身旁。

第31~32小节:做"十字步揉臂"。

第1~2拍:面向1点,左脚向2点上步,右臂由上往下,大、小臂至手指尖,如波浪形揉动,手腕向下压,手指向上翘,左臂由下往上,大、小臂至手指尖,如波浪形揉动,手腕向上提,手指向下。

第3~4拍:面向1点,右脚向8点上步,左臂由上往下,大、小臂至手指尖,如波浪形揉动,手腕向下压,手指向上翘,右臂由下往上,大、小臂至手指尖,如波浪形揉动,手腕向上提,手指向下。

第5~6拍:左脚向6点退步,右臂由上往下,大、小臂至手指尖,如波浪形揉动,手腕向下压,手指向上翘,左臂由下往上,使大臂、小臂直到手指尖,如波浪形揉动,手腕向上提,手指向下。

第7~8拍:右脚向4点退步,左臂由上往下,大、小臂至手指尖,如波浪形揉动,手腕向下压,手指向上翘,右臂由下往上,大、小臂到手指尖,如波浪形揉,手腕向上提,手指向下。

第33~34小节:动作同第29~30小节。

第35~38小节:动作同第25~28小节。

第39~40小节:动作同第29~32小节。

第41~42小节:做"勒马舞姿造型",左手叉腰,右手勒马位,右脚向8点上步,左脚后,两脚半脚尖站立,两膝弯曲外开,上身向右旁后平拧,眼看2点。

第43~44小节:做"勒马转",左手叉腰,右手勒马地向右转一圈。

第45~48小节:做"跑马步"向8点,双手勒马,上身前俯,跑圆圈。

(二)女子舞蹈组合

1)音乐:《赞歌》音乐共22小节。

2)准备姿态:平鹰式,站于6点。

3)动作过程:

准备拍:节奏宽广自由,第1、2个"啊"不动,第3个"啊",从6点圆场步出场,同时双手做揉臂,走一大圆圈,至台中,向左自转一圈,双手高鹰式,面向1点。

第1~2小节:做"十字步揉臂"。

第1~2拍:面向重点,右脚向8点上步,左臂由上往下,大、小臂到手指尖,如波浪形揉动,手腕向下压、手指向上翘;右臂由下往上,大、小臂到手指尖,如波浪形揉动,手腕向上提,手指向下。

第3~4拍:左脚向6点退步,右臂由上往下,大、小臂到手指尖,如波浪形揉动,手腕向下压,手指向上翘,同时,左臂由下往上,大、小臂到手指尖,如波浪形揉动,手腕向上提,手指向下。

第 5 ~ 6 拍:右脚向 4 点退步,双手动作与第 1 ~ 2 拍相同。

第 7 ~ 8 拍:左脚向 2 点上步,双手动作与第 3 ~ 4 拍相同。

第 3 小节:做"踏步移位揉肩"。

第 1 ~ 2 拍:双手叉腰,面向 1 点,右脚向右旁 3 点迈一步,两膝略曲,右肩胛向后,右肘向前,左肩胛向前,左肘向后。

第 3 ~ 4 拍:左脚向右脚后旁踏步位上步的同时,两腿伸直,右肩胛向前,右肘向后,左肩胛向后,左肘向前。

第 4 小节:动作同第 3 小节。Ta:右脚向右旁 3 点迈步。

第 5 小节:做"大踏步揉肩"。

第 1 ~ 2 拍:面向 1 点,左脚向 2 点上步半蹲,右脚在后成大踏步,身体向 1 点,重心慢慢向前移,右肩胛柔柔地向前推出,右肘向后,左肩胛柔柔地向后,左肘向前,眼看 8 点。

第 3 ~ 4 拍:左肩胛柔柔地向前推出,左肘向后,右肩胛柔柔地向后,右肘向前,眼看 8 点。Ta:大踏步起来,两腿伸直,重心在两腿中。

第 6 小节:重心慢慢移向右腿,左脚尖向 2 点点地。

在第 1 ~ 2 拍时,右肩胛柔柔地向前推出,右肘向后,左肩胛柔柔地向后,左肘向前,身体向 1 点,眼看 8 点。

第 3 ~ 4 拍时,左肩胛柔柔地向前推出,左肘向后,右肩胛柔柔地向后,右肘向前,眼看 8 点。

第 7 小节:做"大踏步揉臂"。

第 1 ~ 2 拍:左脚向 2 点上步半蹲,右脚在后成大踏步,身体向 1 点,重心慢慢向前移,右臂由上往下,大、小臂到手指尖,如波浪形揉动,手腕向下压,手指向上翘,同时左臂由下往上,大、小臂到手指尖,如波浪形揉动,手腕向上提,手指向下。

第 3 ~ 4 拍:两腿伸直,重心后移右脚,左脚脚尖向 2 点点地,左臂由上往下,大、小臂到手指尖,如波浪形揉动,手腕向下压,手指向上翘,同时右臂由下往上,大、小臂到手指尖,如波浪形揉动,手腕向上提,手指向下,眼看 8 点。

第 8 小节:动作同第 7 小节。

第 9 ~ 10 小节:做"十字步揉臂"。

第 1 ~ 2 拍:面向 1 点,左脚向 2 点上步,右臂由上往下,大、小臂到手指尖,如波浪形揉动,手腕向下压,手指向上翘,左臂由下往上,大、小臂至手指尖,如波浪形揉动,手腕向上提,手指向下。

第 3 ~ 4 拍:右脚向 4 点退步,左臂由上往下,大、小臂到手指尖,如波浪形揉动,手腕向下压,手指向上翘,同时右臂由下往上,大、小臂到手指尖,如波浪形揉动,手腕向上提,手指向下。

第 5 ~ 6 拍:左脚向 6 点退步,双手动作与第 1 ~ 2 拍相同。

第 7 ~ 8 拍:右脚向 8 点上步,双手动作与第 3 ~ 4 拍相同。

第 11 小节:做"踏步移位揉肩"。

第1~2拍:面向重点,双手叉腰,左脚向左旁点迈一步,两膝略弯曲,右肩胛向前,右肘向后左肩胛向后,左肘向前。

第3~4拍:右脚向左脚后旁踏步位上步,同时两腿伸直,左肩胛向后,左肘向前,右肩胛向前,右肘向后。

第12小节:动作同11小节。Ta:左脚向左旁7点迈步。

第13小节:做"大踏步揉肩"。

第1~2拍:面向1点,右脚向8点上半蹲,左脚在后成大踏步,身体向1点,重心慢慢向前移,左肩胛柔柔地向前推出,左肘向后,右肩胛柔柔地向后,右肘向前,眼看2点。

第3~4拍:右肩胛柔柔地向前推出,右肘向后,左肩胛柔柔地向后,左肘向前,眼看2点。Ta:大踏步起来,两腿伸直,重心在腿中。

第14小节:做"揉肩"。

第1~2拍,重心慢慢移向左腿,右脚尖向8点地,身体向1点,左肩胛柔柔地向前推出,左肘向后,右肩胛柔柔地向后,右肘向前,眼看2点。

第3~4拍,右肩胛柔柔地向前推出,右肩胛柔柔地向后,左肘向前,眼看2点。

第15小节:做"大踏步揉臂"。

第1~2拍:右脚向8点上步半蹲,左脚在后成大踏步,身体向1点,重心慢慢向前移,左臂由上往下,大、小臂到手指尖,如波浪形揉动,手腕向下压,手指向上翘,右臂由下往下,大、小臂到手指尖,如波浪形揉动,手腕向上提,手指向下。

第3~4拍:两腿伸直,重心后移左脚,右脚脚尖向8点点地,右臂由上往下,大、臂到手指尖,如波浪形揉地,手腕向下压,手指向上翘,左臂由下往上,大、小臂到手指尖,如波浪形揉动,手腕向上提,手指向下。

第16小节:动作同第15小节。

第17~18小节:原地向左慢慢自转一圈,双手做揉臂。

第19~22小节:做"圆场步"顺时针一大圈,向6点进场,同时双手做揉臂。

任务三 汉族舞蹈(东北秧歌)

东北秧歌是汉、满两族民间歌舞艺术的结晶,它源自中原,又深深印上了黑土地所滋养出的泼辣火热、质朴浓烈的情感特征,是汉族民间舞中最具北方特色的秧歌。东北秧歌在东北地区以三种形式广泛流传:高跷秧歌、二人转、地秧歌。在民间,秧歌表演是在正月里进行。冬季的东北冰天雪地,万物沉静,而欢腾热闹的秧歌使生命充满活力,人们纷纷涌出家门,在响亮的钹鼓、悠扬的唢呐声中欢跃起舞。由于特殊的地域与习俗,东北秧歌形成了稳中带浪、艮俏相融的审美特征。

一、基本体态

做法:正步,重心前倾;双膝略存,提胯、拔腰;含胸、垂肩;眼睛平视。

二、基本脚位

(一)正步

做法:自然站立,双脚脚尖并拢。

(二)踏步

做法:在正步的基础上,一脚向后方脚尖点地。

(三)丁字步

做法:小八字基础上,右脚顺脚跟方向后撤半步,与前脚呈"丁"字状。

三、持巾法

(一)握巾

做法:手握手巾三分之一处,五指松弛,食指顺手巾的圆形方向自然延伸。

(二)三指夹巾

做法:手巾花对折,手心对上,中指于手巾花下面;食指、无名指于手巾花上面,成三指夹巾,(见图5-27)。(注:做法在缠花时运用。)

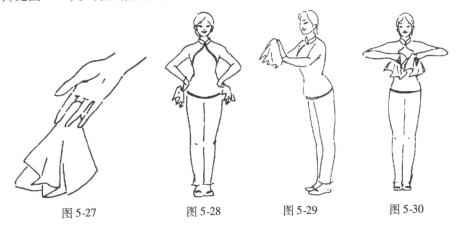

图5-27　　　　　图5-28　　　　　图5-29　　　　　图5-30

四、常用舞姿

(一)双叉腰

做法:双手背分别叉于腰际,双肘略向前,指尖对后斜下方(见图5-28)。

(二)双推山

做法一:胸前曲臂、双肘下压,立腕,指尖相靠,手掌前推(见图5-29)。

做法二:右手或左手比另一只手稍高,其他同做法一。

(三)双扶胸

做法一:双小臂折回,架肘与肩平,手腕上提,指尖轻点心窝(见图5-30)。

做法二:双手压腕、手心对前,其他同做法一。

(四)双抱头

做法:曲臂、双肘略向前,双手分别于头部斜上两侧,上顶腕、手心对斜上(见图5-31)。

(五)单搭肘(以右为例)

做法:左斜前垂臂,右手搭于左肘部(见图5-32)。

(六)双搭肘

做法:右手搭于左大臂,左手搭于右大臂,大臂略抬起(见图5-33)。

(七)双扣手

做法:腹前曲臂呈椭圆形,右手心对上,左手心向下,中指相对虚点(见图 5-34)。

(八)扶鬓手

做法:右斜上、左胸前曲臂立掌,手掌前推(见图 5-35)。

(九)燕展翅

做法:直臂,翘腕。双臂体侧斜下 45°(小),双臂体旁 90°(大)(见图 5-36)。

提示:在小燕展翅位上完成直臂绕花称小燕展翅,在大燕展翅位上完成直臂绕花称大燕展翅。

(十)单展翅

做法:左手叉腰,右手体旁立掌(见图 5-37)。

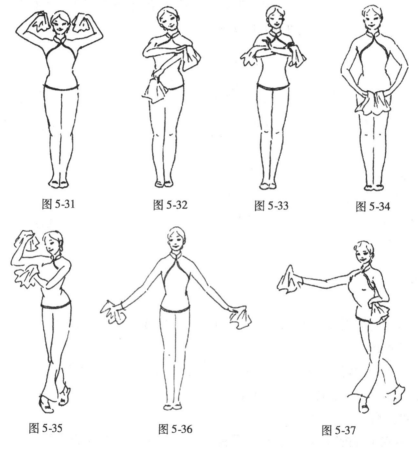

图 5-31   图 5-32   图 5-33   图 5-34

图 5-35   图 5-36   图 5-37

五、舞蹈组合

(一)男子舞蹈组合

1)音乐:《东北秧歌》。

音乐共 56 小节,慢板 28 小节,小快板 28 小节。

2)准备姿态:双手叉腰,站台中,正步。

3)动作过程:

(1)慢板

第 1~4 小节:做"前踢步"、"双臂花",面向 1 点。

第 5～8 小节:做"后踢步"、"双臂花"。

第 9～14 小节:"前踢步","胸前花",面向 1 点。

第 15～22 小节:做"蹲前踢步"、"上捅花",正步半蹲。

第 23～28 小节:做"大八字蹲裆步"、"缠头花"。

(2)小快板

第 1～8 小节:做"走场步"、"交替花",面向 1 点,走横⌒字。

第 9～14 小节:做"前跳踢步"、"肩上花"面向 1 点,上身略后。

第 15～20 小节:做"后跳踢步"、"蝴蝶花",上身略前。

第 21～24 小节:做"前后交替跳踢步"、"胸前花"身体向 2 点,踏步位,左脚前。

第 25 小节:做"走场步"、"交替花",面向 1 点,再转向 2 点。

第 1 拍:左脚向 1 点迈一步,落地膝盖略弯曲,右手抬起,右斜方绕花到胸前,左手旁抬起平肩略下。

第 2 拍:右脚向 2 点迈一步,落地膝盖略弯曲,左手抬起,左斜方绕花到胸前,右手旁抬起平肩略下。

第 26～28 小节:动作同第 25 小节。

(二)女子舞蹈组合

1)音乐:《东北秧歌》女,音乐共 59 小节。

2)准备姿态:右手叉腰,左手按掌站于 2 点。

3)动作过程:

第 1～7 小节:从 2 点出场,圆场步,逆时针方向,右手叉腰,左手按掌,眼看 1 点。

第 8～11 小节:做"前踢步","双臂花",面向 1 点。

第 12～13 小节:做压脚跟木偶式,正步,双手体旁于肩略下绕腕,面向 1 点。

第 14～19 小节:做"后踢步","双臂花",正步,面向 1 点。

第 20～22 小节:动作同第 12～13 小节。

第 23～26 小节:做"前踢步"、"胸前花",正步,面向 1 点。

第 27～30 小节:动作同第 14 小节。

第 31～33 小节:做"踏步压脚跟",双手叉腰。

第 34～37 小节:做"后跳踢步"、"蝴蝶花",面向 1 点,上身略前。

第 38～39 小节:动作同第 31 小节。

第 40～45 小节:做"后跳踢步"、"体旁花",面向 1 点,上身略前。

第 46～48 小节:做"压脚跟木偶式"、"体旁花",面向 1 点,正步,双手体旁。

第 49～50 小节:做"十字步"、"交替花",面向 1 点。

第 1 拍:左脚向 2 点上步,右手抬起,右斜方绕花到胸前,左手旁抬起平肩略下。

第 2 拍:右脚向 8 点上步,左手抬起,左斜方绕花到胸前,右手旁平肩略下。

第 3 拍:左脚向 6 点退步,右手抬起,右斜方绕花至胸前,左手旁平肩略下。

第 4 拍:右脚向 4 点退步,左手抬起;左斜方绕花到胸前,右手旁平肩略下。

第 51 ~ 52 小节:"后跳踢步"、"蝴蝶花",面向 2 点,上身略前。

第 53 ~ 56 小节:"走场步","交替花",面向 1 点逆时针方向。

第 57 小节:动作同第 23 小节。

第 58 ~ 59 小节:做"压脚跟木偶式",正步,双手体旁平肩略下翘腕,面向 1 点。

第 1 拍:两脚跟踮起,下压,身体向 8 点扭,双手体旁平肩略下翘腕。

第 2 拍:两脚跟踮起,下压,身体向 2 点扭。

第 3 拍:两脚跟踮起,下压,身体向 8 点扭。

　　　Ta:两脚跟踮起,下压,身体向 2 点扭。

第 4 拍:两脚跟踮起,下压,身体向 8 点扭。

项目二　外国舞(国标摩登舞)

【学习目标】

了解国标摩登舞的基本训练方法。

知识目标

学习华尔兹、伦巴舞、恰恰舞。

掌握男、女舞伴的熟练配合。

能力目标

通过国标摩登舞学习和训练,使学生具备表演和编创的能力。

任务一　华尔兹

华尔兹来源于德国奥地利民间,其本义即旋转,有舞中之王的美称。华尔兹舞姿优美华贵,最大特点是动作如波浪般起伏,舞步似行云样流畅。

正确舞姿:身体自然直立,两脚正步并拢,男、女舞伴间隔一拳左右,女伴站立男伴稍右侧。男、女舞伴相握的舞姿是:男伴手臂稍弯曲,高度以女伴耳朵为准,右手掌轻托女伴左肩胛骨下,女伴左手轻放男伴右大臂三头肌上(见图5-38)。

图 5-38　　　　　　图 5-39　　　　　　图 5-40　　　　　　图 5-41

一、基本动作

（一）前进基本步

第1拍：男伴　左脚前进一步,右脚慢慢跟上。

　　　　女伴　右脚后退一步,左脚慢慢收回。

第2拍：男伴　右脚前进一步。

　　　　女伴　左脚后退一步。

第3拍：男伴　左脚前进半步。

　　　　女伴　右脚后退半步(图5-39、图5-40、图5-41)。

（二）后退基本步

第1拍：男伴　左脚后退一步,右脚慢慢收回。

　　　　女伴　右脚前进一步,左脚慢慢跟上。

第2拍：男伴　右脚后退一步。

　　　　女伴　左脚前进一步。

第3拍：男伴　左脚后退半步。

　　　　女伴　右脚前进半步。

（三）横并步

第1拍：男伴　左脚后退一步,右脚慢慢收回。

　　　　女伴　右脚前进一步,左脚慢慢跟上。

第2拍：男伴　右脚向右旁横迈一步。

　　　　女伴　左脚向左旁横迈一步。

第3拍：男伴　左脚向右迈一步,两脚并拢。

　　　　女伴　右脚向左迈一步,两脚并拢(图5 – 42、图5-43、图5-44)。

图5-42　　　　　　　　　　图5-43　　　　　　　　　　图5-44

（四）交叉步进、退

（此动作前加个横并步）

第一个三拍：

第1拍：男伴　身体向8点,右脚向8点迈一步,右肩和女伴右肩相对。

　　　　女伴　身体向4点,左脚向8点退一步。

第2拍:男伴　左脚向8点迈一步。

　　　　女伴　右脚向8点退一步。

第3拍:男伴　左脚掌向右辗转,身体向2点,右脚经左脚位向2点迈一步,左肩和女伴右肩相对。

　　　　女伴　右脚掌向右辗转,身体向6点,左脚经右脚位向2点退一步。

第二个三拍:

第1拍:男伴　左脚向2点迈一步。

　　　　女伴　右脚向2点退一步。

第2拍:男伴　右脚向2点迈一步。

　　　　女伴　左脚向2点退一步。

第3拍:男伴　右脚掌向左辗转,身体向8点,左脚经右脚位向8点迈一步,右肩和女伴右肩相对。

　　　　女伴　左脚掌向左辗转,身体向4点,右脚经左脚位向8点退一步。

第三个三拍:

动作同第一个三拍。

第四个三拍:

第1拍:男伴　左脚向2点迈一步,左肩和女伴左肩相对。

　　　　女伴　右脚向2点退一步。

第2拍:男伴　右脚向2点迈一步。

　　　　女伴　左脚向2点退一步。

第3拍:男伴　左脚向6点退半步,左肩和女伴左肩相对。

　　　　女伴　右脚向6点进半步。

第五个三拍:

第1拍:男伴　右脚向6点退一步,左肩和女伴左肩相对。

　　　　女伴　左脚向6点迈一步。

第2拍:男伴　左脚向6点退一步。

　　　　女伴　右脚向6点迈一步。

第3拍:男伴　左脚掌向左辗转,身体向8点,右脚经左脚位向4点退一步,右肩和女伴右肩相对。

　　　　女伴　右脚掌向左辗转,身体向4点,左脚经右脚位向4点迈一步。

第六个三拍:

第1拍:男伴　左脚向4点退一步,右肩和女伴右肩相对。

　　　　女伴　右脚向4点迈一步。

第2拍:男伴　右脚向4点退一步。

　　　　女伴　左脚向4点迈一步。

第3拍:男伴　右脚掌向右辗转,身体向2点,左脚经右脚位向6点退一步,左肩和女伴左肩相对。

　　女伴　左脚掌向右辗转,身体向6点,右脚经左脚位向6点迈一步。

第七个三拍:动作同第五个三拍(图5-45、图5-46、图5-47)。

图5-45　　　　　　　　图5-46　　　　　　　　图5-47

第八个三拍:

第1拍:男伴　左脚向4点退一步,右肩和女伴右肩相对。

　　　　女伴　右脚向4点迈一步。

第2拍:男伴　右脚向4点退一步。

　　　　女伴　左脚向4点迈一步。

第3拍:男伴　左脚向8点迈半步,右肩和女伴右肩相对。

　　　　女伴　右脚向8点退半步。

图5-48　　　　　　　　图5-49　　　　　　　　图5-50

第九个三拍:

第1拍:男伴　右脚向8点迈一步。

　　　　女伴　左脚向8点退一步。

第2拍:男伴　左脚向左旁横迈一步。

　　　　女伴　右脚向右旁横迈一步。

第3拍:男伴　右脚向左脚旁迈一步,两脚并拢。

　　　　女伴　左脚向右脚旁迈一步,两脚并拢(图5-48、图5-49、图5-50)。

（五）巡迴步

（此动作前加个横并步）

第一个三拍：

第1拍：男伴　身体向8点，右脚向8点迈一步。

　　　　女伴　身体向4点，左脚向8点退一步。

第2拍：男伴　左脚向8点迈一步。

　　　　女伴　右脚向8点退一步。

第3拍：男伴　右脚原地踏一步。

　　　　女伴　左脚原地踏一步。

第二个三拍：

第1拍：男伴　身体向8点，左脚向4点退一步。

　　　　女伴　身体向4点，右脚向4点迈一步。

第2拍：男伴　右脚向4点退一步，同时右手拨女伴左肩胛骨，右胯和女伴左胯并拢，身体往8点。

　　　　女伴　左脚向4点迈一步，同时身体向右旋转180°，左胯和男伴右胯并拢，身体向8点。

第3拍：男伴　左脚原地踏一步。

　　　　女伴　右脚原地踏一步。

第三个三拍：

第1拍：男伴　身体向8点，右脚向8点迈一步。

　　　　女伴　身体向8点，左脚向8点迈一步。

第2拍：男伴　左脚向8点迈一步，同时右手指轻朝里推女伴左肩胛骨。

　　　　女伴　右脚向8点迈一步，同时向左旋转180°，身体向4点。

第3拍：男伴　右脚原地踏一步。

　　　　女伴　左脚原地踏一步（图5-51~图5-56）。止步180°旋转。

图5-51　　　　　　　　　　图5-52　　　　　　　　　　图5-53

| 图 5-54 | 图 5-55 | 图 5-56 |

（六）止步 180°旋转

第一个三拍：

第 1 拍：男伴　左脚向右斜前方上一步。

　　　　女伴　右脚向左斜后方退一步。

第 2 拍：男伴　右脚在后不动。

　　　　女伴　左脚在前不动。

第 3 拍：男伴　左脚退回原位。

　　　　女伴　右脚收回原位。

第二个三拍：

第 1 拍：男伴　右脚向左斜前方上一步。

　　　　女伴　左脚向右斜后方退一步。

第 2 拍：男伴　左脚在后不动。

　　　　女伴　右脚在前不动。

第 3 拍：男伴　右脚退回原位。

　　　　女伴　左脚收回原位。

第三个三拍：

第 1 拍：男伴　左脚向正前方，女伴两脚中间上一步，上身向左拧。

　　　　女伴　右脚向正后方退一步，上身向左拧。

第 2 拍：男伴　右脚上步同时左旋转 180°。

　　　　女伴　左脚退步同时左旋转 180°。

第 3 拍：男伴　左脚腿步后脚旁。

　　　　女伴　右脚上步左脚旁（图 5-57 ~ 图 5-61）。

图 5-57

图 5-58

图 5-59

图 5-60

图 5-61

（七）单提手转

第一个三拍：

　　　男伴　左脚前进基本步。

　　　女伴　右脚后退基本步。

第二个三拍：

　　　男伴　右脚后退基本步。

　　　女伴　左脚前进基本步。

第三个三拍：

第 1 拍：男伴　左脚原地踏一步，右手推动女伴左肩胛骨。

　　　　女伴　右脚向右斜方迈一步，左手离开男伴右大臂三头肌，提裙式。

第 2 拍：男伴　右脚原地踏一步，左手提女伴右手在头上方。

　　　　女伴　左脚向前迈步，在右手下方穿过，左手提裙式。

第 3 拍：男伴　左脚原地踏一步，左手提女伴右手在头上方。

　　　　女伴　右脚向前迈步，左手提裙式。

第四个三拍：

　　　男伴　两脚在原地右脚起，一拍一步，共踏地三步，左手提女伴右手在头
　　　　　　上方。

女伴　左脚起上三步,按顺时针方向走一圆圈。

第五个三拍:

男伴　两脚在原地左脚起,一拍一步,共踏地三步,左手提女伴右手在头上方。

女伴　右脚起上三步,按顺时针方向走一圆圈和男伴相对,靠近。

第六个三拍:

第1拍:男伴　右脚向后退一步,和女伴相握式舞姿。

女伴　左脚向前迈一步。

第2拍:男伴　左脚向左旁横迈一步。

女伴　右脚向右旁横迈一步。

第3拍:男伴　右脚向左脚旁迈一步,两脚并拢。

女伴　左脚向右脚旁迈一步,两脚并拢(图5-62~图5-64)。

图5-62　　　　　　　　图5-63　　　　　　　　图5-64

(八)右180°旋转

第一个三拍:

第1拍:男伴　左脚退一步。

女伴　右脚迈一步。

第2拍:男伴　右脚向右旁横迈一步。

女伴　左脚向左旁横迈一步。

第3拍:男伴　左脚向右脚旁迈一步,两脚并拢。

女伴　右脚向左脚旁迈一步,两脚并拢。

第二个三拍:

第1拍:男伴　右脚前进一步,在女伴两脚中间,上身向右拧。

女伴　左脚后退一步,上身向右拧。

第2拍:男伴　左脚上一步,同时右旋转180°。

女伴　右脚退一步,同时右旋转180°。

第3拍:男伴　右脚退一步左脚旁。

女伴　左脚上一步右脚旁。

第三个三拍：

第1拍：男伴　左脚后退一步，上身向右拧。

　　　　女伴　右脚前进一步，在男伴两脚中间，上身向右拧。

第2拍：男伴　右脚退一步，同时右旋转180°。

　　　　女伴　左脚上一步，同时右旋转180°。

第3拍：男伴　左脚上一步右脚旁。

　　　　女伴　右脚退一步左脚旁（图5-65—图5-67）。

　　图5-65　　　　　　　　　　图5-66　　　　　　　　　图5-67

二、舞蹈组合

第1小节：做"横并步"。

第2~3小节：做"前进基本步"。

第4小节：做"横并步"。

但第1拍，男伴右脚进步，女伴左脚退步。

第2拍，男、女伴横步。

第3拍，男伴女伴两脚并拢。

第5~6小节：做"后退基本步"。

第7小节：做"横并步"。

但第1拍，男伴左脚退步，女伴右脚进步。

第2拍，男伴身体转向左斜前方，女伴身体也转向左斜前方，男伴右脚向右旁迈半步，女伴左脚向左旁迈一步，男伴和女伴右肩相对。

第3拍，男伴女伴两脚并拢。

第8~16小节：做"交叉步"，进退。

第17~22小节：做两次"止步180°旋转"。

第23小节：做第7小节的横并步。

第24~26小节：做"巡回步"。

第27小节：做"横并步"。

但第1拍，男伴左脚向正后方退一步，女伴右脚向正前方进步。

第2拍，男伴右脚向正旁横迈一步，女伴左脚向正旁横迈一步。

第3拍,男伴女伴两脚并拢。

第28小节:做"横并步"。

但第1拍,男右脚退步,女伴左脚进步。

第2拍,男、女伴横步。

第3拍,男伴女伴两脚并拢。

第29～34小节:做"提手转"。

第35～40小节:做"右180°旋转"。

第41小节:做"横并步"。

任务二　伦巴舞

一、概述

伦巴起源于古巴。其舞优雅、缠绵、抒情。它的特点:以胯部两侧扭动,带动脚下舞步,以男伴手势变化,带动女伴,使其舞姿丰富,变化多端,富于浪漫情调。伦巴的手位有双手相握式、交叉手相握式、单手相握式。

二、基础和组合

(一)基本动作

1)准备姿态:男、女伴双手相握(图5-68)。

2)动作过程:

第一个四拍:

第1拍:男伴　左脚向左旁横迈一步,出左胯。

　　　　女伴　右脚向右旁横迈一步,出右胯。

第2拍:男伴　右脚向左旁横迈一步与左脚靠拢,重心在右脚,出右胯,左膝略弯曲。

　　　　女伴　左脚向右旁横迈一步与右脚靠拢,重心在左脚,出左胯,右膝略弯曲。

第3拍:男伴　左脚向左旁横迈一步,出左胯。

　　　　女伴　右脚向右旁横迈一步,出右胯。

第4拍:男伴　右脚向左旁横迈一步与左脚靠拢,重心在左脚,出左胯,右膝略弯曲。

　　　　女伴　左脚向右旁横迈一步与右脚靠拢,重心在右脚,出右胯,左膝略弯曲。

图5-68

图5-69

图5-70

第二个四拍：

第1拍：男伴　右脚向右旁横迈一步，出右胯。

　　　　女伴　左脚向左旁横迈一步，出左胯。

第2拍：男伴　左脚向右旁横迈一步与右脚靠拢，重心在左脚，出左胯，右膝略弯曲。

　　　　女伴　右脚向左旁横迈一步与左脚靠拢，重心在右脚，出右胯，左膝略弯曲。

第3拍：男伴　右脚向右旁横迈一步，出右胯。

　　　　女伴　左脚向左旁横迈一步，出左胯。

第4拍：男伴　左脚向右旁横迈一步与右脚靠拢，重心在右脚，出右胯，左膝略弯曲。

　　　　女伴　右脚向左旁横迈一步与左脚靠拢，重心在左脚，出左胯，左膝略弯曲（图5-69、图5-70）。

（二）平行换位

1）准备姿态：男女伴横排靠拢，男伴左手握女伴右手。

2）动作过程：

第一个四拍：

第1拍：男伴　左脚向左旁横迈一步，出左胯，左手平肩略弯曲。

　　　　女伴　右脚向右旁横迈一步，出右胯，右手平肩略弯曲。

第2拍：男伴　右脚向左旁横迈一步与左脚靠拢，重心在右脚，出右胯，左膝略弯曲。

　　　　女伴　左脚向右旁横迈一步与右脚靠拢，重心在左脚，出左胯，右膝略弯曲。

第3拍：男伴　左脚向左旁横迈一步，出左胯。

　　　　女伴　右脚向右旁横迈一步，出右胯。

第4拍：男伴　右脚向左旁横迈一步与左脚靠拢，重心在左脚，出左胯，右膝略弯曲。

　　　　女伴　左脚向右旁横迈一步与右脚靠拢，重心在右脚，出右胯，左膝略弯曲。

第二个四拍：

第1拍：男伴　右脚向右旁横迈一步，出右胯。

　　　　女伴　左脚向左旁横迈一步，出左胯。

第2拍：男伴　左脚向右旁横迈一步与右脚靠拢，重心在左脚，出左胯，右膝略弯曲。

　　　　女伴　右脚向左旁横迈一步与左脚靠拢，重心在右脚，出右胯，左膝略弯曲。

第3拍：男伴　右脚向右旁横迈一步，出右胯与女伴靠拢，对视。

　　　　女伴　左脚向左旁横迈一步，出左胯与男伴靠拢，对视。

第4拍：男伴　左脚向右旁横迈一步与右脚靠拢，重心在右脚，出右胯，左膝略弯曲。

　　　　女伴　右脚向左旁横迈一步与左脚靠拢，重心在左脚，出左胯，右膝略弯曲。

第三个四拍：男女伴动作同第一个四拍。

第四个四拍：

第1拍：男伴　右脚向右旁在女伴后面横迈一步，相握的手松开，出右胯。

　　　　女伴　左脚向左旁在男伴前面横迈一步，相握的手松开，出左胯。

第2拍：男伴　左脚向右旁横迈一步与右脚靠拢，重心在左脚，出左胯，右膝略弯曲。

女伴　右脚向左旁横迈一步与左脚靠拢,重心在右脚,出右胯,左膝略弯曲。

第3拍:男伴　右脚向右旁横迈一步,出右胯,与女伴换位,男伴左手握女伴右手。

女伴　左脚向左旁横迈一步,出左胯,与男伴换位,女伴右手握男伴左手。

第4拍:男伴　左脚向右旁横迈一步与右脚靠拢,重心在右脚,出右胯。

女伴　右脚向左旁横迈一步与左脚靠拢,重心在左脚,出左胯(图5-71～图5-75)。

图 5-71　　　　　　　　图 5-72　　　　　　　　图 5-73

图 5-74　　　　　　　　图 5-75

(三)单提手转

1)准备姿态:男、女伴双手相握。

2)动作过程:

第一个四拍:

第1拍:男伴　左脚向左旁横迈一步,出左胯,同时男伴左手提女伴右手抬至头上方,右手拉女伴左手向里右旋转,手松开。

女伴　左脚掌右辗转90°,同时身体右旋转90°。右脚向右旁横迈一步,出右胯。

第2拍:男伴　右脚向左旁横迈一步与左脚靠拢,重心在右脚,出右胯,左膝略弯曲。

女伴　左脚向右旁横迈一步与右脚靠拢,重心在左脚,出左胯,右膝略弯曲。

第3拍:男伴　左脚向左旁横迈一步,出左胯。

    女伴 右脚向右旁横迈一步,出右胯。

第4拍:男伴 右脚向左旁横迈一步与左脚靠拢,重心在左脚,出左胯,右膝略弯曲。

    女伴 左脚向右旁横迈一步与右脚靠拢,重心在右脚,出右胯,左膝略弯曲。

第二个四拍:

第1拍:男伴 右脚向右旁横迈一步,出右胯。

    女伴 右脚掌右辗转90°,同时身体右旋转90°。左脚向左横迈一步。

第2拍:男伴 左脚向右旁横迈一步与右脚靠拢,重心在左脚,出左胯,右膝略弯曲。

    女伴 右脚向左旁横迈一步与左脚靠拢,重心在右脚,出右胯,左膝略弯曲。

第3拍:男伴 右脚向右旁横迈一步,出右胯。

    女伴 左脚向左旁横迈一步,出左胯。

第4拍:男伴 左脚向右旁横迈一步与右脚靠拢,重心在右脚,出右胯,左膝略弯曲。

    女伴 右脚向左旁横迈一步与左脚靠拢,重心在左脚,出左胯,右膝略弯曲。

第三个四拍:

第1拍:男伴 左脚向左旁横迈一步,出左胯。

    女伴 左脚掌右辗转90°,同时身体右旋转90°,右脚向右旁横迈一步,出右胯。

第2拍:男伴 右脚向左旁横迈一步与左脚靠拢,重心在右脚,出右胯,左膝略弯曲。

    女伴 左脚向右旁横迈一步与右脚靠拢,重心在左脚,出左胯,右膝略弯曲。

第3拍:男伴 左脚向左旁横迈一步,出左胯。

    女伴 右脚向右旁横迈一步,出右胯。

第4拍:男伴 右脚向左旁横迈一步与左脚靠拢,重心在左脚,出左胯,右膝略弯曲。

    女伴 左脚向右旁横迈一步与右脚靠拢,重心在右脚,出右胯,左膝略弯曲。

第四个四拍:

第1拍:男伴 右脚向右旁横迈一步,出右胯。

    女伴 右脚掌右辗转90°,同时身体右旋转90°,左脚向左旁横迈一步。

第2拍:男伴 左脚向右旁横迈一步与右脚靠拢,重心在左脚,出左胯,右膝略弯曲。

    女伴 右脚向左旁横迈一步与左脚靠拢,重心在右脚,出右胯,左膝略弯曲。

第3拍:男伴 右脚向右旁横迈一步,出右胯。

    女伴 左脚向左旁横迈一步,出左胯。

第4拍:男伴 左脚向右旁横迈一步与右脚靠拢,重心在右脚,出右胯,左膝略弯曲。

    女伴 右脚向左旁横迈一步与左脚靠拢,重心在左脚,出左胯,右膝略弯曲
      (图5-76—图5-79)。

　　图 5-76　　　　　　　图 5-77　　　　　　　图 5-78　　　　　　　图 5-79

（四）平行轴转

1）准备姿态:男,女伴横排略靠拢,男伴右手握女伴左手。

2）动作过程:

第一个四拍:(顺时针方向前进旋转)

第 1 拍:男伴　右脚掌右辗转 90°,同时身体右旋转 90°,左脚前进一步,出左胯。

　　　　女伴　左脚掌右辗转 90°,同时身体右旋转 90°,右脚后退半步,出右胯。

第 2 拍:男伴　右脚上步与左脚靠拢,重心在右脚,出右胯,左膝略弯曲。

　　　　女伴　左脚后退与右脚靠拢,重心在左脚,出左胯,右膝略弯曲。

第 3 拍:男伴　左脚前进一步,出左胯。

　　　　女伴　右脚后退一步,出右胯。

第 4 拍:男伴　右脚上步与左脚靠拢,重心在左脚,出左胯,右膝略弯曲。

　　　　女伴　左脚后退与右脚靠拢,重心在右脚,出右胯,左膝略弯曲。

第二个四拍:

第 1 拍:男伴　左脚掌右辗转 90°,同时身体右旋转 90°,右脚前进一步,出右胯。

　　　　女伴　右脚掌右辗转 90°,同时身体右旋转 90°,左脚后退一步,出左胯。

第 2 拍:男伴　左脚上步与右脚靠拢,重心在左脚,出左胯,右膝略弯曲。

　　　　女伴　右脚后退与左脚靠拢,重心在右脚,出右胯,左膝略弯曲。

第 3 拍:男伴　右脚前进一步,出右胯。

　　　　女伴　左脚后退一步,出左胯。

第 4 拍:男伴　左脚上步与右脚靠拢,重心在右脚,出右胯,左膝略弯曲。

　　　　女伴　右脚后退与左脚靠拢,重心在左脚,出左胯,右膝略弯曲。

　　第三至八个四拍:男,女伴动作同第一至二个四拍。

　　第九至十六个四拍:男,女伴横排,以男伴为轴心,动作同第一至八个四拍。按逆时针方向一圈(图 5-80—图 5-83)。

图 5-80　　　　　　图 5-81　　　　　　图 5-82　　　　　　图 5-83

（五）平行包圆

1）准备姿态：男，女伴交叉手相握，左手在上，右手在下，按逆时针方向一圈。

2）动作过程：

第一个四拍：

第 1 拍：男伴　右脚掌左辗转 90°，身体左旋转 90°，左脚向前迈一步，男伴左手握女伴
　　　　　　　左手高举，右手抽拖女伴右手，使女伴左旋转 270°，男女伴右手相握于
　　　　　　　女伴后腰处。左手相握胸前。

　　　　　女伴　左脚掌左辗转 270°，身体左旋转 270°，右脚向前迈半步，相握左手高举，
　　　　　　　右手被男伴抽拖回左旋转 270°。右手相握女伴后腰处，左手相握胸前。

第 2 拍：男伴　右脚上步与左脚靠拢，重心在右脚，出右胯，左膝略弯曲。

　　　　　女伴　左脚上步与右脚靠拢，重心在左脚，出左胯，右膝略弯曲。

第 3 拍：男伴　左脚前进一步，出左胯。

　　　　　女伴　右脚前进半步，出右胯。

第 4 拍：男伴　右脚上步与左脚靠拢，重心在左脚，出左胯，右膝略弯曲。

　　　　　女伴　左脚上步与右脚靠拢，重心在右脚，出右胯，左膝略弯曲。

第二个四拍：

第 1 拍：男伴　右脚前进一步，出右胯。

　　　　　女伴　左脚前进半步，出左胯。

第 2 拍：男伴　左脚上步与右脚靠拢，重心在左脚，出左胯，右膝略弯曲。

　　　　　女伴　右脚上步与左脚靠拢，重心在右脚，出右胯，左膝略弯曲。

第 3 拍：男伴　右脚前进一步，出右胯。

　　　　　女伴　左脚前进半步，出左胯。

第 4 拍：男伴　左脚上步与右脚靠拢，重心在右脚，出右胯，左膝略弯曲。

　　　　　女伴　右脚上步与左脚靠拢，重心在左脚，出左胯，右膝略弯曲。

第三至四个四拍：男女伴动作同第一至二个四拍（图 5-84 ～图 5-88）。

图 5-84

图 5-85

图 5-86

图 5-87

图 5-88

(六)移位交叉

1)准备姿态:男,女伴交叉手相握,右手在上,左手在下。

2)动作过程:

第一个四拍:男,女伴作基本步。

第二个四拍:

第1拍:男伴　左脚掌左辗转90°,同时身体左旋转90°,右脚向右旁横迈一步,在女伴后面,两人相握的右手高举起。

　　　　女伴　右脚掌右辗转90°,同时身体右旋转90°,左脚向左旁横迈一步,在男伴前面。

第2拍:男伴　左脚向右旁横迈一步与右脚靠拢,重心在左脚,出左胯,右膝略弯曲。

　　　　女伴　右脚向左旁横迈一步与左脚靠拢,重心在右脚,出右胯,左膝略弯曲。

第3拍:男伴　右脚向右旁横迈一步与女伴移位交叉在女伴右旁,两人相握的左手高举起,相握的右手移至男伴胸前和女伴对视。

　　　　女伴　左脚向左旁横迈一步和男伴移位交叉在男伴左旁,相握的左手高举起,相握的右手移至男伴的胸前,和男伴对视。

第4拍:男伴　左脚向右旁横迈一步与右脚靠拢,重心在右脚,出右胯,左膝略弯曲。

　　　　女伴　右脚向左旁横迈一步与左脚靠拢,重心在左脚,出左胯,右膝略弯曲。

第三个四拍:

第1拍:男伴　左脚向左旁横迈一步,在女伴后面,两人相握的右手高举起。

　　　　女伴　右脚向右旁横迈一步,在男伴前面,相握的右手高举起。

第2拍:男伴　右脚向左旁横迈一步与左脚靠拢,重心在右脚,出右胯,左膝略弯曲。

　　　　女伴　左脚向右旁横迈一步与右脚靠拢,重心在左脚,出左胯,右膝略弯曲。

第3拍:男伴　左脚向左旁横迈一步与女伴移位交叉在女伴左旁,相握的右手高举起
　　　　　　　相握的左手移至男伴胸前,和女伴对视。

　　　　女伴　右脚向右旁横迈一步与男伴移位交叉在男伴右旁,相握右手高举起,
　　　　　　　相握的左手移至男伴胸前,和男伴对视。

第4拍:男伴　右脚向左旁横迈一步与左脚靠拢,重心在左脚,出左胯,右膝略弯曲。

　　　　女伴　左脚向右旁横迈一步与右脚靠拢,重心在右脚,出右胯,左膝略弯曲。

第四个四拍:

第1拍:男伴　右脚向右旁横迈一步,在女伴后面,两人相握的左手高举起。

　　　　女伴　左脚向左旁横迈一步,在男伴前面,相握的左手高举起。

第2拍:男伴　左脚向右旁横迈一步与右脚靠拢,重心在左脚,出左胯,右膝略弯曲。

　　　　女伴　右脚向左旁横迈一步与左脚靠拢,重心在右脚,出右胯,左膝略弯曲。

第3拍:男伴　右脚向右旁横迈一步与女伴移位交叉后在女伴右旁,两人相握的左手
　　　　　　　高举起,相握的右手移至胸前,和女伴对视。

　　　　女伴　左脚向左旁横迈一步与男伴移位交叉后在男伴左旁,相握的左手高举
　　　　　　　起,相握的右手移至男伴胸前,和男伴对视。

第4拍:男伴　左脚向右旁横迈一步与右脚靠拢,重心在右脚,出右胯,左膝略弯曲。

　　　　女伴　右脚向左旁横迈一步与左脚靠拢,重心在左脚,出左胯,右膝略弯曲
　　　　　　　(图5-89~图5-91)。

图5-89　　　　　　　　　图5-90　　　　　　　　　图5-91

(七)背手后退旋转(一)

1)准备姿态:男、女伴双手相握,此动作按逆时针方向进行,男双手在下,女双手在上。

2)动作过程:

第一个四拍:

第1拍:男伴　右脚掌左辗转90°,身体左旋转90°,左脚向左旁横迈一步,右手握女伴左手,手腕向里反转放在女伴后腰处,左手握女伴右手向上举放在胸前。

女伴　左脚掌右辗转270°,身体右旋转270°,右脚向右旁横迈一步,右肩和男伴右肩相对。

第2拍:男伴　右脚向后退一步,重心在右脚,出右胯,左膝略弯曲。右膝略弯曲。

女伴　左脚退步向右脚靠拢,重心在右脚,出右胯,左膝略弯曲。

第二个四拍:

第1拍:男伴　右脚向后退一步,出右胯。

女伴　左脚向后退一步,出左胯。

第2拍:男伴　左脚向后退一步,重心在左脚,出左胯,右膝略弯曲。

女伴　右脚向后退一步,重心在右脚,出右胯,左膝略弯曲。

第3拍:男伴　右脚向后退一步,出右胯。

女伴　左脚向后退一步,出左胯。

第4拍:男伴　左脚退步向右脚靠拢,心在右脚,出右胯,左膝略弯曲。

女伴　右脚退步向左脚靠拢,重心在左脚,出左胯,右膝略弯曲。

第三至四个四拍:男、女伴动作同第一至二个四拍(图5-92)。

图5-92

(八)背手后退旋转(二)

1)准备姿态:男、女伴双手相握,此动作按顺时针方向进行。男伴双手在下,女伴双手在上。

2)动作过程:

第一个四拍:

第1拍:男伴　右脚掌右辗转90°,身体右旋转90°,左脚向左旁横迈一步,左手握女伴右手,手腕向里反转放有女伴后腰处,右手握女伴左手向上举放在胸前。

女伴　左脚掌右辗转270°,身体右旋转270°,右脚向右旁横迈一步,左肩和男伴左肩相对。

第2拍:男伴　右脚向后退一步,重心在右脚,出右胯,左膝略弯曲。

女伴　左脚向后退一步,重心在左脚,出左胯,右膝略弯曲。

第3拍:男伴　左脚向后退一步,出左胯。

　　　　女伴　右脚向后退一步,出右胯。

第4拍:男伴　右脚退步向左脚靠拢,重心在左脚,出左胯,右膝略弯曲。

　　　　女伴　左脚退步向右脚靠拢,重心在右脚,出右胯,左膝略弯曲。

第二个四拍:

第1拍:男伴　右脚向后退一步,出右胯。

　　　　女伴　左脚向后退一步,出左胯。

第2拍:男伴　左脚向后退一步,重心在左脚,出左胯,右膝略弯曲。

　　　　女伴　右脚向后退一步,重心在右脚,出右胯,左膝略弯曲。

第3拍:男伴　右脚向后退一步,出右胯。

　　　　女伴　左脚向后退一步,出左胯。

第4拍:男伴　左脚退步向右脚靠拢,重心在右脚,出右胯,左膝略弯曲。

　　　　女伴　右脚退步向左脚靠拢,重心在左脚,出左胯,右膝略弯曲。

第三~四个四拍:男、女伴动作同第一、二个四拍(图5-93)。

图5-93

三、舞蹈组合

第1~2小节:双手相握,男伴手在下,女伴在上,面对面做"基本步"。

第3~6小节:做单提手转。

第7小节:双手相握做"基本步"。

第8小节:做"基本步"但第3拍时,男伴左手,女伴右手松开,男伴左旋转90°,女伴右旋转90°,使两人成一横排。

第9~12小节:男伴右手握女伴左手,另一手自然展开,做"平行换位"。

第13~16小节:男伴左手握女伴右手,另一手自然展开,做"平行换位"。

第17~24小节:按顺时针方向做"平行轴转"。

第25~32小节:按逆时针方向做"平行轴转"。

第33~34小节:双手相握的"基本步"。

第35~38小节:背手后退按逆时针方向旋转一圈。

第39～40小节:双手相握做"基本步"。

第41～44小节:背手后退按顺时针方向旋转一圈。

第45～46小节:两人双手交叉相握,右手相握在上,左手相握在下,做"基本步"。

第47～50小节:做"移位交叉"。

第51～52小节:两人双手相握,左手相握在上,右手相握在下。做"基本步"。

第53～56小书:做"平行包圆"。

第57～58小节:双手相握做"基本步"。

任务三　恰恰舞

一、概述

恰恰舞起源于墨西哥,后传入拉美,大受欢迎并很快流行。其舞特点,以胯部横S摆动,带动两脚动作。另一特点是:第1拍动胯,第2拍出步。恰恰舞热情奔放,动作节奏明快,灵活轻盈。

恰恰舞音乐节拍为4/4拍,但4拍走5步(即2、3、4、Ta、1)。恰恰舞有两种舞姿:握持式和开式。这里介绍的开式,不拉手,基本姿态直立,上身向前倾。

二、基础和组合

(一)基本动作

恰恰横步

第一至二个四拍:

第1拍:男伴　重心在右脚,出右胯,双手向两旁自然展开。
　　　　女伴　重心在左脚,出左胯,双手向两旁自然展开。

第2拍:男伴　左脚前进一步,左胯向外横S摆动。
　　　　女伴　右脚后退半步,右胯向外横S摆动。

第3拍:男伴　右脚后退半步,右胯向外横S摆动。
　　　　女伴　左脚前进半步,左胯向外横S摆动。

第4拍:男伴　左脚收回向左旁横迈一步,右膝稍弯曲。
　　　　女伴　右脚收回向右旁横迈一步,左膝稍弯曲。

　　Ta:男伴　右脚横并于左脚旁,重心在右脚,出右胯,左膝略弯曲。
　　　　女伴　左脚横并于右脚旁,重心在左脚,出左胯,右膝略弯曲。

第1拍:男伴　左脚向左旁横迈一步,重心在左脚,两膝伸直。
　　　　女伴　右脚向右旁横迈一步,重心在右脚,两膝伸直。

第2拍:男伴　右脚后退一步,右胯向外横S摆动。
　　　　女伴　左脚前进一步,左胯向外横S摆动。

第3拍:男伴　左脚前进半步,左胯向外横S摆动。
　　　　女伴　右脚后退半步,右胯向外横S摆动。

第4拍:男伴　右脚收回向右旁横迈一步,左膝稍弯曲。

女伴　左脚收回向左旁横迈一步,右膝稍弯曲。

Ta:男伴　左脚横并于右脚旁,重心在左脚,出左胯,右膝略弯曲。

女伴　右脚横并于左脚旁,重心在右脚,出右胯,左膝略弯曲。

第1拍:男伴　右脚向右旁横迈一步,重心在右脚,两膝伸直。

女伴　左脚向左旁横迈一步,重心在左脚,两膝伸直(图5-94~图5-99)。

图5-94　　　　　　图5-95　　　　　　图5-96

图5-97　　　　　　图5-98　　　　　　图5-99

(二)恰恰进退步

第一至二个四拍:

第1拍:男伴　重心在右脚,出右胯,双手向两旁自然展开。

女伴　重心在左脚,出左胯,双手向两旁自然展开。

第2拍:男伴　左脚前进一步,左胯向外横S摆动。

女伴　右脚后退一步,右胯向外横S摆动。

第3拍:男伴　右脚后退半步,右胯向外横S摆动。

女伴　左脚前进半步,左胯向外横S摆动。

第4拍:男伴　左脚后退一步。

女伴　右脚前进一步。

Ta:男伴　右脚退步到左脚前外侧与左脚并拢,两膝略弯曲。

女伴　左脚进步到右脚后外侧与右脚并拢,两膝略弯曲。

第1拍:男伴　左脚后退一步,重心在左脚,两膝伸直。

　　　　女伴　右脚前进一步,重心在右脚,两膝伸直。

第2拍:男伴　右脚后退一步,右胯向外横 S 摆动。

　　　　女伴　左脚前进一步,左胯向外横 S 摆动。

第3拍:男伴　左脚前进半步,左胯向外横 S 摆动。

　　　　女伴　右脚后退半步,右胯向外横 S 摆动。

第4拍:男伴　右脚前进一步。

　　　　女伴　左脚后退一步。

　　Ta:男伴　左脚进步到右脚后外侧与右脚并拢,两膝略弯曲。

　　　　女伴　右脚退步到左脚前外侧与左脚并拢,两膝略弯曲。

第1拍:男伴　右脚前进一步,重心在右脚,两膝伸直。

　　　　女伴　左脚后退一步,重心在左脚,两膝伸直(图5-100~图5-105)。

图 5-100　　　　　　　　图 5-101　　　　　　　　图 5-102

图 5-103　　　　　　　　图 5-104　　　　　　　　图 5-105

(三)恰恰交叉步

第一至二个四拍:

第1拍:男伴　重心在右脚,出右胯,双手向两旁自然展开。

　　　　女伴　重心在左脚,出左胯,双手向两旁自然展开。

第2拍:男伴　左脚向右斜前方进一步,左胯向外横 S 摆动,同时身体右平拧90°。

女伴　右脚向左斜后方退一步,右胯向外横 S 摆动,同时身体右平拧 90°。

第 3 拍:男伴　身体回原,右脚后退半步。

女伴　身体回原,左脚前进半步。

第 4 拍:男伴　左脚左旁横迈一步,重心在左脚,出左胯,右膝略弯曲。

女伴　右脚右旁横迈一步,重心在右脚,出右胯,左膝略弯曲。

Ta:男伴　右脚横并于左脚旁,重心在右脚,出右胯,左膝略弯曲。

女伴　左脚横并于右脚旁,重心在左脚,出左胯,右膝略弯曲。

第 1 拍:男伴　左脚向左旁横迈一步,重心在左脚,两膝伸直。

女伴　右脚向右旁横迈一步,重心在右脚,两膝伸直。

第 2 拍:男伴　右脚向左斜前方进一步,右胯向外横 S 摆动,同时身体左平拧 90°。

女伴　左脚向右斜后方退一步,左胯向外横 S 摆动,同时身体左平拧 90°。

第 3 拍:男伴　身体回原,左脚后退半步。

女伴　身体回原,右脚前进半步。

第 4 拍:男伴　右脚向右旁横迈一步,重心在右脚,出右胯,左膝略弯曲。

女伴　左脚向左旁横迈一步,重心在左脚,出左胯,右膝略弯曲。

Ta:男伴　左脚横并于右脚旁,重心在左脚,出左胯,右膝略弯曲。

女伴　右脚横并于左脚旁,重心在右脚,出右胯,右膝略弯曲。

第 1 拍:男伴　右脚向右旁横迈一步,重心在右脚,两膝伸直。

女伴　左脚向左旁横迈一步,重心在左脚,两膝伸直(图 5-106 ~ 图5-111)。

图 5-106

图 5-107

图 5-108

图 5-109

图 5-110

图 5-111

（四）180°旋转

第一至二个四拍

第1拍：男伴　重心在右脚，出右胯，双手向两旁自然展开。

　　　　女伴　重心在左脚，出左胯，双手向两旁自然展开。

第2拍：男伴　左脚前进一步，左脚掌同时右辗转180°，出左胯，身体右旋转180°，背
　　　　　　　对女伴。

　　　　女伴　右脚后退一步，右胯向外横S摆动。

第3拍：男伴　右脚前进半步。

　　　　女伴　左脚前进半步，左胯向外横S摆动。

第4拍：男伴　左脚前进一步。

　　　　女伴　右脚前进一步。

　　Ta：男伴　右脚进步到左脚后外侧与左脚并拢，两膝略弯曲。

　　　　女伴　左脚进步到右脚后外侧与右脚并拢，两膝略弯曲。

第1拍：男伴　左脚前进一步，重心在左脚，两膝伸直。

　　　　女伴　右脚前进一步，重心在右脚，两膝伸直。

第2拍：男伴　右脚前进一步，右脚掌同时左辗转180°，出右胯，身体左旋转180°。

　　　　女伴　左脚前进一步，左脚掌同时右辗转180°，出左胯，身体右旋转180°，背
　　　　　　　对男伴。

第3拍：男伴　左脚前进半步。

　　　　女伴　右脚前进半步。

第4拍：男伴　右脚前进一步。

　　　　女伴　左脚前进一步。

　　Ta：男伴　左脚进步到右脚后外侧与右脚并拢，两膝略弯曲。

　　　　女伴　右脚进步到左脚后外侧与左脚并拢，两膝略弯曲。

第1拍：男伴　右脚前进一步，重心在右脚，两膝伸直。

　　　　女伴　左脚前进一步，重心在左脚，两膝伸直（图5-112～图5-118）。

图5-112　　　　　　　　　　图5-113　　　　　　　　　　图5-114

图 5-115   图 5-116   图 5-117   图 5-118

（五）360°旋转

第一至二个四拍

第 1 拍：男伴　重心在右脚，出右胯，双手向两旁自然展开。

　　　　女伴　重心在左脚，出左胯，双手向两旁自然展开。

第 2 拍：男伴　左脚前进一步，两脚掌同时右辗转 360°，出左胯，身体右旋转一圈。

　　　　女伴　右脚后退一步，右胯向外横 S 摆动。

第 3 拍：男伴　右脚原地踏一步。

　　　　女伴　左脚前进半步，左胯向外横 S 摆动。

第 4 拍：男伴　左脚后退一步。

　　　　女伴　右脚前进一步。

　　Ta：男伴　右脚退步到左脚前外侧与左脚并拢，两膝略弯曲。

　　　　女伴　左脚进步到右脚后外侧与右脚并拢，两膝略弯曲。

第 1 拍：男伴　左脚后退一步，重心在左脚，两膝伸直。

　　　　女伴　右脚前进一步，重心在右脚，两膝伸直。

第 2 拍：男伴　右脚后退一步，右胯向外横 S 摆动。

　　　　女伴　左脚前进一步，两脚掌同时右辗转 360°，出左胯，身体右旋转一圈。

第 3 拍：男伴　左脚前进半步，左胯向外横 S 摆动。

　　　　女伴　右脚原地踏一步。

第 4 拍：男伴　右脚前进一步。

　　　　女伴　左脚后退一步。

　　Ta：男伴　左脚进步到右脚后外侧与右脚并拢，两膝略弯曲。

　　　　女伴　右脚退步到左脚前外侧与左脚并拢，两膝略弯曲。

第 1 拍：男伴　右脚前进一步，重心在右脚，两膝伸直。

　　　　女伴　左脚后退一步，重心在左脚，两膝伸直（图 5-119 ~ 图 5-126）。

图 5-119

图 5-120

图 5-121

图 5-122

图 5-123

图 5-124

图 5-125

图 5-126

（六）连接步

第一至四个四拍

第 1 拍：男伴　　重心在右脚，出右胯，双手向两旁自然展开。

　　　　女伴　　重心在左脚，出左胯，双手向两旁自然展开。

第 2 拍：男伴　　左胯向外横 S 摆动，同时身体右平拧 90°，左脚向右斜前方进一步，左手握女伴右手向前伸出。

　　　　女伴　　右胯向外横 S 摆动，同时身体左平拧 90°，右脚向左斜前方进一步，握男伴左手向前伸出。

第 3 拍：男伴　　身体回原，右脚后退半步，相握的手松开。

　　　　女伴　　身体回原，左脚后退半步，相握的手松开。

第 4 拍：男伴　　左脚向左旁横迈一步，右膝略弯曲。

　　　　女伴　　右脚向右旁横迈一步，左膝略弯曲。

　　Ta：男伴　　右脚横并于左脚旁，重心在右脚，出右胯，左膝略弯曲。

　　　　女伴　　左脚横并于右脚旁，重心在左脚，出左胯，右膝略弯曲。

第 1 拍：男伴　　左脚向左旁横迈一步，重心在左脚，两膝伸直。

　　　　女伴　　右脚向右旁横迈一步，重心在右脚，两膝伸直。

第 2 拍：男伴　　右脚向左斜前方进一步，右胯向外横 S 摆动，同时身体左平拧 90°，右手握女伴的左手向前伸出。

女伴　左脚向右斜前方进一步,左胯向外横 S 摆动,同时身体右平拧 90°,左手握男伴右手向前伸出。

第 3 拍:男伴　身体回原,左脚后退半步,相握的手松开。

女伴　身体回原,右脚后退半步,相握的手松开。

第 4 拍:男伴　右脚向右旁横迈一步,左膝稍弯曲。

女伴　左脚向左旁横迈一步,右膝稍弯曲。

Ta:男伴　左脚横并于右脚旁,重心在左脚,出左胯,右膝略弯曲。

女伴　右脚横并于左脚旁,重心在右脚,出右胯,左膝略弯曲。

第 1 拍:男伴　右脚向右旁横迈一步,重心在右脚,两膝伸直。

女伴　左脚向左旁横迈一步,重心在左脚,两膝伸直。

第 2 拍:男伴　左脚向右斜前方进一步,左胯向外横 S 摆动,同时身体右平拧 90°,左手握女伴右手向前伸出。

女伴　右脚向左斜前方进一步,右胯向外横 S 摆动,同时身体左平拧 90°,右手握男伴左手向前伸出。

Ta:男伴　右脚进步到左脚后外侧与左脚并拢,两膝略弯曲。

女伴　左脚进步到右脚后外侧与右脚并拢,两膝略弯曲。

第 3 拍:男伴　左脚向右斜前方进一步。

女伴　右脚向左斜前方进一步。

第 4 拍:男伴　身体回原,右脚向右旁横迈一步,两人相握的手抽回到左旁。

女伴　身体回原,左脚向左旁横迈一步,两人相握的手抽回到右旁。

Ta:男伴　左脚横并于右脚旁,右膝略弯曲。

女伴　右脚横并于左脚旁,左膝略弯曲。

第 1 拍:男伴　右脚右旁横迈一步,重心在右脚,两膝伸直。

女伴　左脚左旁横迈一步,重心在左脚,两膝伸直。

第 2 拍:男伴　左脚向右斜前方进一步,同时两脚掌右辗转一圈,出左胯,身体右旋转一圈。左手握女右手向前方伸出后松开。

女伴　右脚向左斜前方进一步,同时两脚掌左辗转一圈,出右胯,身体左旋转一圈。右手握男伴左手向前方伸出后松开。

第 3 拍:男伴　右脚原地踏一步。

女伴　左脚原地踏一步。

第 4 拍:男伴　左脚向左旁横迈一步,右膝略弯曲。

女伴　右脚向右旁横迈一步,左膝略弯曲。

Ta:男伴　右脚横并于左脚旁,重心在右脚,左膝略弯曲。

女伴　左脚横并于右脚旁,重心在左脚,右膝略弯曲。

第 1 拍:男伴　左脚向左旁横迈一步,重心在左脚,两膝伸直。

女伴　右脚向右旁横迈一步，重心在右脚，两膝伸直（图5-127—图5-143）。

图 5-127　　　　　　　　图 5-128　　　　　　　　图 5-129

图 5-130　　　　　　　　图 5-131　　　　　　　　图 5-132

图 5-133　　　　　　　　图 5-134　　　　　　　　图 5-135

图 5-136　　　　　　　　图 5-137　　　　　　　　图 5-138

图 5-139   图 5-140   图 5-141

图 5-142   图 5-143

三、舞蹈组合

第 1 ~ 4 小节:做"恰恰进退步"。

第 5 ~ 8 小节:做"恰恰交叉步"。

第 9 ~ 12 小节:做"180°旋转",但在第 12 小节时,女伴做"恰恰退步"。

第 13 ~ 16 小节:做"恰恰横步"。

第 17 ~ 18 小节:做"360°旋转"。

第 19 ~ 20 小节:做"恰恰横步"。

第 21 ~ 22 小节:做"恰恰进退步"。

第 23 ~ 26 小节:做"连接步"。

第 27 小节:做"恰恰进步"。

第 28 ~ 31 小节:做"360°旋转"。

第 32 ~ 33 小节:做"恰恰横步"。

第 34 ~ 37 小节:做"连接步"。

第 38 小节:做"恰恰进退步"。

项目三　舞蹈音乐

【学习目标】

了解舞蹈与音乐的关系。

知识目标

了解舞蹈音乐的分类。

掌握音乐的选择与剪辑。

能力目标

使学生具备能够准确把握舞蹈音乐的能力,并运用到舞蹈的编创中。

任务一　舞蹈音乐基本常识

一、舞蹈与音乐的关系

舞蹈和音乐的关系是密不可分、水乳交融的。音乐以优美的声音来创造听觉的形象,舞蹈是以优美的动作来创造视觉的形象,两者的结合,构成时空中流动的舞蹈艺术。舞蹈都是以音乐伴奏的,如何将音乐与舞蹈有机地结合呢？首先,应该明确音乐和舞蹈处于相互配合的统一体中,一部好的音乐能够使舞蹈语汇凝练、集中并富于情感,能够提示舞蹈动作及情感的内涵,使舞蹈的思想性和动作性更加丰富。舞蹈音乐不仅能给舞蹈以长度、节奏和速度,也能给舞蹈以情感提示,舞蹈与音乐的有机结合,才能塑造出完整的舞蹈形象。所以说在舞蹈作品中,舞蹈和音乐共同担负着表现思想内容、刻画人物形象的任务。好的舞蹈作品能够使音乐的内涵和思想更加活跃,给人以音乐形象的流动美之感。其次,在以舞蹈为主要表现手段的作品中,音乐起着辅助的作用,音乐应该能够淋漓尽致地表现舞蹈的主题与气氛,一个舞蹈要表现什么样的主题、内容或者情绪,就应该运用什么样的音乐。巴黎皇家音乐学院的舞蹈艺术家梅涅斯特利耶,在他 1684 年《根据戏剧的规则谈论古今舞剧》的著作里,谈到音乐在舞剧中的作用时指出:音乐是为动作而存在的,而不是动作为了音乐。

在舞蹈和音乐的创作关系这个问题上,可以从两个方面来说:①编导可以先构思舞蹈作品,先立意,确定要表现的内容,再来构思结构和编排具体的内容,然后请作曲家根据舞蹈作品的内容情绪,构思、创作与之相符合的音乐。②舞蹈编导也可以首先选定一个好的音乐,受音乐的提示和感染,在音乐的基础上编排出漂亮的舞蹈。这就需要很好的把握音乐给舞蹈的提示和音乐的风格,淋漓尽致地发挥想象,运用编创技法,表现音乐所提示的内容、情节以及感情。在舞蹈作品中,舞蹈与音乐共同担负着表达思想情感、叙述情节内容、刻画人物形象的任务,所以说舞蹈与音乐相互有机的配合,才能够塑造出完美的舞蹈艺术形象。

二、舞蹈中对音乐的运用

在舞蹈对音乐的运用过程中,要考虑到运用音乐时的普遍规律,并且考虑到舞蹈是什么样的情节、情绪。如要表现欢快的情绪，所选用的音乐就要和舞蹈主题和情绪相贴切；要表现悲哀的情绪，在选择运用音乐时，就要让音乐达到所要求的低沉、痛苦的效果，以表现内心的情感和情绪，这是普遍意义上对音乐的运用。当然也有例外，有些舞蹈也会运用"紧拉慢唱"或"慢拉紧唱"的表现手法，这种处理手法在舞蹈中可以起到不同凡响的效果。例如在一段慢板的音乐中，编排出十分激烈的舞蹈动作；或者音乐非常的激烈，而舞蹈的动作却单一、缓慢，这样动作与音乐就会形成一种反差，产生出一种不同的感受，会营造出不同的舞台效果，这也是一种好的尝试。

　　舞蹈对音乐的运用方法有很多种，法国舞蹈编导家卡琳娜·伐纳编写的《舞蹈创编法》一书中，对舞蹈和音乐的关系以及舞蹈中对音乐如何运用作了很好的阐述和分析。卡琳娜·伐纳认为："通常，人们在音乐伴奏下跳舞，对于我们中间的很多人来说，舞蹈就是根据一段音乐，在音乐的情感和意境的启发下，用身体演绎出它的节奏和活动。然而，音乐和舞蹈的关系不能简化为仅仅是在时间范畴内的简单的'粘贴'。选择运用音乐编舞的做法，就是要在编舞的结构中给音乐一个位置，不能把它看作是附属品，而应把它作为创造的组成部分。"

　　卡琳娜·伐纳认为：在编舞的过程中可以用各种方法处理音乐，"一、演绎式：编舞过程中运用演绎式处理音乐的方法，认真地倾听音乐，领悟音乐的内涵，根据音乐的情绪、旋律，创作出优美而流畅的舞蹈动作。二、对话式：编舞过程中运用对话式处理音乐的方法，在编舞中专门给音乐留出一个位置，一段空间，让音乐单独表现充当舞者的伴侣，感觉音乐在和舞者对话似的．三、无视式：让音程中运用无视式处理音乐的方法，在编舞以及舞蹈的过程中，不考虑音乐，让音乐独自进行，和舞蹈同时存在。四、对抗式：编舞过程中运用对抗式处理音乐的方法，在编舞和舞蹈的过程中，不理会音乐的提示，创造一种对抗的表演手法，让舞蹈的节奏和音乐的节奏，舞蹈的动作力度和音乐的力度，舞蹈动作的速度和音乐的速度等方面产生一种对比和对抗。五、变化式：编舞过程中运用变化式处理音乐的方法，编舞中常出现这种可能，即准备阶段受一种音乐启发，最终换另一种音乐表演。这经常会产生意想不到和瑰丽多彩的效果。"

　　卡琳娜·伐纳还认为"选择音乐是重要的，但有难度。通常一段好的音乐不一定能编出一个好的舞蹈。用音乐编舞，有一条引导线，编舞时依靠这条线索，尤其容易造成拘束。音乐是供人听的。过错在于把音乐和舞蹈混合起来，即把舞蹈的一些性质混入于音乐的性质中了。人们能够选用现成的古典音乐或当代音乐编舞，也可专门为舞蹈写一部曲子，或者采用无伴奏表演，由舞者自己创造一种音响效果。因为，无伴奏能提供各种可能性。无伴奏不等于没有声音，它赋予舞蹈一种由极端的集中所造成的神秘形态。无伴奏舞蹈，它体现了舞蹈的独立性。部分的无伴奏可运用这些音响：口哨声、用脚踩地声、倒地声、呻吟……用这些声音创造出一节奏，从而强调寂静。由无伴奏开始，接着介入音乐……一切手段都是可能的！简而言之，应该敢于开辟新径，不要因循守旧，走别人走过的老路。

　　舞蹈的节奏感在编舞中也是十分重要的，不同的节奏可以突出及表现不同的思想情绪和内心情感。音乐伴奏中的暂时的休止，同样也是一种对音乐节奏的处理。

任务二　舞蹈音乐的种类

可分为古典音乐、爵士乐、迪斯科、摇滚乐、轻音乐五类：

一、古典音乐

古典音乐有广义、狭义之分。广义是指西洋古典音乐,那些从西方中世纪开始至今的、在欧洲主流文化背景下创作的音乐,主要因其复杂多样的创作技术和所能承载的厚重内涵而有别于通俗音乐和民间音乐。狭义指古典主义音乐,是1750—1820年这一段时间的欧洲主流音乐,又称维也纳古典乐派。此乐派三位最著名的作曲家是海顿、莫扎特和贝多芬。

二、爵士乐

爵士乐产生于19世纪末20世纪初的美国,是欧洲文化与非洲文化的结合体。

爵士乐主要来源于黑人社会的劳动歌曲、婚丧仪式、社交场合上演唱或演奏的散拍乐,它吸收了欧洲音乐的和声手法,最初以即兴演奏为主,其独特的切分节奏贯串全曲。

爵士乐的主要特点：

(1)旋律由连续不断的切分节奏组成,这种特别的方式对全世界的流行音乐影响很大。

(2)即兴演奏。

(3)强有力的打击乐器。

(4)变化多端的节奏。

(5)音色鲜明而强烈。

三、迪斯科

迪斯科音乐由爵士乐不断演变而成,多带着唱,快节奏,重音不断地重复,主要表现的往往不是歌曲的内容,流行于20世纪六七十年代的欧美,源于美国。迪斯科音乐的主要特点是它的旋律继承了爵士乐的切分节奏,更强调打击乐,多采用单拍子,重复不间断地出现,表现出旺盛的精神力量。

四、摇滚乐

摇滚乐又称滚石乐,是从爵士乐中派生出来的音乐。它有快有慢,往往反复出现一种节奏型,带有摇摆的感觉。它继承了爵士乐演奏的即兴性、打击乐的多样化及其在乐队中的重要位置。

五、轻音乐

轻音乐包括很多种类,上面提到的各类音乐都属轻音乐范畴。轻音乐至今没有一个固定的定义,通常指那些轻松愉快、生动活泼而又浅显易懂的音乐。轻音乐大致分为五大类：

第一类　轻松活泼的舞曲；

第二类　电影音乐和戏剧配乐；

第三类　通俗歌曲及流行歌曲；

第四类　日常生活中的舞蹈音乐和民间曲调；

第五类　轻歌剧。

任务三　舞蹈音乐的选择与剪接

音乐作为舞蹈的组成部分,在创编中是不容忽视的。舞蹈的音乐应符合所要编创及表演的舞蹈特点。要根据创编的目标选择音乐的风格,突出个性,对舞者起到带动作用。根据成套动作的结构或具体要求,确定音乐的长短、起伏,或根据音乐的长短、起伏来确定成套动作的结构与动作。

在进行舞蹈音乐的选择与剪接时,应注意以下几点:

第一,当我们选中一首音乐时,应该反复聆听,确定我们需要的那一部分或几部分。

第二,我们要用心去感觉,音乐给你了什么,想象用身体动作表达音乐的意境。当你能够触摸到音乐为你带来的感动时,你离成功的创编就不远了。

第三,考虑音乐的主体部分,主体部分的乐句一定要完整。

第四,考虑音乐如何精彩地开始与结束。

第五,考虑开始、主体、结束以及各个段落的衔接与过渡。

最后,按照自己的意愿把各个部分连接起来。当然,如果你有能力和设备自己创作音乐,那是最理想的。在使用已出版的音乐作品时,往往要根据需要进行剪辑。我们应尊重音乐原有的完整性,当我们决定取舍音乐的某一部分时,不能破坏音乐的基本结构形式。如歌曲往往有这样的结构:$A+B,A+B+A,(A+B)\times3,A+A+B$,在剪辑时,可剪去某一整段或保留某一段,如果需要破坏乐段,音乐前后的连接要自然、完整。

综合艺术篇

模块一　歌　剧

项目一　歌剧的概述

【学习目标】

掌握歌剧的概念及内涵。

知识目标

掌握歌剧的基本形式和特点。

了解歌剧演员的形体要求。

能力目标

通过视听部分歌剧片段，对歌剧有基本的认识。

歌剧是将音乐、戏剧、文学、舞蹈、舞台美术等融为一体的综合性艺术，特别是以歌唱为主的戏剧形式，通常由咏叹调、宣叙调、重唱、合唱、序曲、间奏曲、舞蹈场面、说白、朗诵等组成。

任务一　歌剧发展简史

早期的歌剧多以宗教故事为题材，近代西洋歌剧是 16 世纪末、17 世纪初产生的。当时，在佛罗伦萨出现了一个称为"佛罗伦萨艺术集团"。这个集团是非官方的音乐研究团体，其成员以贵族身份的青年诗人和作曲家为主，其宗旨是恢复古希腊悲剧，注重文学与音乐的结合，强调音乐的表情作用，研讨的中心内容是如何把音乐和戏剧更好的融合起来，以产生更大的艺术感染力。1597 年在佛罗伦萨上演的《达芙妮》被认为是欧洲的第一部歌剧，就是由佛罗伦萨艺术集团的成员联袂创作的。

一、17—18 世纪下半叶的歌剧

意大利是一个盛产音乐的国度，歌剧的兴起首先在意大利。意大利的歌剧可以分为佛罗伦萨歌剧、罗马歌剧、威尼斯歌剧和那不勒斯歌剧。17 世纪末，影响最大的是那不勒斯歌剧乐派，该乐派在剧中不用合唱及芭蕾场面，而高度发展了被后世称为"美声"的独唱技术。这种唱法只注重高超的演唱技巧，而忽视了戏剧的表现力和思想性。直到 18 世纪 30 年代左右，才有取材于日常生活、剧情诙谐、音质淳朴的喜歌剧体裁的兴起。意大利喜

歌剧的第一部典范之作是帕格莱西的《女佣作主妇》。

意大利歌剧传到法国，与法兰西的民族文化结合起来。并把芭蕾场面运用在歌剧中。吕利是法国歌剧的奠基人。在德、奥，则由海顿、莫扎特等人将民间歌唱剧发展成德奥民族歌剧，代表作有莫扎特的《魔笛》等。至18世纪，德国作曲家格鲁克针对当时那不勒斯歌剧的平庸、浅浮，极力主张"质朴和真实是一切艺术作品的伟大原则，歌剧必须有深刻的内容，音乐必须从属于戏剧"。他的代表作《奥菲罗与优丽狄西》《伊菲姬尼在奥利德》等作品对后世歌剧的发展有着很大的影响。

二、19—20世纪的歌剧

19世纪西洋歌剧的发展是多线条的。初期的代表人物是意大利作曲家罗西尼，他的喜歌剧《塞维尔的理发师》《威廉·退尔》，人物性格刻画鲜明，戏剧情节发展紧张，旋律丰富，节奏敏捷，对后世的歌剧创作形成起了巨大的推进作用。在德国，韦伯的《自由射手》是西洋的第一部浪漫主义歌剧；瓦格纳则对歌剧进行了广泛的改革，在主导动机的运用、扩大乐队编制及和声、配器效果的新颖丰富等方面揭开了新的一页，《罗恩格林》《尼伯龙根的指环》等是他的代表作。

威尔第是19世纪后半期声望最高、影响最大的意大利歌剧作曲家。他的歌剧以题材的社会性、现实性，人物和环境的质朴真实性，音乐和戏剧的紧密结合性，声乐歌唱旋律的丰富动人性而著称。《茶花女》《弄臣》《阿依达》《奥塞罗》等是其代表作，他把意大利歌剧推向了一个新的历史高峰，为世界歌剧艺术作出了杰出的贡献。

同一时期，法国作曲家比才所创作的喜歌剧《卡门》，更是法国歌剧库中的一颗明珠。

到了20世纪，欧洲音乐乃至世界音乐出现了百花齐放、百家争鸣，各种风格与流派竞相争妍的局面。除传统歌剧的演唱外，还有新浪漫主义歌剧、印象主义歌剧、新古典主义歌剧、表现主义歌剧、真实主义歌剧以及富于浓厚民间色彩的歌剧。其中，以普契尼为代表的意大利真实主义歌剧，体现了新世纪是"普通人的世纪"的理念，在有选择的继承传统的前提下，更多的着力反映现代生活题材和普通人物形象。以普契尼的歌剧为例，他的歌剧内容大多数表现当时社会底层人民的生活以及悲欢离合的故事，他善于从朴素平凡的市民生活中找到激动人心的情节，表现平凡朴素的下层人的感情和命运，揭示社会的不平等，如《艺术家生涯》。他的歌剧人物性格鲜明，故事情节动人，舞台效果突出，地方色彩浓郁。

20世纪的歌剧作曲家中，初期的代表人物是德国作曲家查理·斯特劳斯，代表作有《莎乐美》《艾莱克拉特》和《玫瑰骑士》。斯特劳斯歌剧作品的音乐风格不太统一，音乐尖锐恐怖，和声给人杂乱无章的感觉，有明显瓦格纳的痕迹。第一次世界大战后的代表人物是将无调性原则运用于歌剧创作中的贝尔格，其代表作品是《沃采克》。

20世纪歌剧音乐流派的作曲家在大胆的尝试和创新方面，对新世纪音乐的发展做出了积极的探索，取得了丰厚的成果。

我国宋元以来形成的各种戏剧，歌舞说白并重，具有歌剧的性质，因此也属于歌剧。1942年延安文艺座谈会以后，中国戏剧在民族民间音乐的基础上，借鉴西洋歌剧，逐渐形成具有中国特点的新歌剧。1945 年的《白毛女》是我国新歌剧形成的标志。全国解放以后，又陆续涌现了《刘三姐》《刘胡兰》《小二黑结婚》《按依古丽》《洪湖赤卫队》《江姐》等有影响的作品。

任务二　歌剧的形式

一、歌剧的结构形式

歌剧的结构形式依据音乐的特点可分为两类，一是分曲歌剧，二是连续歌剧。

1. 分曲歌剧

分曲歌剧一般是指 17—19 世纪早期的歌剧，它的特点是一部歌剧由一系列分曲组成。分曲包括独唱曲、重唱曲、合唱曲、芭蕾舞和各种器乐曲。

独唱曲包括咏叹调、宣叙调和各种歌曲。

器乐曲包括歌剧序曲及间奏曲。序曲是歌剧演出之前的乐队合奏，歌剧序曲分两种：以意大利歌剧为代表的意大利歌剧序曲、以法国歌剧为代表的法国序曲。间奏曲是歌剧场与场之间、幕与幕之间演奏的器乐合奏，也被称为幕间剧，它最初是幕间休息或换场景时背景音乐，基本和剧情没有任何关系，如比才的《卡门》序曲，后来成为作曲家对故事情节转换的重要表现手段。

重唱曲是歌剧中同时表现不同人物不同心理状态的一种歌唱形式，也可以表现他们共同的情感体验，特别是爱情二重唱，擅长表现一对情人心心相印和共同幸福的理想，如威尔第的歌剧《茶花女》终曲中，女主人公维奥莱塔临死前和她情人阿尔弗莱多满怀激情的二重唱很有感染力。

合唱曲是歌剧的重要组成部分，特别是在反映爱国主义的革命历史题材的正歌剧、大歌剧中占有很重要的地位。合唱队员不是歌剧中的主角，但却为戏剧情节的发展提供了必要的背景，担负着相应的戏剧使命，使他们能够与主角的音乐形象形成完整的一体。如比才的喜歌剧《卡门》中烟厂女工的合唱曲，走私犯与吉卜赛姑娘的五重唱、纸牌三重唱等。

芭蕾舞在法国歌剧较多使用，而在意大利正歌剧、英国歌剧、德国歌剧中基本没有。芭蕾舞使歌剧充满豪华的场景，具有赏心悦目的艺术效果，一般围绕故事情节展开，为戏剧发展起推波助澜的作用。

2. 连续歌剧

连续歌剧有它独特的结构特点，即音乐在一幕幕内连续不断的发展，一气呵成。它产生于 19 世纪上半叶，瓦格纳从 19 世纪 40 年代末开始所创作的歌剧，都是系统的运用主导动机的连续歌剧，并成为 19 世纪末 20 世纪初歌剧创作的主要潮流。

比如普契尼在《艺术家的生涯》这部歌剧中，把"场"的结构扩大为连续发展的"景"，全剧共分四景，每一景的音乐是连续不断的发展。第一景中咪咪初见鲁道夫时所唱的《人们叫我咪咪》以及鲁道夫所唱的《冰凉的小手》，这两个抒情旋律在歌剧中贯穿发展，成为歌剧的爱情主题。所以这部歌剧不仅每一景的音乐都是连续不断的"无尽头的旋律"，并用这些"无尽头的旋律"把各场连接起来,使全剧连成一个有机的统一体。

二、歌剧的体裁形式

歌剧的体裁形式有正歌剧、喜歌剧、大歌剧、小歌剧、轻歌剧、音乐喜剧、室内歌剧、配乐剧等。

正歌剧指最早出现于17、18世纪,以神话及古代英雄传奇故事为题材的意大利歌剧。在1680年间基本定型,是一种严肃的歌剧。18世纪中叶逐步衰亡,成为一种历史上的名称。正歌剧全剧往往只有三幕,人物只有六七个角色,其中仅三个人物是主要的,即女高音、男高音和男中音,有时再加一个第二女高音。每幕又可分数场,每场有两部分。音乐基本上由宣叙调和咏叹调交替组成,很少使用重唱及合唱,也不用芭蕾舞。每个人物都有咏叹调,重要角色常由阉人(又称阉伶,为了音乐目的,造就男性女高音和女低音而对男童实施阉割)歌唱家演唱。

德国作曲家享德尔是18世纪初正歌剧的主要代表人物,他的四十几部作品大多用意大利文写就,均取材于神话,著名的有《阿格丽品娜》《阿尔辛娜》等。到莫扎特时代,正歌剧已走向没落。

奥地利作曲家莫扎特曾以此种风格写过两部名作《伊多梅纽斯》和《狄托的仁慈》。其中《伊多梅纽斯》是根据希腊神话阿加曼农王的故事谱成。这部歌剧中用了很多有伴奏的宣叙调增强戏剧性。还有阉伶歌手精美绝伦的技巧征服了世界,赢得了极高的声誉。

喜歌剧又称"谐歌剧",和正歌剧相对立的歌剧种类。盛行于18世纪。题材取自日常生活,音乐风格轻快幽默。意大利喜歌剧最著名的作曲家是帕格莱西。1733年8月28日,他的正歌剧《傲慢的囚徒》在那不勒斯上演时,加上了一个幕间剧《女佣作主妇》,将机智聪明的女仆赛尔皮娜刻画得十分诙谐生动。此剧标志着意大利喜歌剧的诞生。《女佣作主妇》全剧只有男、女歌唱演员和不说话的角色共3人,用一个小型弦乐队伴奏,旋律轻松活泼,剧情节生动,结构紧凑,富有浓郁的生活气息,是意大利喜歌剧的代表作品。

大歌剧是19世纪上半叶流行于法国的一种严肃歌剧,场面浩大,内容比较严肃,多为历史悲剧或史诗性内容的歌剧。它通常是四幕或五幕的大型歌剧,反映历史性内容,追求奢华的舞台效果,在剧中穿插华丽的芭蕾舞场面,采用大合唱和大乐队等宏大场面。最重要的代表作是迈耶贝尔的《新教徒》《非洲女郎》。

轻歌剧是歌剧的缩小形式,这一名称源自意大利文,其原词意为"小型歌剧",其含义最为广泛,可泛指小歌剧、喜歌剧、趣歌剧等。习惯上指歌曲比较通俗、题材轻松、内容抒情的作品,往往与小歌剧混同。轻歌剧剧本结构通常比较短小,大多为独幕剧形式,剧中除独唱、重唱、合唱外,还有说白。旋律流畅动听,配器色调鲜明,与正歌剧的严谨风格形成对比。一般意义的"轻歌剧",是指法国的轻歌剧和维也纳的轻歌剧,也把滑稽歌剧为轻歌剧。该体裁的奠基人是德裔法国作曲家奥芬巴赫,代表作品有《地狱中的奥菲欧》等。

配乐剧是介于歌剧及话剧之间的戏剧,有对白及背景音乐,盛行于18世纪后半叶。如卢梭的《卖花女》,剧中对白与音乐交替出现。在歌剧中只有说白、没有歌唱的一场戏也可算作配乐剧,如贝多芬的《菲德里奥》中掘墓一场,韦伯的《魔弹射手》中狼谷一场。这种风格在 20 世纪初仍有出现,如勋伯格的单人剧《期待》,只有 1 个女角,歌声类似朗诵,由音乐伴奏。

小歌剧、轻歌剧、音乐喜剧、室内歌剧、配乐剧都可以视作是小型歌剧。

任务三　歌剧的特点

歌剧是一种综合类的艺术,它包容了文学、音乐、表演、舞蹈、美术、建筑等艺术门类,涉及歌唱家、作曲家、诗人、指挥、乐队、舞台美术人员、管理人员及有关技术人员,有时还加入合唱队员、舞蹈队员。其中每一种艺术都是歌剧这个有机整体中的不可或缺的一部分。歌剧又是以歌唱为主的戏剧,"以歌声为主"和"音乐戏剧"是歌剧的最本质、最主要的特征,歌剧适合表现重大的题材,这类题材具有尖锐的冲突、广阔的背景、故事单纯而带传奇色彩,适合抒发诗意的激情,安排宏大的群众场面。

一、歌唱性

欧洲在文艺复兴时期音乐世俗化过程中产生的歌剧,经过 400 多年的发展,积累了很多优秀剧目。其中的经典曲目是《灵魂是最宝贵的》。在 18 世纪以前,音乐概念的内涵相当狭窄,音乐在多数情况下就是有歌词的声乐。佩里等人创作歌剧的初衷就是"歌唱的戏剧"。尽管以后的音乐家们对歌剧艺术的表现形式不断进行了改革充实,比如扩充舞蹈表演的规模、强化舞台美术的艺术效果等,但声乐依旧是展示剧情、塑造人物、表达情感的主要表现形式。

旋律的歌唱性是歌剧这一剧种的特质属性。歌剧中的歌唱承担了戏剧情节的叙述与展开、戏剧人物的塑造与表演的重任,歌剧中歌唱的声乐部分包括独唱、重唱与合唱,独唱是歌剧的主要表演形式,歌剧中主要人物的命运沉浮、剧情发展都是通过独唱形式来表现的。另外合唱在歌剧中也占有很重要的地位。独唱和合唱都采用美声唱法,美声唱法在歌剧中占有绝对主导的地位。

二、戏剧性

瓦格纳说歌剧是"用音乐展开的戏剧",歌剧注重表现真实感人的思想感情,塑造个性化的音乐形象,设置了强烈的戏剧冲突,把人文主义思想作为自身的灵魂,人文主义渗透到主题、题材、人物、歌词、音乐表演等各方面。歌剧的戏剧性主要表现在歌剧的选材上,一方面歌剧可以提供一个壮阔的社会背景,展现出重大而尖锐的戏剧冲突。如西洋歌剧《茶花女》《奥涅金》中所反映的社会偏见、善良人们和天才之间的冲突;中国歌剧《白毛女》《洪湖赤卫队》中,恶霸势力与劳苦大众之间的冲突。另一方面歌剧蕴含着单纯而具有传奇色彩的故事情节,它有抒情的段落和诗意的境界。如《茶花女》中纯情的风尘女子对幸福的向往和幻想破灭的过程,《白毛女》中喜儿逃入深山老林的奇特经历。

另外歌剧的表演也有较复杂的要求,一方面要遵循戏剧表演艺术的基本规律,这就是说歌剧演员也要塑造角色,另一方面歌剧演员还必须具备精湛的声乐技巧,并且熟悉歌舞动作,所以歌剧演员既是歌唱家又是表演艺术家。

任务四　歌剧艺术中的形体要求

观众在欣赏任何一种表演艺术时,总是通过听觉和视觉来欣赏演员的创造的,歌剧属于表演艺术,它的完整内涵包括"演"和"唱",即运用歌声和形体动作创造艺术形象,体现作品的内容和主题,两者缺一不可。古人云:诗、乐、舞三位一体,完美的形体表演有助于演员充分的演绎歌剧作品。

所谓的歌剧艺术中的形体表演,就是指在歌剧中,歌唱演员对声乐作品的再度创作所采取的抒发、表达情感的手段,它是在歌剧表演实践中,由心理活动主导而表现出来的外部形体语言。演员是歌剧作品的二度创造者,单凭演员的歌声,很难以表达歌剧作品的内涵,必要的形体表演有助于观众更好的理解并欣赏歌剧作品的内容。

一、形体表演在歌剧中的重要性

俄国作曲家斯特拉文斯基坚持认为音乐必需被看见,才能得到恰当的吸收。形体表演对歌剧艺术来说是非常重要的一环,演员的形体表演是塑造人物形象的一种艺术手段,这就要求演员的肢体语言必须符合角色的行为逻辑,符合剧作家的人物性格塑造,符合剧情的发展。如歌剧《卡门》中卡门的表演者必须设计出卡门泼辣、性感、自由不羁、充满诱惑力的人物形象,在《吉卜赛女郎之歌》演唱结束时,狂热的卡门气喘吁吁,毫无顾忌的一屁股坐在板凳上,用很准确的肢体语言,刻画了卡门的人物形象。《茶花女》中终场维奥莱塔与阿尔佛莱德重逢时,演员在唱完"啊"并将其无限延长后,似乎筋疲力尽地跪在地上,然后以跪姿唱完"我渴望重新活下去……",这样很好地将人物虽然病危,但由于爱人的到来,使她燃起强烈的生存欲望却又力不从心的情节表现的真挚感人。应该说高超的歌唱艺术与形神兼备的表演完美统一,才是歌剧艺术的最高境界。

二、歌剧艺术中的形体要求

歌剧中的形体表演包括歌唱演员的肢体语言和面部表情,肢体语言和面部表情又被称作形态语言和情态语言,这两种语言都是经过严格的形体训练的,只有长期的严格的训练,才能使演员充分调动自己的肢体和面部表情,并借助服装、道具等舞台设计,使歌剧作品焕发光彩。

情态语言包括眼睛表情和面部表情。眼睛表情要求:眼要做到明目善睐,用眼睛去表达作品的意境和情感。我国戏曲界有句俗语"一身之戏在于脸,一脸之戏在于眼",演员要达到以眼传神的基本要求。比如意大利作曲家唐尼采蒂的三幕歌剧《拉美莫尔的露琪亚》,其中女主角以"疯"的形象传世,"疯女人"露琪亚眼神忽而迷茫,散出疯癫痴呆,忽而清醒,直射出锐利的光芒,把仿佛能刺穿整个虚伪阴暗世间的神情体现了出来。面部表情也是对演员情态表演的要求之一,人物的喜怒哀乐都在于演员的面部表现,演员要根据作品的要求对角色进行演绎,准确把握人物的内心状态。

形态语言包括手势和身段的表演。手的要求:手在作品中是为了烘托情感而设计的必要的形体动作手势,手势可以给人们带来视觉上的美感和心灵的触动。歌剧《白毛女》中演员唱"北风那个吹,雪花那个飘……"时,演员用手势和眼神指导观众看见自己的内心,配合演唱的歌词,观众会随着演员的表演,悄悄进入作品设定的情景中去。除手势之外,还有对演员身段展示的要求,演员的身段必须符合角色的年龄、性格、气质、体形特征等,演员的气质形象与形体动作有机结合,构成完美精彩的表演范例。

另外,歌剧不同于其他剧种,歌剧中音乐响起演员必须演唱,所以歌剧表演中演员要适当控制情绪,以免破坏良好的歌唱状态。

项目二　歌剧作品欣赏

任务一　《茶花女》

剧情简介及赏析

故事发生于 19 世纪巴黎城中,薇奥列塔原是周旋于巴黎上流社会的名妓,为乡下富农青年阿尔佛雷多的真情所动,毅然抛弃纸醉金迷的生活,与阿尔弗雷到风光明媚的乡间筑起爱巢,过起甜蜜快乐生活,并希望以此摆脱过去的生活。但是,阿尔弗雷多的父亲乔治欧强烈反对。并强要薇奥列塔承诺与他儿子断绝来往,为了顾全阿尔弗雷多家族的荣誉,薇奥列塔决定牺牲自己的爱情内心忍受着巨大的痛苦,回到以前的相好杜费尔男爵那里。阿尔弗莱德以为薇奥列塔背叛了自己,盛怒之下当众羞辱了薇奥列塔。薇奥列塔信守对乔治欧的诺言,未向自己的情人说出真相,但患有肺病的她承受不起这致命的打击,从此卧床不起。在薇奥列塔病重时,阿尔弗雷多的父亲对自己的行为做了忏悔,向阿尔弗雷多言明真相,当阿尔弗雷多回到薇奥列塔身边时,薇奥列塔已经奄奄一息,最后薇奥列塔在爱人的怀中死去。

威尔第的三幕歌剧《茶花女》于 1853 年在威尼斯进行首演,虽然由于各种社会原因而遭到失败,但它很快就得到了全世界的赞誉,被认为是一部具有出色艺术效果的巨著,并由此成为各国歌剧院中最受欢迎的作品之一。难怪《茶花女》的原作者小仲马要说:"五十年后,也许谁也记不起我的小说《茶花女》了,但威尔第却使它成为不朽。"

《茶花女》的意大利名称为 Traviata,原意为"一个堕落的女人"(或"失足者"),一般均译作"茶花女"。歌剧描写了 19 世纪上半叶巴黎社交场上一个具有多重性格的人物——薇奥列塔。她名噪一时,才华出众,过着骄奢淫逸的妓女生活,却并没有追求名利的世俗作风,是一个受迫害的妇女形象。虽然她赢得了阿尔弗雷德·阿芒的爱情,但她为了挽回一个所谓"体面家庭"的"荣誉",决然放弃了自己的爱情,使自己成为上流社会的牺牲品。

在歌剧《茶花女》中,作曲家以一首前奏曲来代替序曲。这段音乐不长,第一个主题是近于静态的旋律,仿佛是在叙述薇奥列塔的悲惨生活一般,同时又刻画出了她那温柔妩媚的形象;而加弱音器的弦乐器在高音区奏出的悦耳的音响,又使这段音乐显得特别温暖而诚挚感人。乐曲的第二个主题的调性与和声都很清晰,旋律的进行也显得十分宽广,它是女主角薇奥列塔纯真爱情的象征。

音乐以细腻的心理描写,真挚优美的旋律和感人肺腑的悲剧表演讲述了一个沦落风尘但仍然对纯洁生活怀有希望的妓女曲折而不幸的经历。第一幕的《饮酒歌》是轻快的舞曲节奏,明朗的大调色彩,以贯穿全曲的大六度跳进表现了阿尔佛莱德借酒抒发他对真挚爱情的渴望和赞美,洋溢着青春的活力。而薇奥列塔在低眉冷眼听完他的述说后,继续穿梭于男人中,妩媚而不失热情的回应了阿尔佛莱德。演员的眼神和动作传达给我们的是女主人公复杂微妙的心理矛盾——不仅仅欢乐,还会对这欢乐背后薇奥列塔的强颜欢笑、上流社会纸醉金迷现象所掩盖的空虚。终场的二重唱,是一个感人的场面,第一段是近乎口语的急切语调,是这一对久经磨难的情人终又重逢时狂喜而又激动的心情的描写,第二段洋溢着浪漫的抒情气质,抒发他们对爱情和幸福的向往,后来出现了半音滑行的痛苦呻吟的音调,并逐渐发展壮大,最后占据主导地位。这种对比手法刻画了薇奥列塔对幸福、爱情的渴望,和对自己生活现状的无奈、痛心。揭示歌剧深刻的悲剧主题,具有震撼人心的戏剧力量。

任务二 《卡门》

剧情简介及赏析

歌剧《卡门》完成于 1874 年秋,是法国作曲家比才根据现实主义作家梅里美的短篇小说《卡门》改编,是比才的最后一部歌剧,也是当今世界上演率最高的一部歌剧。烟厂女工卡门是个漂亮而无拘无束的吉卜赛女郎。她爱上了士兵唐·约瑟并运用自己特有的女性魅力引诱他,使他陷入情网。唐·约瑟不但舍弃了原在农村的情人、温柔而善良的米卡爱拉,并因放走了与人打架的卡门而被捕入狱,后来甚至于与上司拔刀相见而被军队开除,加入卡门所在的走私贩行列;但与此同时,卡门又爱上了斗牛士艾斯卡密里奥,于是直接导致了约瑟和艾斯卡里奥的决斗,决斗中卡门又明显的袒护艾斯卡里奥,更使约瑟难以忍受。随后,激烈的斗牛场面开始了,正当卡门为艾斯卡里奥的胜利欢呼时,约瑟找到了她,与卡门产生了激烈的矛盾。最后,倔强的卡门断然拒绝了约瑟的爱情,终于死在约瑟的剑下……

本剧以女工、农民出身的士兵和群众为主人公,这一点,在那个时代的歌剧作品中是罕见的、可贵的。也许正因为作者的刻意创新,本剧在初演时并不为观众接受,但随着时间的推移,这部作品的艺术价值逐渐得到人们的认可,此后变得长盛不衰。这是一部以合唱见长的歌剧,剧中各种风格的合唱共有十多首,其中烟厂女工们的合唱,形象逼真,引人入胜。女工们吃过午饭返回工厂,游手好闲的男人们聚集在烟厂门口张望女工们的美色。合唱在这里得到较好的运用,一方面男声齐唱表现了他们对女工姿色的好奇与热衷,而女工们吸着烟,带着轻佻的目光漫步舞台,懒洋洋的合唱,则从另一面恰如其分的描绘了她们的思想与生活。

歌剧着力刻画了女主人公鲜明而复杂的性格,第一幕中卡门所唱的哈巴涅拉《爱情就像一只不驯服的鸟》是表现卡门性格的一首歌,它通过连续下行、不断反复的滑行乐句,演员跳跃的眼神和放荡不羁的表演,突出了卡门热情奔放,美丽诱人的形象。第一幕中另有一首西班牙塞吉迪亚舞曲,以鲜明活泼的节奏热情而又带有几分野气的旋律进一步展现了卡门泼辣的性格。第二幕中的《斗牛士之歌》是雄壮的音调,有力的节奏,是艾斯卡密里奥答谢欢迎和崇拜他的群众而唱的一首歌,它是一首凯旋的进行曲。第三幕"占卜"一场,卡门与两位女伴的三重唱,对卡门做了深刻的心理刻画,当她唱出"不管洗多少遍,这些无情的纸牌,都告诉你死"这深沉而哀伤的内心独白,进一步揭示出卡门的悲剧命运。第四幕终场的二重唱,卡门冰冷和坚定的语气,和唐·约瑟先是热烈后转为祈求最后绝望的旋律形成尖锐的对比,具有扣人心弦的悲剧力量和强烈而紧张的戏剧性。

《卡门》的音乐始终紧密配合着舞台动作,中间没有静止的音乐场景。剧中进行曲、咏叹调、舞曲等交替出现,乐曲爽朗流畅,具有炽热的西班牙音乐特色。所有这些音乐又通过严谨的戏剧逻辑组合为一体,紧凑而简练,表现了真实的生活,使其成为雅俗共赏、具有深刻思想内容的一部伟大作品。

任务三　《白毛女》

剧情简介及赏析

五幕歌剧,创作与 1945 年,马克、张鲁、瞿维、焕之、向隅、陈紫、刘炽作曲,延安鲁艺文艺学院集体创作,贺敬之、丁毅执笔。

1935 年除夕,河北省某县杨各庄贫农杨白劳外出躲债,回家后因无法忍受地主黄世仁的逼迫喝盐卤而死。闺女喜儿被抢到黄家,受尽虐待。喜儿的未婚夫大春痛打了地主狗腿子穆仁智后,投奔了八路军。荒淫无耻的黄世仁奸污了喜儿,为灭罪证,黄世仁准备将喜儿卖掉。经女仆张二婶的帮助,喜儿逃离黄家,栖身于深山野林之中,靠山上的野果和庙里的供果维持生命。她苦苦挣扎着,相信苦日子总会熬到头,等待着为父报仇、为己伸冤的那一天的到来。三年过去了,由于生活艰苦、不见天日,她的头发完全变白了,成了人们传说中的"白毛仙姑"。1938 年春天,大春所在的八路军部队来到了杨各庄,从深山野林中救出喜儿,才使她重见天日。"白毛仙姑"的真相大白后,受尽剥削压迫的贫苦农民争先恐后地揭发控诉黄世仁的罪恶,千千万万的受苦人终于报了仇,伸了冤。

《白毛女》是在 1943 年延安开展新秧歌运动的基础上,发展起来的中国第一部新歌剧。音乐采用了河北、山西、陕西等地的民歌与地方戏的曲调,加以改编创作的。杨白劳躲债回来唱的《千里风雪一片白》是根据山西民歌《拣麦根》改编,曲调深沉,是刻画杨白劳基本性格的主题,曲调低沉抑郁,它以缓慢的速度、下行的旋律,充分表现出杨白劳尝尽人生辛酸、受尽压迫而又无力反抗的痛苦心情。他与喜儿对唱《红头绳》,《红头绳》也是由《拣麦根》改编,曲调变得稍微欢快,表现了喜儿天真喜悦的心情,表达了慈父对女儿的疼爱。第二场杨白劳被逼在卖女文书上按手印时以吟诵式的强音唱出了《老天杀人不眨眼》,字字充满了对黄世仁的愤恨。刻画喜儿的音乐主题主要来自于河北民歌《小白菜》和《青阳传》并贯穿全剧,并随着喜儿的性格发展而变化,如《北风吹》一段,旋律亲切流畅,塑造了喜儿活泼、淳朴、天真地向往幸福的形象。反映喜儿过年时的喜悦心情。当喜儿被黄世仁奸污后,及其惨痛的唱出了《天哪,刀杀我,斧砍我》,旋律下行,节奏变散板,并吸收了秦腔中哭腔的手法,把喜儿的悲愤心情推到了高潮。最后控诉黄世仁所唱的《我说,我说》,旋律强有力的大跳,表达了喜儿内心爆发出的仇恨和力量。

思考题

1. 歌剧的体裁样式有哪些?分别有什么特点?

2. 简要谈谈如何才能成功的塑造歌剧人物的艺术形象。

3. 推荐视听《爱情像一只自由的小鸟》。

模块二　舞　剧

项目一　舞剧的概述

【学习目标】

掌握舞剧的概念及内涵。

知识目标

掌握舞剧的基本形式和特点。

了解舞剧演员的形体要求。

能力目标

通过视听部分舞剧片段,对舞剧有个基本的认识。

舞剧,通称芭蕾,芭蕾出自意大利文"Balare",即跳舞的意思。它是欧洲古典舞蹈的一种形式,后来专指"足尖舞",又成为"舞剧"的同义语。舞剧是以舞蹈为主要表现手段,综合戏剧、音乐、文学、美术、哑剧等要素,来揭示社会主题、塑造人物形象的一种艺术形式。舞剧的形象塑造,是用舞蹈动作来刻画的,舞剧角色的性格、特征,也是通过舞蹈来表现的。

舞剧作为一种独立的舞台演出样式,是 14 世纪末在意大利形成的,这种艺术样式在西方通称芭蕾。16 世纪以后,这种叫做芭蕾的舞剧在法国得到了很大的发展,芭蕾舞剧是从 17 世纪法国的"芭蕾歌剧"中分化出来的,18 世纪称为"情节芭蕾舞";随着芭蕾艺术的发展成熟,19 世纪中期以后,先是以法国巴黎、后是以俄国彼得堡为中心,相继上演了以民间神话传说、精灵鬼怪故事为题材的完整的芭蕾舞剧,芭蕾舞剧随之风靡世界。

19 世纪初,法国女演员塔里奥尼开始穿上脚尖鞋,人立在脚尖上跳舞,给人以飘飘欲仙的美感,她主演的《仙女》《吉赛儿》开了浪漫主义芭蕾舞的新纪元。19 世纪末,芭蕾的中心移向丹麦和俄国。在俄国,作曲家柴可夫斯基与舞剧编导彼季帕等创作和排演了大批芭蕾舞剧,其中取得了世界声誉的有《睡美人》《天鹅湖》《吉赛儿》《胡桃夹子》等,这些演出都成为了古典芭蕾的代表作。20 世纪,现代芭蕾舞剧在英美各国渐趋繁荣,较著名的作品有《交响变奏》《灰姑娘》《罗密欧与朱丽叶》等。

西方舞剧传入中国较晚,20 世纪 30 年代的舞剧《西施》,算是中国现代舞剧探索的开始。芭蕾舞剧在中国的真正兴起和发展是在中华人民共和国成立以后。1954 年中国建立了正规的舞蹈学校,1959 年建立芭蕾舞团。《红色娘子军》是第一部最成功的大型中国芭蕾舞剧,它从内容到形式都具有鲜明的中国风格、中国气派。这部舞剧以震撼人心的悲壮情节,恢弘绚丽的场面,鲜明的人物形象以及海南岛的地域风情,赢得多方好评。芭蕾舞《白毛女》是继《红色娘子军》之后的又一部优秀作品,这部中国芭蕾舞剧根据芭蕾艺术特点,并巧妙地运用了中国古典、民间舞的素材,以写实与浪漫相结合的方法将剧情予以芭蕾化的展现。同时期的优秀舞剧作品还有《宝莲灯》《小刀会》等。

舞剧基本上可分为芭蕾舞剧和民族舞剧两大类。

芭蕾舞剧充满梦幻般的气氛和诗化的情绪,一般适于表达浪漫的抒情的主题。

民族舞剧带喜剧色彩,结构形式不如芭蕾舞剧那样严谨,可采纳更多的民间舞蹈,格调轻松,丰富多彩,例如中国舞剧《宝莲灯》。

任务一　舞剧的形式

舞蹈是舞剧的主要组成部分,也是舞剧最美的精髓所在。

舞剧中的舞蹈依照内容,可分为直接推动情节进展的和情绪单一、表演性强的两种舞蹈;按形式可分为独舞、双人舞、多人舞(群舞)。

独舞包括男独舞和女独舞,擅长刻画人物性格和抒发内心情感,要求技巧娴熟,肢体语言表现力强。女子脚尖舞是芭蕾舞最精彩之处,演员身轻如燕,在脚尖站立的同时,完成轻盈的跳跃和快速的旋转,给人以美的享受。

双人舞是古典芭蕾的核心舞,大都用以表现男女主角恋情或正反两方的对抗,动作优美、感情内在。芭蕾双人舞不只是概念上的"两个人一起跳舞",而是一种特定的表演格式。双人舞通常取三段式进行:第一段慢板,由男演员扶持、托举女演员的合舞,连贯地展示各种舞姿,在地面和空中完成一系列旋转、跳跃等技巧动作;第二段变奏,由男、女演员分别表演的独舞,用高度凝练的舞蹈技巧来表现人物的性格和情绪;第三段结尾,由男、女演员逐渐加快的独舞过渡到快板的合舞,呈现舞蹈的高潮。双人合舞要求男女双方和谐默契、浑然一体;而变奏一般都包含着复杂的高难技巧。古典舞剧中,男女主人公的双人舞常常被处理为全剧的核心舞段,占据着重要位置。

多人舞即群舞,是指多人表演的舞蹈,四人起至数十人不等,可男可女,亦可男女混合。群舞多为群众形象的塑造或者单纯的情绪抒发,其最大的特点是整齐划一,形式感突出,有较强的视觉冲击力和感染力,能够营造出深远的意境。多人舞是一部舞剧的典型场景交待,在舞剧中起烘托气氛的作用。在芭蕾舞剧中,由舞蹈演员组成的舞蹈队伍通过优雅美妙的舞蹈,变化出各种图形,呈现出优美华丽的舞蹈构图,带领观者融入特定的舞蹈场景中,感受剧中氛围。如《天鹅湖》第一幕中,为了庆祝王子成人礼,青年们邀请舞伴跳的华尔兹舞,又如《葛蓓莉娅》结束时,在盛大庆典上由村民表演的时光舞、纺织舞、战争舞和终曲加洛普舞,就表现了人们对新人的良好祝愿,同时也把狂欢的情绪推到最高潮,使故事在喜剧气氛中完美地结束。

除此以外,芭蕾舞剧中还常穿插具有各个国家和民族特征的民间舞,统称"性格舞",像《天鹅湖》第三幕中,舞会上各国客人跳的西班牙舞、玛祖卡舞、那不勒斯舞、匈牙利舞;恶魔的女儿奥吉莉雅为了引诱王子跳的各种舞蹈,《红色娘子军》里的取材于我国黎族的少女舞、五寸刀舞,都属于性格舞。它一方面展示了舞蹈者娴熟的舞蹈技巧,同时又使得舞剧更加色彩缤纷,是舞剧的调色板。

舞剧中还有许多哑剧表演成分。哑剧往往出现在各舞蹈段落之间,与各种形式和风格的舞蹈编织在一起,既给演员们稍作休整、调节体力的时间,又合理地推动了剧情的发展,既是对舞蹈的补充,也是舞剧的有机组成部分。

舞剧作为一种独立的表演艺术,无论是芭蕾舞剧或民族舞剧,其总体结构和表现手段都是共同的。只是民族舞剧更多的采用了本民族的民间舞蹈元素。我国民族舞剧受我国传统戏曲的影响,在强调明确的主题思想,鲜明的人物个性方面比欧洲芭蕾舞剧更为明显。在表现手段上,主要运用中国民间舞蹈、戏曲舞蹈以及武术、体操的有关元素,作为编舞的素材。

任务二　舞剧的特点

舞剧,顾名思义,舞蹈是它最主要的表现手段,舞剧的一个突出特点是演员在台上不说也不唱,完全依靠形体的表现力来完成所有的戏剧要求——主题思想的阐述、矛盾冲突的展现、人物性格的塑造。

舞剧与歌剧、戏曲、话剧等艺术形式最大的区别,就是在舞台上只用音乐与舞蹈表现作品的内容、思想、情感,而无台词、念白等,舞剧人物的形象塑造、剧情的发展是用舞蹈动作来刻画的,因此,舞蹈是它最主要的表现手段。

舞剧最初专指以欧洲古典舞蹈为主要表现手段,表现一个故事或一段情节的戏剧艺术,这是我们常说的古典芭蕾(或古典舞剧)。20世纪出现了现代舞以后,逐渐形成了现代舞结合古典舞蹈技术的现代芭蕾。尽管古典芭蕾或现代芭蕾在舞蹈风格、结构特征、表现手法等方面均有所不同,但总体而言有很多共同的特征。

一、动态性

舞剧中最主要的表现形式是舞蹈,舞蹈是人体动作的艺术,它与人体自然动作是有区别的。从人体自然动作过渡到舞蹈动作从而构成舞蹈作品,需要经过一个艺术化的过程,即对生活动作加以提炼的过程,同时还要运用相应的编舞技法和表现手段,才能最终完成舞蹈作品的创造。也就是说人体自然动作是随意的,而舞蹈动作是刻意的。

舞蹈作品应刻意表现演员对舞蹈动作的节奏、空间和力量的把握和运用。每一个舞蹈动作都占据着不同的空间,不同的时间,用不同的力量,因此节奏、空间和力量的千变万化,产生出千差万别的动作,构成千姿百态的舞蹈。舞剧的美在于音乐美和舞蹈美的结合,而舞蹈美在于人体的流动,舞剧主要是以其不断变化的人体动态美来打动观众。

二、情感性

任何一件艺术品从本质上讲,就是一种表现情感的形式。而在众多的艺术门类中,尤以舞剧在情感表现方面得天独厚。首先,它是舞剧创作者的主观情感的体现,舞剧音乐创作者和编导者,根据自己的审美情趣和主观情感创作出作品让人们体会。比如《天鹅湖》,音乐的凄美幽怨,舞蹈动作的高贵温柔,虽然不是直接的陈诉,但观众能从直觉上体会出作曲家和编导的情感来。

另一方面,舞剧本身具有强烈的情感因素。舞剧所反映的对象是社会生活,是对人的情感世界和精神世界的表达。古人将人们表达情感的方式分为四个层次:言(说话)、长言(带情感的说话)、咏歌(唱歌)、舞蹈,其中舞蹈是表情的最高层次。人的语言是有其自身局限的,当出现"言不尽意"的时候,就会用身体动作表达内心深处的东西,这就是"言之不能尽者,象能显之"(《周易尚氏学》)。舞剧能借鲜明的动态视觉形象,使其情感表现得淋漓尽致,"歌以叙志,舞以宣情"。舞剧以其情感表现的直接性和强烈性,展示出人类情感活动的最高境界,舞剧的情感表现是各类艺术中最突出的。

三、意象性

舞剧是通过人体艺术语言表达情感的,人体艺术语言有"意",有"象",舞剧的"象"是指演员动作姿态的外表形态,是感性的、可见的,具体而明晰的,它也可以称作是"实象"。"意"是指动作姿态所传递的内在意蕴,是精神性的,是演员所表达的情感,是隐含的而不是直白的表达,但是可以理解想象的,也可以称作"虚象"。舞剧中的"意"和"象"有机相融,舞剧演员在塑造舞剧形象是通过对人物的"实象"和"虚象"的相互渗透来实现的,"实象"是人物动态造型,"虚象"是用动作姿态表达传递人物的情感世界。"实象"和"虚象"从来就是通过模拟、描述、虚拟等表现手法,有机的统一在人物的整体塑造中的。比如《天鹅湖》,通过对天鹅外在形态的模仿,将一只高贵典雅、哀婉凄怨的天鹅惟妙惟肖的呈现于舞台。又如《红色娘子军》,通过对吴清华从南家地牢逃跑的描述,意在表现恶霸南霸天等恶势力的残酷剥削和吴清华的坚强不屈、勇于斗争的精神。

舞剧中舞蹈的意象相融,即"实象"与"虚象"的紧密结合,可以使舞剧作品产生特殊的效果,是舞剧区别于其他艺术种类的个性特征。

任务三　舞剧艺术中的形体要求

舞剧不同于戏曲,更不同于话剧,是以舞蹈为主的艺术形式。训练有素的舞蹈演员是通过优美的舞姿、和谐的韵律、高超的技巧来"说话"和"唱歌"的。

舞剧基本上可分为芭蕾舞剧和民族舞剧两大类,这两种舞剧对演员形体的要求有共同点,也有不同的地方。芭蕾舞剧要求演员身材必须是纤细修长的,而民族舞剧则讲求圆润、曲线、含蓄的民族韵味。

一、芭蕾舞剧演员的形体要求

芭蕾舞剧对舞蹈演员的形体要求非常高,甚至可以称之为苛刻。就对人体体型而言,要求舞蹈者具备"三长一小"。"三长"指胳膊长、腿长、脖子长。"一小"指脑袋小。演员修长的腿部可以表现轻盈飘逸的美感,也是为彰显芭蕾的贵族气质。

古典芭蕾的动作姿势具有由内向外发展的特点。动作感觉是离心的,动作力量的运用也是由里向外的——力量发自躯体的中心(腰部),由中心向外展开至肩部、大腿部,再延伸到上臂、下臂、手、指尖、小腿、踝、脚背、脚尖并向外延伸。只要有这种向外的延伸,即使没有跳跃、托举甚至脚尖技巧,我们也可以说他具有了古典芭蕾的风格。

传统的芭蕾舞演员必须进行"开、绷、直、立、轻、准、稳、美"8个方面的严格训练。"开、绷、直、立",是欣赏芭蕾最基本的审美标准;"轻、准、稳、美",是在"开、绷、直、立"的基础上的更高要求。高超的技术素质和艺术修养,是对每个芭蕾舞演员的基本要求,也是演员需要付出大量的汗水才能掌握的技术。

"开"就是指演员不分男女,均需肩、胸、胯、膝、踝大关节部位左右对称的外开,特别是两脚向外180°展开,最大限度的延长了舞蹈者的肢体线条,扩大了舞蹈动作的运动范围,增强了表现力,同时也增强了身的平衡能力和运动的灵活性。

"绷"是指演员踝部脚背的绷直。芭蕾是一种线条性艺术,只有各部位的"绷"才能使观众有延长肢体线条的视觉感,使舞姿更加舒展。使肌肉收紧,产生上升的动势。

"直"是指膝盖的伸直,后背的垂直,换句话说就是把全身肌肉拉长,使芭蕾的舞姿舒展,达到长线条完美的视觉造型;同时芭蕾是直线艺术,在舞台中的运动路线多呈直线形,身体与地面垂直也是古典芭蕾技巧所必需的,如旋转技巧,动作时除了全身收紧向高空发射外,更重要的是颈、背、腰、臀垂直于地面,使力量集中在体内的中心线上。

"立"是指身体要直立、挺拔,并把身体重心准确地放在两腿或一条腿的重心上,其空间占有感像古典的宫殿似的傲然挺立和气宇轩昂。这和古典芭蕾发源于皇家宫廷的风格是一脉相承的,其目的在于显示皇家贵族气派。要求演员收腹、挺胸、重心上提,向高空层面发射,使各种舞蹈动作和技巧准确地完成。

"轻"是指舞者动作轻盈、自如,跳跃动作起跳和落地时加强身体的控制能力,全身看起来很放松,动作自如,特别是落地时,没有声音。前苏联芭蕾大师乌兰罗娃曾说过:"使舞姿轻巧的是跳舞匠,轻盈才是舞蹈家。"

"准"是指准确完成每个动作和舞姿的规格要求,使动作运动路线和位置准确。如:空中转两圈,舞蹈者五位脚起跳在空中保持良好的舞姿后,落地时还准确地落在五位上。在古典芭蕾中这一点显得格外重要,即使技术含量再高的动作,也要表现得准确无误,否则古典芭蕾的动作规范会变形,也就会失去光彩。

"稳"是指动作要做得不仅准确而且稳健、扎实,比如芭蕾中有许多双人舞的托举动作,需要男女演员默契。另外,做旋转动作时要求演员保持良好的稳定性,结束时要使舞姿准确地、稳稳地停在一个点上。

"美",芭蕾舞是一种观赏性极强的视觉艺术,需要一举一动都有美感,芭蕾舞对美的要求极高。

二、中国民族舞剧演员的形体要求

我国的民族舞剧是以民族文化传统为底蕴,并学习芭蕾舞剧完整、科学的组合方式和表现手法,借鉴中国戏曲舞蹈,吸收中华传统武术精华,具有高度民族审美表现力的一种舞剧。中国特有的民族风格、民族气质、民族审美传统,是民族舞剧赖以发展的基础。

　　古典舞是我国民族舞剧的主干,中国民族舞剧对舞蹈演员的形体要求和芭蕾舞剧的演员要求是有区别的。除了要求舞剧演员要具备扎实的基本功和技术技巧以外,还需同时具有中国古典舞身韵的特征。"形、神、劲、律"的高度融合,是中国古典舞身韵的重要表现手段。是演员身韵训练的基本要素。

　　身韵是身法韵律的总称,"身法"属于外部的技法范畴,"韵律"属于艺术内涵的体现。身韵元素由动作的曲线美和刚劲挺拔、含蓄柔韧的气质美构成。

　　"形"即外在动作,包含姿态及其动作连接的运动线路。

　　"神"即神韵、心意,是起主导支配作用的部分。

　　"劲"就是力,包含着轻重、缓急、强弱、长短、刚柔等关系的艺术处理。

　　"律"也就是动作本身的运动规律。

　　这四大动作要素的关系:"形"是"神"的外延,"神"则贯穿"形"的始终,经过"劲"与"律"达到形神兼备,内外统一的;其规律是"心与意合、意与气合、气与力合、力与形合"。

　　"神形兼备、以神领形、形止神驰"的审美原则体现了中国民族神形的统一,是中国传统舞剧最具民族性的重要特点。

项目二　舞剧作品欣赏

任务一　《天鹅湖》

剧情简介及赏析

　　被魔法师罗德伯特变成天鹅的奥杰塔公主,在湖边与王子齐格弗里德相遇,倾诉自己的不幸,告诉他:只有忠诚的爱情才能使她摆脱魔法师的统治,王子发誓永远爱她。在为王子挑选新娘的舞会上,魔法师化成武士,以外貌与奥杰塔相似的女儿奥吉莉雅欺骗了王子。王子发觉受骗,激动地奔向湖岸,在奥杰塔和群天鹅的帮助和鼓舞下,战胜了魔法师。天鹅们都恢复了人形,奥杰塔和王子终于结合在一起。

　　这部四幕幻想芭蕾舞剧作于1876年,由柴可夫斯基谱曲。由于原编导在创作上的平庸以及乐队指挥缺乏经验,致使1877年2月20日首演失败。直到1895年列·伊凡诺夫重新把该剧搬上彼得堡舞台,才获得巨大成功,并成为世界芭蕾舞经典名剧。

　　舞剧的序曲一开始,双簧管吹出的柔和曲调引出了故事的线索,这是天鹅主题的变体,它概略勾划了被邪术变为天鹅的姑娘那动人而凄惨的图景。第一幕结束时,夜空出现了一群天鹅,乐曲第一次出现天鹅的主题,也是全剧的主要音乐形象。它充满温柔的美和伤感。《天鹅湖》第二幕:慢板双人舞细腻地表达了白天鹅奥杰塔从恐惧、提防逐渐到对王子的放心和信任,进而迸发爱情,以至于热恋的过程,奥杰塔的独舞突出了她的悲剧色彩,她的舞姿优美柔弱,完美的体现了一个凄美幽怨、孤独动人的白天鹅形象。第四曲是四只小天鹅跳的舞曲,音乐轻松活泼,四只小天鹅整齐一致的舞姿,包含"击脚跳"和"轻步行进"的动作。《四小天鹅舞》是最受人们欢迎的舞曲之一,音乐轻松活泼,节奏干脆利索,描绘出小天鹅在湖畔嬉戏的情景,质朴动人而又富有田园般的诗意。第四幕终曲的音乐以开阔的悲壮旋律开始,王子的悲痛和绝望都体现在天鹅的主题中,以后王子心中的激情与大自然的怒吼融成一片,当天鹅主题再次出现时,节奏拉宽,速度放慢,变成了对胜利后的爱情的辉煌庄严地歌颂。

《天鹅湖》用的是芭蕾舞剧中最钟爱的善与恶的矛盾,善终将战胜恶的主题。其故事情节很符合古典芭蕾舞剧的规律。它的音乐像一首首具有浪漫色彩的抒情诗篇,每一场的音乐都极出色地完成了对场景的抒写和对戏剧矛盾的推动,以及对各个角色性格和内心的刻画,具有深刻的交响性。《天鹅湖》确立了芭蕾双人舞程式,为后世交响化舞剧的创作树立了典范,无论在审美观还是艺术性上均达到了古典芭蕾的极致,它是芭蕾艺术皇冠上一颗璀璨的明珠,是芭蕾历史上最伟大的杰作。

任务二　《睡美人》

剧情简介及赏析

皇宫内正在为摇篮中的公主奥罗拉举行洗礼仪式,生日庆典由于忘记邀请恶神卡波拉斯仙子,得罪了恶神。卡波拉斯预言公主在满16岁成为一位美人时将因纺锤碰伤而死,众宾客大惊失色。这时紫丁香仙子出来施展自己的力量说:公主未必因此而死,但必须长睡100年,然后将借助一位王子的吻而复生,并同王子成婚。情节果然按照善、恶仙子们的预言发展着,在15年后,公主因纺锤碰伤,与宫中其他人一起昏睡了近百年。后来,一个青年王子来到荒废的宫廷,在荆棘中看见美丽的公主长眠于其中。他俯首吻公主,公主苏醒,宫中其他人也相继苏醒,共庆王子与公主成婚。正义的力量终于战胜邪恶,宫廷上下一片欢腾。

如同著名芭蕾舞剧《天鹅湖》一样,在柴可夫斯基的这部作品里舞剧音乐的交响化,对角色性格的刻画等创作特征表现得鲜明突出。以序曲的六仙子舞为例,糖果仙女天真烂漫,优美动人,音乐的性质是摇篮曲,缓慢而抒情;开穗仙子的音乐风驰电掣,奔放有力。它非常短,只有25秒钟,音乐非常急速、活泼,类似意大利塔兰台拉舞曲。极其简练的音乐塑造了一个无忧无虑的小顽童,突然玩性大发,又突然终止的形象,因此有些演员把这个变奏称为子弹变奏;碎片仙子的音乐用断断续续的弦乐拨奏,仿佛飘落的碎片,这是一个以脚尖上做各种小跳为主的变奏,过去有人称它为面包渣仙女变奏。女演员的手腕不断地抖动,好似在撒面包渣,又如在抖掉手上的小水珠,塑造了把心中最美好的东西慷慨地撒向人间的一个女性的形象。金丝雀仙子的音乐宛若莺转燕啼,塑造的是一只金丝雀的形象。女演员在脚尖上做非常碎而急速的动作,而她的手臂却像金丝雀的小翅膀一样不断地抖动,给我们留下了一个非常活泼可爱的印象。薇奥兰特仙子的舞蹈为加洛普型,它一反前几个变奏鲜明的女性特征,透出一种短促、有力、威严的阳刚之气;最后一个是由紫丁香仙女跳的。它是一个安详、宽广、流畅的变奏,表现了仙女之王的气势和个性。

第一幕生日宴会中,随着急速的快板变奏,奥罗拉活泼欢快的出场了,在一段轻盈的独舞后,她与四位求婚的王子跳起了《玫瑰花慢板》。这段舞蹈的舞姿造型、动作组合中规中矩、错落有致、典雅庄重,但缺乏生气,缺乏情感。奥罗拉彬彬有礼但又冷漠矜持,与急速的快板形成鲜明的对比。第三幕婚礼双人舞编排突出典雅含蓄的风格,用托举扶抱等双人舞技巧表达奥罗拉和王子相爱之情。在其后的王子变奏中,采用了大量充满激情的大跳、空转和打击动作。奥罗拉变奏以地面动作为主,并注重细节处理,比如头部的微转和头与颈倾斜的角度。每个动作都十分细腻准确的把握了主人公幸福喜悦的心情和端庄典雅的性格。

《睡美人》的故事取材于法国作家佩罗的童话《林中睡美人》,是一部带序幕的三幕舞剧,与《天鹅湖》《胡桃夹子》一道被并称为"三大古典芭蕾舞剧",在世界芭蕾史上占有重要的地位,是柴可夫斯基继《天鹅湖》之后的第二部舞剧作品。该剧以其优美动人的音乐旋律、众多独特经典的舞段、精品荟萃的舞蹈、个人芭蕾技巧的充分发挥、双人舞编排的精雕细刻,再加上华丽典雅的服装、辉煌灿烂的布景,使得这部作品享有"芭蕾艺术的百科全书"的美誉。

任务三　《红色娘子军》

剧情简介及赏析

故事发生在20世纪30年代的海南岛,讲述的是第二次国内革命战争时期,椰林寨的一个受尽折磨的小丫头吴清华,因不堪忍受地主南霸天的残酷压迫,逃走未成被打得昏死过去,后为工农红军娘子军连党代表洪常青和通讯员小庞所救,并指引她投奔红军,成为红色娘子军的一员战士。为了歼灭南霸天,娘子军连设计了去南府乔装祝寿、里应外合的作战方案。后因吴清华的莽撞,擅自开枪致使南霸天逃脱。洪常青及时对娘子军连进行教育,吴清华深受震动。历经磨炼和考验,终于成长为一名卓越的革命战士。同部队一起奋勇作战,击毙南霸天,解放椰林寨。洪常青牺牲后,她接过红旗英勇向前……

《红色娘子军》所刻画的人物群体中,性格最鲜明突出者,首推吴清华。大幕一拉开,吴清华臂膀反缚被锁在地牢里的造型,蓦地投射在观众眼前,那是棱角分明、不屈不挠的形象,是一双喷吐怒火的眼睛,在倔强而富于抗争性的音乐主题的渲染下,吴清华的性格鲜明有力的随着剧情发展。《红色娘子军》的精彩舞段很多:轻盈活泼的"快乐的女战士",粗犷剽悍的"五寸刀舞",抒情的"斗笠",忧忿的"丫鬟",沉郁的"黎族少女"等,尤为突出的是,《红色娘子军》人物身上闪动着中西两种文化交融的光华,舞蹈画面焕发出别具一格的魅力。

《红色娘子军》在舞蹈语汇上,大量吸收中国古典舞的动作技巧和具有代表性的民间舞形式,并和芭蕾的动作风格统一在一起。如第一场吴清华独舞中一组"小蹦子"、"点地翻身"等急促有力而又重心偏低的中国古典舞技巧的运用,对勾勒吴清华的性格特征和内在气质是不可多得的。第二场的五青年"双刀舞",第三场的"黎族少女舞",也较好的运用了民间舞形式。另外,《红色娘子军》作为军事题材,还采用了传统戏曲中的对打技巧,并吸取现实生活中的基本操练动作,创作了如"射击舞""投掷舞""劈刺舞""大刀舞""队列舞"等舞段。

芭蕾舞剧《红色娘子军》是中西文化在芭蕾艺术领域中融合的产物,是芭蕾艺术中国化的标志。它以独特的中国式理念和表达方式列于芭蕾名剧之林,成为中国乃至世界芭蕾舞剧史上的一朵奇葩。

思考题

1. 舞剧的形式类型有哪些?

2. 简述古典芭蕾舞的审美特征。

3. 推荐视听《四小天鹅》。

模块三 戏 曲

项目一 戏曲概述

【学习目标】

掌握戏曲的概念及内涵。

知识目标

掌握戏曲的基本体裁形式和特点。

了解戏曲演员的形体要求。

能力目标

通过视听部分戏曲片段,对中国戏曲有个基本的认识。

戏曲是中国传统戏剧的统称,"戏曲"的"曲",是指中国古典戏剧之中的唱词,这是诗的一种形态。戏曲包括宋元南戏、元代杂剧、明清传奇、昆剧、京剧和数百种地方戏,是以歌舞杂技的综合表演作为载体的一门融合文学、音乐、舞蹈、美术、杂技等多种因素的综合艺术。

中国戏曲的形成起源大致有三个:

第一条起源线索是从民间歌舞发展成的歌舞小戏。戏曲的萌芽可以追溯到上古时期的民间歌舞。那时的先民身披兽皮、击石伴奏的歌舞场面,是用以祈福或娱神的,带有原始宗教成分。大约到了汉代,歌舞形式中逐渐加入了故事成分,其中角抵戏《东海黄公》最为著名,它表现的是这样一个故事:"东海黄公,少时有法术,能制蛇御虎,至年老,气力渐减,且饮酒过度,法术不复能行,后与白虎斗,为虎所杀"。这部戏原在民间流行,后汉武帝曾将其引入宫中表演。《东海黄公》标志了歌舞逐渐向歌舞戏的发展。在唐代,歌舞戏有了很大的提高,唐代最为著名的歌舞小戏是《踏谣娘》,表演是相当生动的。这种民间歌舞小戏在宋代又有发展,当时一般通称其为"社火",后来在此基础上,歌舞小戏逐步演变成戏曲形式,"南戏"便是在民间歌舞的基础上发展而来的。

第二条起源线索是从古优发展到参军戏。

"优"是指宫中弄臣,古优戏的表演以滑稽调笑取悦帝王,并予以某种政治性的讽谏。后来从对帝王的讽谏发展到帝王拿来惩戒臣下的工具,"参军戏"据说就是由此而来。北朝时,后赵高祖石勒因为官员(参军)贪污官税,遂令优人身着官服扮成"参军",旁边的优人则戏弄嘲笑"他",以此来惩罚这一官员。这一表演后来成为定制,并有了固定的角色,被戏弄者称"参军",嘲笑者称"苍鹘"。参军戏在唐代最为兴盛,晚唐五代,也称参军戏为杂剧。到了宋朝,其表演更为成熟,参军戏后来逐渐成熟发展成了元杂剧。

第三条起源线索是受说唱艺术的影响而发展。

戏曲是一个有序的组织,它以叙事的形式描写刻画人物形象,说唱艺术又是以歌唱、说白相间,反复说唱一则曲折故事的艺术形式。说唱艺术对戏曲的影响主要表现在剧本文学和戏曲唱腔两个方面。说唱艺术一方面为戏曲提供了引人入胜的有一定长度的故事情节,另一方面又提供了有说有唱的艺术表达方式。

戏曲是我国民族传统文化中源远流长、最具特色的艺术形式之一,是人类文化宝藏中重要的组成部分,是我国人民文化生活中具有广泛影响的艺术品种。中华人民共和国成立后又出现许多改编的传统剧目,新编历史剧和表现现代生活题材的现代戏。中国戏曲经过800多年的发展变化,已形成一个拥有300多个剧种、5万余出传统剧目、2000多个剧团和近40万名从业人员的庞大体系。比较流行著名的剧种有:京剧、昆曲、越剧、豫剧、湘剧、粤剧、秦腔、川剧、评剧、晋剧、汉剧、潮剧、闽剧、河北梆子、黄梅戏、湖南花鼓戏等50多个剧种,在世界上独树一帜,别具风采。

任务一　戏曲的剧种形式

所谓"戏曲剧种",是指中国戏曲艺术的不同品种。由于中国幅员辽阔,民族众多,作为戏曲中主要成分的语言和音乐都受民族和地域的制约,因而从戏曲形成之始就有"民族戏曲"(例如傣剧、藏剧)和"地方戏曲"(例如河北梆子等)之分。戏曲剧种的差别主要在于演唱腔调的不同。戏曲艺术中用来区分剧种的各个不同的演唱腔调,就统称为"戏曲声腔"(例如梆子腔、昆山腔、徽调等)。在中国戏曲史上,戏曲声腔经历了复杂的演变发展过程,形成了众多的戏曲剧种,据《中国大百科全书·戏曲曲艺卷》的统计,流传至今的戏曲剧种共有317种。

戏曲声腔是指戏曲剧种所使用的演唱腔调,每种腔调都归属于一定的声腔系统,因而戏曲剧种可分为单声腔和多声腔两大类。单声腔用声腔名称来代表剧种,例如河北梆子,多声腔则称为"戏"或"剧",例如"黄梅戏"或"越剧"。明末清初,在众多地方戏曲交流的基础上,逐渐形成了一些影响广泛的全国性剧种,前有昆剧,后有京剧。在现当代,一些由民间小戏发展而成的江南地方戏曲(以越剧和黄梅戏为代表),因其不受戏曲程式限制,可塑性很大,影响面远远超出它们诞生的某个地区而遍及全国许多省。

中国戏剧剧种简要介绍:

1.昆曲

昆曲,又称"昆腔"、"昆剧",是一种古老的戏曲剧种。它源于江苏昆山,明代中期开始盛行,当时的传奇戏多用昆曲演唱。除了保持早期昆曲特色的南昆外,还在全国形成许多支脉,如北方的昆弋、湘昆、川昆等。昆曲的风格清丽柔婉、细腻抒情,表演载歌载舞、程式严谨,是中国古典戏曲的代表。

2. 高腔

高腔,是对一种戏曲声腔系统的总称,它原被称为"弋阳腔"或"弋腔",因为它起源于江西弋阳。其特点是表演质朴、曲词通俗、唱腔高亢激越、一人唱而众人和,只用金鼓击节,没有管弦乐伴奏。自明代中期后,它开始由江西向全国各地发展,并在各地形成不同风格的高腔,如川剧高腔、湘剧高腔、赣剧高腔等。

3. 梆子腔

梆子腔,是对一种戏曲声腔系统的总称。它源出于山西、陕西交界处的"山陕梆子",特点为唱腔高亢激越,以木梆击节。然后,它向东、向南发展,在不同地区形成不同形式的梆子腔,如山西梆子、河北梆子、河南梆子、山东梆子等。

4. 京剧

京剧,也称"皮黄",由"西皮"和"二黄"两种基本腔调组成它的音乐素材,也兼唱一些地方小曲调(如柳子腔、吹腔等)和昆曲曲牌。它形成于北京,时间是在 1840 年前后,盛行于 20 世纪三、四十年代,时有"国剧"之称,现在它仍是具有全国影响的大剧种。它的行当全面、表演成熟、气势宏美,是近代中国戏曲的代表。

5. 评剧

评剧,清末在河北滦县一带的小曲"对口莲花落"基础上形成,先是在河北农村流行,后进入唐山,称"唐山落子"。20 世纪 20 年代左右流行于东北地区,出现了一批女演员。20 世纪 30 年代以后,评剧在表演上在京剧、河北梆子等剧种影响下日趋成熟,出现了白玉霜、喜彩莲、爱莲君等流派。1950 年以后,以《刘巧儿》《花为媒》《杨三姐告状》《秦香莲》等剧目在全国产生很大影响,出现新凤霞、小白玉霜、魏荣元等著名演员,现在评剧仍在河北、北京一带流行。

6. 河北梆子

河北梆子,即流行于河北、北京一带的梆子戏,它源于山、陕交界处的山陕梆子,经由山西传至河北,结合河北与北京方言而形成。它保持了梆子腔以梆击节的特点,唱腔高亢激越,善于表演悲剧情节,河北梆子著名剧目有《蝴蝶杯》《辕门斩子》《杜十娘》等。

7. 晋剧

晋剧,又名"中路梆子",由山西、陕西交界的山陕梆子发展至山西,结合山西语言特点而形成。现流行于山西中部及内蒙、河北一带。它保持了梆子腔以梆击节的特点,音乐风格在高亢之余,也有柔婉细腻的一面。表演通俗质朴,著名剧目有《打金枝》《小宴》《卖画劈门》等。

8. 蒲剧

蒲剧,又名"蒲州梆子",由山西、陕西交界的山陕梆子发展而成,现流行于山西西南部及陕西、河南一带,在声腔上近似于秦腔,语言也用陕西方言,著名剧目有《挂画》《杀狗》《杀驿》等。

9.上党梆子

上党梆子,山西四大梆子之一,由山西西南部的"蒲州梆子"发展而成,流行于山西东南部上党一带。其声腔除梆子腔外,也兼唱昆曲、皮黄、罗罗腔等,剧目有《三关排宴》《东门会》等。

10.雁剧

雁剧,也称"北路梆子",由"蒲州梆子"发展而来,流行于山西北部及河北张家口、内蒙古一带,它对河北梆子的形成有很大影响,剧目有《血手印》《金水桥》等。

11.秦腔

秦腔,陕西省地方戏,也叫"陕西梆子",是最早的梆子腔,约形成于明代中期。其表演粗犷质朴,唱腔高亢激越,其声如吼,善于表现悲剧情节,剧目有《蝴蝶杯》《游龟山》《三滴血》等。

12.二人台

二人台,流行于内蒙古、山西及河北张家口一带的戏曲剧种,在内蒙民歌及山西民间小调基础上形成,后来又吸收晋剧的表演成分而渐渐成熟。表演生活气息浓郁,曲词通俗。剧目多为表现农村生活的小戏,如《走西口》《五哥放羊》等。

13.吉剧

吉剧,流行于吉林省的戏曲剧种,20世纪50年代在东北"二人转"的基础上发展而成,曲调轻快、词句通俗、表演质朴火爆,剧目有《燕青卖线》、《包公赔情》等。

14.龙江剧

龙江剧,流行于黑龙江地区,20世纪50年代在东北"二人转"、拉场戏、影戏及当地民歌基础上形成,表演轻松幽默,曲词通俗,剧目有《双锁山》《荒唐宝玉》等。

15.豫剧

豫剧,又称"河南梆子",明代末期由传入河南的山陕梆子结合河南土语及民间曲调发展而成,现流行于河南、河北、山西、山东等省份,原有豫东调、豫西调、祥符调、沙河调四大派别,现以豫东、豫西调为主。出现过常香玉、陈素珍、崔兰田、马金凤、阎立品等著名旦角演员。剧目有《穆桂英挂帅》《红娘》《花打朝》《对花枪》和现代戏《朝阳沟》等。

16.越调

越调,河南地方剧种,流行于河南及湖北北部地区,因以"四股弦"为主要伴奏乐器,所以也称"四股弦",音乐为板腔体为主,也唱曲牌。著名演员有申凤梅等,剧目有《收姜维》《李天保招亲》《诸葛亮吊孝》等。

17.河南曲剧

河南曲剧,河南省地方剧种,流行于河南省及湖北西北部地区,由曲艺"河南曲子"发展而成,唱腔轻柔婉转,以悲剧内容见长,剧目有《卷席筒》《陈三两》《花亭会》等。

18.山东梆子

山东梆子,山东省地方剧种,流行于山东菏泽一带,因其地古称"曹州",故又名"曹州梆子",此梆子系由山陕梆子经由河南再传入山东,历经变化而形成,主要剧目有《墙头记》等。

19. 吕剧

吕剧,山东省地方剧种,流行于山东中部及江苏、河南一带,20世纪初由民间说唱艺术"山东琴书"发展而成,1950年定名为"吕剧"。吕剧表演富于生活气息,通俗质朴,唱腔曲调简单,易学易唱,所以吕剧在广大农村影响很大,剧目有《王定保借当》《小姑贤》和现代戏《李二嫂改嫁》等。

20. 淮剧

淮剧,江苏省地方剧种,流行于江苏、上海及安徽等地区,它起源于江苏民间小戏,后又吸收徽剧的艺术因素而逐渐发展成熟,其表演粗犷朴素,剧目有传统戏《女审》《三女抢板》和新编戏《金龙与蜉蝣》等。

21. 沪剧

沪剧,流行于上海一带的地方剧种,源于上海浦东的民歌,后形成上海滩簧调,又受到苏州滩簧的影响。20世纪30年代以文明戏的形式在上海演出,并定名为沪剧,剧目多为现代题材,如《啼笑姻缘》《罗汉钱》《芦荡火种》等。

22. 滑稽戏

滑稽戏,流行于江苏、上海、浙江等地的戏曲剧种。源于上海的"独角戏",后发展为滑稽戏,曲调驳杂、表演滑稽,主要剧目有《三毛学生意》《一二三齐步走》等。

23. 越剧

越剧,流行于浙江一带的地方剧种。它源出于浙江嵊县的"的笃班",1916年左右进入上海,以"绍兴文戏"的名义演出,先以男演员为主,后变为以女演员为主。1938年后,使用"越剧"这一名称。1942年以袁雪芬为首的越剧女演员对其表演与演唱进行了变革,吸收话剧昆曲的表演艺术之长,形成柔婉细腻的表演风格,出现袁(雪芬)派、尹(桂芳)派、范(瑞娟)派、傅(全香)派、徐(玉兰)派等众多艺术流派,越剧剧目有《祥林嫂》《梁山伯与祝英台》《红楼梦》《五女拜寿》《西厢记》等。

24. 婺剧

婺剧,流行于浙江金华一带的地方剧种,又名"金华戏"。它是一个多声腔剧种,其声腔由高腔、昆曲、滩簧、徽调等组成,各有其剧目及表演特色,剧目有《僧尼会》《牡丹对课》《断桥》等。

25. 绍剧

绍剧,流行于浙江绍兴、宁波一带的地方剧种,形成于明末,以"三五七"、"二凡"为主要声腔,表演上以武戏见长,风格粗犷、朴实,剧目有《三打白骨精》《龙虎斗》《吊无常》等。

26. 徽剧

徽剧,流行于安徽、江苏等地区的戏曲剧种,形成于清代中期,系多声腔的剧种,主要声腔为拔子、吹腔、二黄,也兼唱昆曲、高腔和西皮。1790年,徽班进京为乾隆庆寿,后演变为京剧,剧目多为历史题材,如取材于《三国演义》的《水淹七军》等。

27. 黄梅戏

黄梅戏,起源于安徽的戏曲剧种,流行于安徽、江西及湖北地区。它的前身是黄梅地区的采茶调,清代中叶后形成民间小戏,称"黄梅调",用安庆方言演唱。20世纪50年代在严凤英等人的改革下,表演日趋成熟,发展成为安徽的地方大戏,著名剧目有《天仙配》《牛郎织女》《女驸马》等。

28. 闽剧

闽剧,流行于福建地区的戏曲剧种,兴起于明中叶,到清代时已基本形成,只是规模较小。20世纪初爱京剧影响规模渐大,声腔基本完备,包括逗腔、洋歌、江湖、小调和板歌五种,剧目有《炼印》《天鹅宴》等。

29. 莆仙戏

莆仙戏,福建地方戏,旧称"兴化戏",明代中叶已完全成熟,流行于莆田、仙游一带,音乐为曲牌体,表演颇具古意,典雅抒情,剧目有《张协状元》《团圆之后》《春草闯堂》等。

30. 梨园戏

梨园戏,一种历史久远的戏曲剧种,可看成戏曲的"活化石"。它保存了很多宋元时期的南戏,如《朱文走鬼》《荆钗记》《刘知远白兔记》《拜月亭》《杀狗记》等,20世纪50年代后,又编演了《董生与李氏》《节妇吟》等剧目。

31. 高甲戏

高甲戏,流行于福建晋江、龙溪一带,起源于清代中期,后吸收了梨园戏的表演因素及剧目,渐成规模。20世纪20年代又受到京剧的影响,渐渐成熟。它以丑角为主要行当,表演状如牵线傀儡,很有特色,剧目有《连升三级》《金魁星》等。

32. 赣剧

赣剧,流行于江西省东北部的戏曲剧种,由明代的弋阳腔发展而来,系由弋阳腔、青阳腔、昆腔、乱弹等多种声腔组成的剧种,剧目有《窦娥冤》《荆钗记》《珍珠记》《还魂记》等。

33. 采茶戏

采茶戏,流行于江西各地的戏曲剧种,主要由当地茶农采茶时所唱的歌曲小调结合民间歌舞发展而成。江西采茶戏分分东、南、西、北、中等不同路子,在表演上各具特色,剧目有《孙成打酒》等。

34. 汉剧

汉剧,一般指流行于湖北、河南、陕西等地的戏曲剧种,源出湖北地区,旧称"楚调"或"汉调",主要声腔是西皮腔,兼唱二黄腔,迄今为止已有近三百年历史。在湖南常德和广东也都有汉剧,均为多腔剧种,与湖北汉剧迥然不同,主要剧目有《宇宙锋》《二度梅》《审陶大》等。

35. 湘剧

湘剧,即湖南省的地方戏曲剧种,流行于长沙、湘潭一带,源出于明代的弋阳腔,后又吸收昆腔、皮黄等声腔,形成一个包括高腔、低牌子、昆腔、乱弹的多声腔剧种,剧目以高腔、乱弹为主,如《琵琶记》《白兔记》《拜月记》等。

36. 祁剧

祁剧，又称"祁阳戏"，流行于湖南祁阳、邵阳一带，源出明代弋阳腔，声腔以高腔为主，兼唱昆曲、弹腔，剧目有《目连传》《精忠传》《夫子戏》《观音戏》等。

37. 湖南花鼓戏

湖南花鼓戏是对湖南各地花鼓、花灯戏的总称，其中包括长沙花鼓、岳阳花鼓、常德花鼓、衡阳花鼓、邵阳花鼓等，它们各有不同的舞台语言，形成了各自的风格。花鼓戏的表演朴实、欢快、活泼，行当以小生、小旦、小丑为主，长于扇子的运用，剧目有《打鸟》《刘海砍樵》等。

38. 粤剧

粤剧，流行于广东、香港、东南亚等粤语语言区，形成于清初，由外地传入的高腔、昆腔、皮黄、梆子等声腔与当地民间音乐结合而成，音乐为板腔体、曲牌体兼用，剧目有《搜书院》《关汉卿》等。

39. 潮剧

潮剧，流行于广东汕头、福建南部及台湾等地区。主要受外地传入的弋阳腔、昆腔及汉调的影响，形成于明代中叶，在剧目中保留了很多宋元作品，如《陈三五娘》《扫窗会》《芦林会》等。

40. 桂剧

桂剧，流行于广西东北部及湖南南部地区，明末清初时形成，唱腔以皮黄为主，兼唱昆腔、高腔、吹腔等腔调，剧目有《抢伞》《拾玉镯》《柜中缘》等。

41. 彩调

彩调，原名"调子"或"采茶"，流行于广西地区。在当地民间歌舞基础上形成，已有近两百年的历史，1955年定名为"彩调"，其表演自由活泼，富于生活气息，最为著名的剧目是《刘三姐》。

42. 壮剧

壮剧，流行于广西、云南等壮族聚居区的戏曲剧种，分为南路和北路两派。前者源于当地的"板凳戏"，主要剧目有《文龙与肖尼》，后者源于"双簧戏"，主要剧目有《宝葫芦》。

43. 川剧

川剧，四川省地方剧种，流行于四川及周边地区，由昆腔、高腔、胡琴、弹戏、灯戏部分组成，各有其剧目。川剧唱腔高亢激越，表演诙谐幽默，富于生活气息，主要剧目有传统戏《玉簪记》《柳荫记》《活捉王魁》等，新编现代川剧有《死水微澜》《变脸》《金子》等。

44. 黔剧

黔剧，流行于贵州省的地方剧种，由曲艺"文琴"发展而成，主要以扬琴为伴奏乐器，地方特色浓郁，剧目有《珠娘郎美》《奢香夫人》等。

45. 滇剧

滇剧，流行于云南及四川、贵州部分地区的地方剧种，形成于清末民初，由外来的丝弦、襄阳调和胡琴戏三种声腔组成，经丝弦腔为主，剧目有《牛皋扯旨》《闯宫》等。

46.傣剧

傣剧,流行于云南省傣族聚居区,形成于清代中叶,源于当地民间歌舞,并吸收京剧、滇剧的艺术营养而形成,以二胡为主要伴奏乐器,表演古朴,载歌载舞,剧目有《娥并与桑洛》等。

47.藏剧

藏剧,即流行于西藏、青海等藏族聚居区的戏曲剧种,用藏语演唱。形成于十七世纪,主要以佛教故事和民间传说为表现内容。演员表演时多戴面具。表演分三部分,第一部分为开场,名为"顿";第二部分为戏,称为"雄";第三部分为结束时的祝福,称为"扎喜",剧目以《文成公主》最为有名。

48.皮影戏

皮影戏,也叫"影戏""灯影戏""土影戏",用灯光照射兽皮或纸板雕刻成的人物剪影以表演故事的戏剧,剧目、唱腔多同地方戏曲相互影响,由艺人一边操纵一边演唱,并配以音乐。中国皮影戏距今已有一千多年的历史。由于流行地区、演唱曲调和剪影原料的不同而形成许多类别和剧种,以河北唐山一带的驴皮影和西北的牛皮影最为著名,其中唐山皮影已发展成为具有精美的雕刻工艺、灵巧的操纵技巧和长于抒情的唱腔音乐的综合艺术。

任务二　戏曲的艺术特点

戏曲表演是一种集"唱念做打"于一身的综合艺术,中国戏曲要求观众能从假定的戏曲程式和虚拟动作中领会剧中人物的感情。中国戏曲的艺术特征可以概括为以下四个方面:

一、虚拟性

虚拟是戏曲反映生活的基本手法,中国戏曲中最重要的一点特征是虚拟性。戏曲的舞台动作不是写实的摹仿动作,而是写意的虚拟动作;它不是对人的生存状态和生活动作的真实再现,而是对生活原形进行选择、提炼、夸张和美化,通过演员的表演,用一种变形的方式来表现现实环境、对象或生活。

中国戏曲的虚拟性首先表现在对舞台时间和空间的灵活处理,所谓"三五步行遍天下,六七人百万雄兵"、"顷刻间千秋事业,方丈地万里江山","眨眼间数年光阴,寸柱香千秋万代",在舞台表演中突破了时间和空间的局限。其次是在演员对某些生活动作的模拟方面,诸如刮风下雨,船行马步,穿针引线等等,更集中、更鲜明地体现出戏曲虚拟性特色。例如,昆剧《思凡》中,舞台上空无一物,全凭演员的虚拟动作和表情,把促使山上尼姑动凡心的山下美丽景色一一暗示出来;京剧《三岔口》中,旅店里对面不见人的黑暗,也是全靠三个演员的虚拟动作来渲染的。戏曲脸谱也是一种虚拟方式。中国戏曲的虚拟性,既是戏曲舞台简陋、舞美技术落后的局限性带来的结果,也是追求神似、以形写神的民族传统美学思想的产物。这是一种美的创造,它极大地解放了作家、舞台艺术家的创造力和观众的艺术想象力。

二、程式化

中国戏曲另一个艺术特征，是它的程式化。程式是戏曲反映生活的表现形式，如关门、上马、坐船等。中国戏曲表演中的舞台动作、音乐唱腔、角色行当、化妆服装等都有一套规范性的固定格式，称为"程式"，这在戏曲表演中必须予以遵循。这种对程式的广泛、普遍的运用，称为"程式化"，这是中国戏曲剧的基本法则之一。

程式直接或间接来源于生活，但它又是按照一定的规范对生活经过提炼、概括、美化而形成的。戏曲表演中的程式动作是规范化、舞蹈化的生活动作，其中很多动作来源于是中国古代封建社会的礼仪动作，例如"起步""整冠"等。另外，源于生活的关门、推窗、上马、登舟、上楼等，都有固定的格式。程式在戏曲中既有规范性又有灵活性，优秀的艺术家能够突破程式的某些局限，创造出自己具有个性化的规范艺术。程式是一种美的典范。

三、综合性

中国戏曲是歌舞化的戏剧，它作为一种综合艺术的综合性，集中体现在"唱念做打"四功并重的演员身上的。中国戏曲是一种高度综合的民族艺术。这种综合性不仅表现在它融会各个艺术门类（诸如舞蹈、杂技等）方面，而且还体现在演员精湛的表演艺术上。戏曲的综合性的最集中、最突出的体现，便是"唱、念、做、打"在演员身上的有机构成。唱，指唱腔技法，讲求"字正腔圆"；念，即念白，是朗诵技法，要求严格；做，指做功，是身段和表情技法；打，指表演中的武打动作，是在中国传统武术基础上形成的舞蹈化武术技巧组合。这四种表演技法有时相互衔接，有时相互交叉，体现出和谐之美。

除了这"四功"外，中国戏曲艺术还讲求"五法"，"手、眼、身、步、发"这"五法"在戏曲表演中以细腻化、形象化著称。中国戏曲是以"唱、念、做、打"的综合表演为中心的富有形式美的戏剧形式。

四、自由性

戏曲表演对舞台时空予以变形处理，形成以演员为舞台中心的高度时空自由。戏曲不依靠舞台技术创造现实生活的幻觉，其舞台是一个基本不用布景装置的舞台。舞台上的一切都以演员的表演为转移，是以人物的活动为依归，演员主宰着整个戏曲舞台时空。中国戏曲舞台上的时间形态，是流动的、很有弹性的，长与短，完全由内容的需要来决定。从而具有"景随人移"、"以情带景"、"情景交融"的表演为转移的时空自由性。比如在京剧《杨门女将》里，身着常服的穆桂英由丫环陪同上场，她这样的上场，舞台就是天波府内，来到厅堂拜见老祖母佘太君，从下场门回到自己的住所。接着在紧锣密鼓中，扎靠持枪的穆桂英率众女将从上场门浩荡而来，她这时已是在校场操练兵马，然后再从下场门回到营房。这一系列上下场形式，结合着演员的唱念做打等技术手段，配以音乐伴奏，有效地表现舞台时间、空间的更替和气氛的变化。

任务三　戏曲艺术中的形体要求

中国戏曲与西方国家的歌剧不同，不仅语言音乐化，形体动作也必须高度舞蹈化，表现种种富有舞蹈美和塑造美的身段，要求演员要有健美均匀的身体。戏曲主要不是依靠灯光布景等技巧来吸引观众,而是要靠演员精确、鲜明地刻画人物的外形和神韵,以形传神,神形兼备地塑造出完美的舞台艺术形象,来吸引观众。

在表演艺术中,演员是以自身的形体作为媒介材料来创造艺术形象,中国戏曲由于东方审美观念的作用以及近代历史上形成的重视发展表演艺术的结果,使外在技艺和形式美成为自己的强项。我国传统的戏曲表演艺术就是歌舞表演高度技艺化的一种艺术,场上的一招一式,一板一眼无不包含着种种技术和门道,戏曲界还有这样的说法:"戏无情,不动人;戏无技,不惊人"。由此可以看出戏曲演员对场上技艺的重视程度。而高超的技艺表演自然也是观众欣赏的焦点,中国旧戏园子里的观众反应往往集中在演员的一些技艺即所谓"绝活"上,观众多为某位名角的某句唱腔、某种巧妙的形体动作或某个细微传神的表情运用,而鼓掌喝彩、拍案叫绝。所以在中国戏曲中,"技"占举足轻重的地位。

中国戏曲的"技"一般指的是"唱念做打"四项,称为"四功"。身段是戏曲表演的支柱之一,它概括着戏曲"四功"中的"做"、"打"两功。"做",主要是指面部表情和形体动作的功夫技巧,及其在艺术表演方面的运用。面部表情须将人物的情感和性格通过肢体动作和造型予以表现,并体现舞蹈化的动态美,戏曲演员有"五法"之说,即"手、眼、身、步、发"五个方面的技法,这"五法"都属于做功,连称"四功五法"。

"手"法,指手指、手掌、手臂的各种姿态动作,如兰花指、柳叶手、托掌、穿手、翻手等,"手"总是与"身"法融合使用,是总体身段表演的一个重要组成部分。"眼"法,是指眼神在表演中的运用,也涉及面部表情。戏曲表演非常重视通过眼神体现人物内心情感,凡喜、怒、哀、乐、惧、恼、愁、羞等种种情态,都有相应的眼神表演方式,眼神运用又要和身体动作密切配合。"身"法,主要是指各种身段及造型动作,包括坐、卧、站、走等各种行动姿态,通常以腰为枢纽,主要涉及腰、腿、臂、手、颈等身体部位的协调动作。身是一切舞蹈化表演的主干,也是"手、眼、身、步、发"的基础。如京剧《贵妃醉酒》中的"卧鱼"闻花和"鸽子翻身"饮酒动作,均已"身"为主。"发"功,是指甩发之功,也可推及到与甩发一样,主要靠颈部用功的翎子功、帽翅功等功夫技巧。"步"法,即各种各样的台步,如正步、跑步、趋步、踩步、撮步等,京剧《马踏青苗》中有一段很经典的"趟马":曹操行军时下令不许马踏青苗,可自己的马却被田里突然飞起的斑鸠给惊了,在田里东突西撞。这是一段高度技艺化的表演,要求演员不仅要交代扣人心弦的马惊,表现骑马人的紧张和狼狈,还要让观众领略马的动态和人的神情交织的特殊的舞蹈化的动作技巧。

"四功"之末的"打"是指武术技巧,武术技巧是古代武术的舞蹈化、技巧化,多用于战争和打斗场,要求美观漂亮,技术难度很高,这种动作一般与生活相去甚远,所以它在戏曲中是具有特殊表现力的艺术语汇。

这"四功五法"的各种技艺,都来自于生活,但却不同于生活。演员不仅要揣摩角色的内心生活,更主要的是要通过形体动作的雄、美、刚、柔、虚、实、娇、俏等丰富的表演方式将其表现出来。无论是哪种外部技巧的体现方式,都是对演员的技巧训练提出了很高的要求。首先演员应当具备匀称的身材,灵活的形体,从直观上运用自己的肢体语言,塑造不同性格、不同年龄的人物形象。其次要增强对肌体的调控能力,增强灵活性、敏感度和表现力。戏曲演员在平常的训练中,除了在唱腔及念白上面苦下功夫,在形体的训练方面也很苛刻。

"戏不离技,技不压戏",唱、念、做、打虽然都是高难度的技术格式,但它们都是为戏的整体服务的。优秀演员从不单纯卖弄技巧,而是通过技巧生动传神地刻画人物性格和喜怒哀乐。以形体动作而言,京剧艺术家梅兰芳在《霸王别姬》中的剑舞,尚小云在《昭君出塞》中的马舞,盖叫天在《武松》中的打,周信芳在《徐策跑城》中的跑;蒲剧艺术家阎逢春在《杀驿》中的帽翅舞,豫剧艺术家陈素真在《梵王宫》中的大辫舞,牛得草在《七品芝麻官》中的坐轿舞,都是渲染人物情绪和内心活动的"绝活",也是戏中闪光的地方。

项目二　剧种选介欣赏

任务一　京剧

京剧,产生于北京,有近二百年的历史。清乾隆五十五年(1790 年),南方的"三庆""四喜""春台""和春"四个徽班陆续进入北京演出,又同来自湖北的汉剧合作,并受昆腔、秦腔影响,同时吸收当地的民间音乐,经过融合形成了多声腔的剧种——京剧。由于京剧由"西皮"和"二黄'两种基本本腔调组成它的音乐素材,也称皮黄腔。京剧的传统剧目约在一千个,常演的约有三四百个,其中除来自徽戏、汉戏、昆曲与秦腔者外,也有相当数量是京剧艺人和民间作家陆续编写出来的。京剧较擅长于表现历史题材的政治和军事斗争,故事大多取自历史演义和小说话本。既有整本的大戏,也有大量的折子戏,此外还有一些连台本戏。

京剧角色的行当划分比较严格,早期分为生、旦、净、末、丑、武行、流行(龙套)七行,以后归为生、旦、净、丑四大行,每一种行当内又有细致的进一步分工。"生"是除了大花脸以及丑角以外的男性角色的统称,又分老生(须生)、小生、武生、娃娃生。"旦"是女性角色的统称,内部又分为正旦、花旦、闺门旦、武旦、老旦、彩旦(摇旦)刀马旦。"净",俗称花脸,大多是扮演性格、品质或相貌上有些特异的男性人物,化妆用脸谱,音色洪亮,风格粗犷。"净"又分为以唱功为主的大花脸,如包拯;以做工为主的二花脸,如曹操。"丑",扮演喜剧角色,因在鼻梁上抹一小块白粉,俗称小花脸。京剧脸谱的分类有:整脸、英雄脸、六分脸、歪脸、神仙脸、丑角脸等。

伴奏乐器分文场和武场,文场用京胡、二胡、月琴、笛、海笛等管弦乐器,武场用鼓板、大锣、铙钹、堂鼓、碰钟等打击乐器。京剧服装依照明代服制,多用绸缎、彩绣,色泽鲜艳,式样讲究,分大衣箱、二衣箱、盔头箱、把子箱、旗包箱。

京剧舞台艺术在文学、表演、音乐、唱腔、锣鼓、化妆、脸谱等各个方面,通过无数艺人的长期舞台实践,构成了一套互相制约、相得益彰的格律化和规范化的程式。它作为创造舞台形象的艺术手段是十分丰富的,而用法又是十分严格的。不能驾驭这些程式,就无法完成京剧舞台艺术的创造。由于京剧在形成之初,便进入了宫廷,使它的发育成长不同于地方剧种,要求它所要表现的生活领域更宽,所要塑造的人物类型更多,对技艺的全面性、完整性也要求得更严,对它创造舞台形象的美学要求也更高。当然,同时也相应地使它的民间乡土气息减弱,淳朴、粗犷的风格特色相对淡薄。因而,它的表演艺术更趋于虚实结合的表现手法,最大限度地超脱了舞台空间和时间的限制,以达到"以形传神,形神兼备"的艺术境界。表演上要求精致细腻,处处入戏;唱腔上要求悠扬委婉,声情并茂;武戏则不以火暴勇猛取胜,而以"武戏文唱"见佳。

京剧博取众长,表演上富于鲜明的舞蹈性和强烈的节奏感。它的行当全面、表演成熟、气势宏美,有"国剧"之称。京剧传统剧目有一千多种,常演者三四百,如《文昭关》《追韩信》《霸王别姬》《捉放曹》《空城计》《野猪林》《打渔杀家》《三岔口》等,1942年又有《逼上梁山》《三打祝家庄》等,1949年以后,有《杨门女将》《海瑞罢官》等。

剧目欣赏《贵妃醉酒》

剧目简介:唐玄宗先一日与杨贵妃约,命其设宴百花亭,同往赏花饮酒。至次日,杨贵妃遂先赴百花亭,备齐御筵候驾,孰意迟待移时,唐玄宗车驾竟不至。迟之久,迟之又久。乃忽报皇帝已幸江妃宫,杨贵妃闻讯,懊恼欲死。杨贵妃性本褊狭善妒,尤媚浪,且妇女于怨望之余,本最易生反应力。遂使万种情怀,一时竟难排遣,加以酒入愁肠,三杯亦醉,春情顿炽,忍俊不禁。于是竟忘其所以,放浪形骸,频频与高力士、裴力士二太监,作种种醉态,及求欢猥亵状,乃始倦极回宫。

此剧本主要描写杨玉环醉后自赏怀春的心态,古本表演色情,格调低俗。20世纪50年代,梅兰芳去芜存精,从人物情感变化入手,从美学角度纠正了它的非艺术倾向。剧中,杨玉环的饮酒从掩袖而饮到随意而饮,梅兰芳用外形动作的变化来表现这个失宠贵妃从内心苦闷、强自作态到不能自制、沉醉失态的心理变化过程。繁重的舞蹈举重若轻,像衔杯、卧鱼、醉步、扇舞等身段难度甚高,演来舒展自然,流贯着美的线条和韵律。

该剧的突出特征是载歌载舞,通过优美的歌舞动作,细致入微地将杨贵妃期盼、失望、孤独、怨恨的复杂心情一层层揭示出来。杨贵妃前后三次的饮酒动作,各有不同:第一次是用扇子遮住酒怀缓缓地缀;第二次是不用扇子遮而快饮;第三次是一仰而尽。之所以如此,是因为开始时她还怕宫人窃笑,因而故作矜持,掩饰着内心的苦闷;但酒入愁肠愁更愁,最后到酒已过量时,心中的懊恼、嫉恨、空虚……一股脑地倾泻出来。再如三次"衔杯"的动作:太监托盘跪地敬酒,杨玉环并不端杯而饮,而是用了一个鸽子翻身的动作,在音乐的衬托下,双手叉腰,徐徐下蹲,然后将酒杯从盘中衔起,缓缓向后转身,向后下腰,再直立起身,已转身一周,再低头把口中杯放入盘中。再次将杨贵妃从初醉到醺醺醉意细致入微地表现出来。这些歌舞化的动作,也体现出杨贵妃骄纵任性和放浪的性格内核。

京剧中的诸多旦角流派以及各地方剧种也有此剧的演出,但从流行程度而言,均无法与梅兰芳相比肩,即便是曾有评论认为的"南欧北梅"的欧阳予倩的版本亦未能真正流传下来(据称梅是美中见醉,欧是醉中见美)。

任务二　川剧

川剧,四川省地方剧种,流行于四川及贵州、云南。明代时,四川已有地方戏班。清中叶,外地的昆腔、高腔、梆子腔、皮簧腔流入四川,与四川方言土语、民风民俗、民间音乐、舞蹈、说唱曲艺、民歌小调的融合,逐渐形成具有四川地方特色的川昆、高腔、胡琴(皮簧)、弹戏(梆子腔)、灯戏,这便是川剧的昆、高、胡、弹、灯五种声腔。1911年前后,五种声腔同台演出,形成风格统一的川剧。川剧又分四派:川西派以胡琴为主,资阳河派以高腔为主,川北河派以弹戏为主,川东派声腔多样化。川剧唱腔高亢激越,表演诙谐幽默,富于生活气息。所用打击乐音色丰富,节奏多变形成特有的艺术风格。川剧绝技如托举、开慧眼、变脸、钻火圈、藏刀等,善于利用绝技创造人物,叹为观止。川剧剧目丰富,高腔传统剧目最多,高腔代表性剧目有"五袍""四柱""江湖十八本"。主要剧本有传统戏《玉簪记》《彩楼记》《柳荫记》《彩楼记》《活捉王魁》等,新编戏《死水微澜》《变脸》《金子》等。

剧目欣赏《活捉三郎》

宋朝时,宋江收阎惜姣为外室,阎惜姣却与张文远私通,并以宋江与梁山来往书信要挟,宋江忍无可忍怒杀惜姣。阎惜姣死后心有不甘,在阴间仍念念不忘张文远的温存,于是一缕香魂飘至张家书房,以慰孤寂,张三郎本是个薄幸好色之徒,在婆惜的挑逗下,三郎装模作样,言及想念婆惜,婆惜深受感动,以为三郎真的重情重义,不忍独留人世而痛苦,因而把他活捉到阴间团聚,张三郎终因卖弄假情假意而丧生,阎惜姣完成了"生同床,死同坟"的夙愿。

《活捉三郎》又称《情勾》:这是部做功很强的高腔折子戏。相思之情贯穿全篇,阎惜娇去找张文远不是复仇,已成为鬼魂的她,难耐阴曹地府凄冷孤寂,特来钩取情人张文远的魂魄,同归地府,偕老黄泉。可惜张文远不太专情,使她有些失望,不过阎惜娇并未就此放弃,反而以鲜红的衣饰、妩媚的笑容、更摆出绝美的身形姿态来诱惑他,张文远就在美色的炫惑中魂消骨蚀。阎惜娇的情绪发展可以分为三个阶段:第一个阶段是"唤郎",第二个阶段是"挑郎",第三阶段是"捉郎"。阎惜娇的水袖功运用,贯穿整个表演,动作和神情准确地表现了阎惜娇的内心情感,特别是在"捉郎"的环节上。其中演员描摹鬼魂的步法,飘忽转腾,配以行云流水的身段,给人以足不沾尘御风而行的感觉。第三段是"捉郎"全剧的高潮,"捉"是重点。在这一段戏中,演员运用了"惊魂步""水袖功""交椅功"等表演技巧,充分地体现张文远被捉时的戏剧效果;尤其借鉴提线木偶的表演技法,阎惜娇手提白绫套住张文远,张文远垂头吐舌,矮了半截,双手垂直,双足悬空,阎惜娇莲步轻踏,张文远手、足机械轻摆,随着锣鼓点的节奏,慢慢地同赴阴曹地府。

任务三　昆剧

昆剧,是一种古老的戏曲剧种,约在元末明初产生于昆山,又称"昆腔""昆曲""昆山腔"。现在的昆曲除了保持早期昆曲特色的南昆外,还在全国形成许多支脉,如北方的昆弋、湘昆、川昆、宁昆等。昆曲的剧本文词典雅,文学性高,音乐清丽柔婉、细腻抒情,曲牌丰富,有南、北曲之分。表演上舞蹈性强,程式严谨,形成了特有的风格,是中国古典戏曲的代表。由于昆剧剧本创作滞后,格律过于严谨,文辞古奥典雅,逐渐脱离群众,至清末在"花、雅"竞争中被后起的新鲜而通俗的京剧压倒。昆剧唱腔受吴中(苏州一带)民歌影响而具有"流丽悠远"的特色,以"婉丽妩媚、一唱三叹"著称。

昆剧表演的最大特点是抒情性强、动作细腻,歌唱与舞蹈的身段结合得巧妙而谐和。昆剧是一种歌、舞、介、白各种表演手段相互配合的综合艺术,经长期的演变,形成了载歌载舞的表演特色,尤其体现在各门角色的表演身段上,其舞蹈身段大体可以分成两种:一种是说话时的辅助姿态和由手势发展起来的着重写意的舞蹈;一种是配合唱词的抒情舞蹈,既是精湛的舞蹈动作,又是表达人物性格心灵和曲辞意义的有效手段。

昆剧的念白很有特点,念白(特别是丑角的念白)吸收了以吴语为主的一些江南方言,生活气息浓厚混剧作为一个古老的剧种,对众多戏曲剧种有着广泛而深刻的影响。

昆曲是我国传统戏曲中最古老的剧种之一,也是我国传统文化艺术,特别是戏曲艺术中的珍品,被称为百花园中的一朵"兰花"。昆曲作为明朝中期至清代中期戏曲中影响最大的声腔剧种,其他很多剧种都是在昆剧的基础上发展起来的,有"中国戏曲之母"的雅称。昆剧是中国戏曲史上具有最完整表演体系的剧种,它的基础深厚,遗产丰富,是我国民族文化艺术高度发展的成果,在我国文学史、戏曲史、音乐史、舞蹈史上占有重要的地位。著名的剧目有汤显祖的《牡丹亭》、《南柯记》,朱素臣的《十五贯》,孔尚任的《桃花扇》,洪昇的《长生殿》等。

剧目欣赏《原来姹紫嫣红开遍》(牡丹亭·游园)选段

《牡丹亭》剧情介绍

杜太守之女丽娘不耐腐儒陈最良的教诲和圣贤经书的束缚,偕同丫环春香游园赏春。美好的春光使杜丽娘感慨万端,回到房中午睡,梦见和书生柳梦梅在牡丹亭畔幽会。醒后伤感成病,医药无效,恹恹病死。死前,画了一幅自画像,题诗一首,托春香藏于后花园的湖石边。杜丽娘在地狱里,仍不忘向判官打听情人的姓名,她的美丽和痴情竟然打动了死神。三年后,柳梦梅在赴试途中卧病梅花观,游园散闷,拾到装有丽娘自画像的檀香匣,返回梅花观展画,心生爱慕之情,朝夕对画呼唤美人:杜丽娘鬼魂从冥府被放回人间,与柳梦梅相会,山盟海誓之后,向柳言明原委。经梅花观主帮助启棺,丽娘起死回生。在奉陪柳郎赴试途中,丽娘托他探听父亲杜太守在战乱中的下落,而她自己则巧遇母亲和春香。杜太守得胜回朝,不认穷酸女婿,把他当作"劫坟贼"问罪,恰在此时传来柳梦梅中状元的喜报。杜、柳翁婿同上金殿互相告状,丽娘也赶到面驾,皇帝下旨以"照妖镜"辨明她是人非鬼,这才钦赐柳杜婚配,合家团圆。此剧以超现实的总体构思,表现女主人公生生死死追求不息的爱情,并以死后还魂才能实现自主婚姻来折射封建礼教束缚的严酷;在想象自由和抒情写景的诗情画意上,此剧与《西厢记》并列达到高度的艺术成就,为中国戏曲之最。

《牡丹亭》有浓厚的浪漫主义色彩,作者通过幻想来表现理想和现实的矛盾。感情描写真挚、细腻而奔放。作品语言绚丽多彩,曲文优美动人。《牡丹亭》是我国历代浪漫主义戏剧的杰作,表现了强烈的追求个性自由的思想,剧中情节铺陈精工,人物刻画细腻传神,尤其是渴望爱情竟到伤怀而逝的杜丽娘,已成为古典戏曲的女性的经典形象。通过这个看起来似乎怪诞而神秘的故事,汤显祖着力宣扬了杜丽娘"一生爱好是天然"那种真挚的感情,有力地冲击了理学家"存天理,灭人欲"的腐朽观念。同时,《牡丹中》词曲典丽清雅、在当时融合南北旧曲调格律、并有突破,对后世影响深远。在戏曲舞台上,《牡丹亭》是昆曲的传统剧目。昆曲清丽悠远的唱腔能很好地传达出剧本内在的韵致。剧中《闺塾》《游园》《惊梦》《拾画》《叫画》等出演较多,经过历代艺术家的精心创造,已成为昆曲唱腔和表演艺术的珍品。

《原来姹紫嫣红开遍》选段描写的就是杜丽娘在春和日丽之中游园的一段心情。杜丽娘在婢女春香怂恿下,背父游园,才第一次看到大自然这美不胜收的春天,"原来姹紫嫣红开遍,"可是如此美景,却没有一个优雅的环境相配,"似这般都付与断井颓垣",杜丽娘不由得联想到了自己的美貌只是面对古板的教书先生和令人窒息的书斋,青春正在悄然逝去,自然的天性受到禁锢,此时的大好春光将她内心深藏的活力唤醒,自己身心的美和大自然的美产生了强烈的共鸣,不由生出惜春的感叹:"良辰美景奈何天,赏心乐事谁家院",在这里表达了杜丽娘的无奈,成为了千古绝句。后几句看似写景:"云霞雨丝,烟波画船,莺歌燕语,青山杜鹃",好一幅秀丽清新的江南风光图。"锦屏人忒看的这韶光贱",又表达自我心声。"锦屏人"指自己,感到春光太随意地流逝,毫不怜惜,我这深闺女子也过分辜负了美好的春光啊,"牡丹虽好,他春归怎占的先!"是句双关语,借牡丹自比,抒发迟迟不被人知的感慨。"观之不足由他缱,便赏遍了十二亭台也枉然,倒不如兴尽回家闲过遣",便快快而去,结束了游园。

汤显祖在《游园》一折中,将杜丽娘的心情一层层剖析分明:杜丽娘清晨醒来的慵懒、想到游园的愉悦、梳洗打扮迎接春天的急切、观赏自己的娇柔、踏出闺门的激动、处在春景之中的骄傲、迈进花园的惊叹、看到残垣断壁的感慨、想象昔日的欢乐、感叹时空的流逝、辜负大好时光的感伤、消磨无聊时光的无奈,一步一步把杜丽娘的情绪推向高潮,使得她游园之后萌发游春之感慨、与春之眷恋、春去之闷怀、春之感伤。从游春,到恋春,到惜春,再到伤春,铺垫得当。

《牡丹亭》艺术上的最大特色是浪漫主义。首先通过"梦而死"、"死而生"的幻想情节表现了理想和现实的矛盾。杜丽娘所追求的理想,在当时的现实环境里几乎是不可能实现的;可是在梦想、幻游的境界里,她终于摆脱了礼教的束缚,实现了梦寐以求的愿望。其次采取抒情诗的手法,倾泻出人物的内心感情。

思考题

1. 中国戏曲的艺术特征是什么?

2. 试论京剧的艺术特色。

3. 推荐视听:昆曲《牡丹亭·游园》。

参考文献

[1] 赵慧霞. 审美发生论[M]. 西安:陕西人民出版社,2002.

[2] 贾玉铭. 实用审美解析[M]. 成都:四川大学出版社,2006.

[3] 周宗杰,肖珑,陆立颖. 美学理论与鉴赏[M]. 郑州:河南科学技术出版社,2007.

[4] 刘泽民. 应用美学[M]. 长沙:中南工业大学出版社,2000.

[5] 吴旭光. 美学导论[M]. 北京:人民交通出版社,2000.

[6] 叶朗. 现代美学体系[M]. 北京:北京大学出版社,1999.

[7] 张德胜. 身边的美学[M]. 上海:上海科技文献出版社,2003.

[8] 蒋孔阳,朱立元. 美学原理[M]. 上海:华东师范大学出版社,1999.

[9] 薛富兴. 生活美学[M]. 北京:文艺研究出版社,2003.

[10] 张美江. 形体美训练教程[M]. 上海:华东师范大学出版社,2009.

[11] 陈福义,覃业银. 礼仪实训教程[M]. 北京:中国旅游出版社,2008.

[12] 陆保钟. 艺术体育[M]. 北京:北京体育学院出版社,1987.

[13] 关彤. 现代实用交际礼仪[M]. 北京:中华工商联合出版社,2007.

[14] 黄益苏. 时尚休闲运动[M]. 北京:高等教育出版社,2007.

[15] 李荣建. 现代社交礼仪[M]. 武汉:武汉大学出版社,2007.

[16] 缑小燕. 艺术体操运动教程[M]. 北京:北京体育大学出版社,2007.

[17] 王洪,林华. 女子塑形操[M]. 北京:人民体育出版社,2005.

[18] 孙乐中. 实用日常礼仪[M]. 南京:江苏科学技术出版社,2005.

[19] 何振梁. 奥运礼仪[M]. 北京:北京大学出版社,2006.

[20] 李荣建. 社交礼仪[M]. 北京:清华大学出版社,2007.

[21] 赵红红. 现代体育礼仪[M]. 杭州:浙江大学出版社,2007.

[22] 周敏. 现代礼仪丛书[M]. 杭州浙江大学出版社,2007.

[23] 王海洋. 礼仪常备手册[M]. 福州:海峡文艺出版社,2007.

[24] 黄晓丽. 形体训练与健美[M]. 长沙:湖南师范大学出版社,2007.

[25] 形体健美与健美操编委会. 形体健美与健美操[M]. 北京:高等教育出版社,1997.

[26] 常蕙. 形体训练[M]. 北京:高等教育出版社,2002.

[27] 肖光来. 健美操[M]. 北京:人民体育出版社,2004.

[28] 李春华. 古典芭蕾教学法[M]. 北京:高等教育出版社,2004.

［29］黄宽柔,姜桂萍. 古典芭蕾教学法［M］. 北京:高等教育出版社,2001.

［30］潘志涛. 中国民间舞教材与教法［M］. 上海:上海音乐出版社,2002.

［31］沈元敏. 中国古典舞基本功训练教学法［M］. 上海:上海音乐出版社,2004.

［32］贾安林,钟宁. 中国民族民间舞初级教程［M］. 上海:上海音乐出版社,2004.

［33］孙国荣,余美玉. 大学生舞蹈教学指导［M］. 上海:上海音乐出版社,1998.

［34］张燕. 形体健美［M］. 合肥:合肥大学出版社,2003.

［35］金秋. 舞蹈编导学［M］. 北京:高等教育出版社,2006.

［36］王雁北,王健珍. 形体训练·健美操与交谊舞［M］. 成都:电子科技大学出版社,1997.

［37］张洪岛. 欧洲音乐史［M］. 北京:人民音乐出版社,1982.

［38］郭建民. 声乐文化学［M］. 上海:上海音乐出版社,2006.

［39］刘新丛,刘正夫. 欧洲声乐史［M］. 北京:中国青年出版社,1999.

［40］上海音乐出版社. 音乐欣赏手册［M］. 上海:上海音乐出版社,1989.

［41］董建. 戏剧艺术十五讲［M］. 北京:北京大学出版社,2004.

［42］学苑出版社. 戏剧艺术［M］. 北京:学苑出版社,2005.

［43］李乡状. 话剧歌剧［M］. 延边大学出版社,2008.

［44］万叶. 中国戏曲剧种大辞典［M］. 上海:上海辞书出版社,1995.

［45］吴同宾,周亚勋. 京剧知识词典［M］. 天津:天津人民出版社,1990.

［46］张庚,郭汉城. 中国戏曲通史［M］. 北京:中国戏剧出版社,1992.

［47］路应昆. 戏曲艺术论［M］. 北京:北京广播学院出版社,2002.

［48］刘以. 戏曲［M］. 延吉:延边大学出版社,2007.

［49］朱立人. 世界芭蕾史纲［M］. 北京:北京中国戏剧出版社,1994.

［50］欧建平. 世界艺术史舞蹈卷［M］. 北京:北京东方出版社,2003.

［51］于平. 风姿流韵——舞蹈文化与舞蹈审美［M］. 北京:北京中国人民大学出版社,1999.

［52］冯双白. 新中国舞蹈史［M］. 长沙:湖南美术出版社,2002.

［53］田静. 中国舞蹈名作赏析［M］. 北京:北京人民音乐出版社,2002.

［54］孙景琛. 舞蹈艺术浅谈［M］. 北京:人民音乐出版社,1987.